云南大学美术学科
一品丛书
王新 主编

解题之魅

作为油画教学现场的艺术家访谈

JIE TI ZHI MEI

陈群杰 谭毅 著

广西师范大学出版社
·桂林·

图书在版编目（CIP）数据

解题之魅：作为油画教学现场的艺术家访谈 / 陈群杰，谭毅著. --桂林：广西师范大学出版社，2020.8
（云南大学美术学科一品丛书 / 王新主编）
ISBN 978-7-5598-2887-3

Ⅰ．①解… Ⅱ．①陈…②谭… Ⅲ．①油画－画家－访问记－中国－现代 Ⅳ．①K825.72

中国版本图书馆 CIP 数据核字（2020）第 096792 号

广西师范大学出版社出版发行
（广西桂林市五里店路 9 号　邮政编码：541004）
　网址：http://www.bbtpress.com
出版人：黄轩庄
全国新华书店经销
广西广大印务有限责任公司印刷
（桂林市临桂区秧塘工业园西城大道北侧广西师范大学出版社集团有限公司创意产业园内　邮政编码：541199）
开本：880 mm × 1 240 mm　1/32
印张：12.25　　　字数：306 千字
2020 年 8 月第 1 版　　2020 年 8 月第 1 次印刷
定价：78.00 元

如发现印装质量问题，影响阅读，请与出版社发行部门联系调换。

目录

001　**序　言**
　　　　探寻"进入现场的教育"
　　　　　　——谭毅

001　**教学访谈**

　　003　法国绘画对云南早期油画的影响
　　　　　　——就廖新学、刘自鸣油画访谈云南省博物馆保管部负责人

　　027　现实主义绘画的精神与力度
　　　　　　——姚钟华访谈录

　　049　"向大师和自然学习"
　　　　　　——陈崇平访谈录

　　059　20世纪六七十年代中的非主流艺术呈现
　　　　　　——姚建华访谈录

　　083　非经验主义的创作路径及民间美术的当代转型
　　　　　　——曾晓峰访谈录

　　123　当代艺术家的创造方式与工作状态
　　　　　　——李季访谈录

　　163　油画创作中的"微差"与"咬合"
　　　　　　——杨一江访谈录

　　187　学院主义绘画经验及其转型
　　　　　　——马云访谈录

217 "艺术是个体的,且在试错中成长"
　　——唐志冈访谈录

229 风景画家的经验与责任
　　——罗建华访谈录

255 风景写生与绘画的地域性
　　——白实访谈录

267 艺术创作中的地域性选择
　　——黄德基访谈录

287 "向大师学习,坚持走自己的路"
　　——刘亚伟访谈录

301 艺术创作中的主体价值
　　——和丽斌访谈录

317 "80后"的日常经验与艺术表达
　　——虞华访谈录

361 游走在现实与虚幻之间的造梦者
　　——管赛梅访谈录

373 教学足迹

381 后　记
　　——陈群杰

序言

探寻"进入现场的教育"

读者眼前的这本书是一门学院油画课程的产物。这门课程是由我的绘画导师陈群杰教授为云南大学 MFA 油画创作硕士生开设的"油画创作研究专题"。从 2012 年起,陈老师带着我们四处寻访在昆明附近居住的艺术家和画家,向他们求教;而我作为陈老师的学生和助教,参与了其中大部分访谈活动并做了一些文字记录整理的工作。这本书因而首先是对这门课程的教学现场的实录。其中的对话或问答,与常见的艺术访谈录中的交谈方式并不太相同,因为其中的问题,是一些学习绘画的学生从自己的实际创作经验出发提出的、与创作过程直接相关的问题。这些问题并非由媒体记者、作家文人和艺术学者向艺术家提出,而是一些实际"做艺术"的人提出的,带着他们各自特殊的感受方式和理解角度。其中的某些提问或许是稚嫩的和不够深刻的,但它们是学习历程中必经阶段的真实体现——正是通过提出和解决这些看起来不够"深刻"的问题,一个学画者才可能逐渐走向成熟和深刻。

这本书不同于常见的艺术家访谈录的另一特征,是它具有一种"艺术田野调查活动"的性质。这一"田野调查"所指向的"田野",就是艺术现场。因而,本书有其特殊的针对性。它所针对和试图纠正的，是当代中国的学院美术教育中存在的某些问题。从很早时候开始，陈群杰老师就试图寻找一种能将艺术的活跃现场带入到学院油画教学之中的方式。他深切地感受到了当前中国学院美术教育体制中那些积重难返的缺陷：观念上的陈旧、僵化，文化教养和艺术见识上的狭隘、孤陋，由于远离正在发生的艺术现场而带来的艺术感受力的迟钝和滞后。为了救治这些艺术教育中的沉疴，陈群杰教授另辟蹊径，想到了一种古老时代就已存在的教育方式：寻访和游学。他带着学生们去拜访、叩问那些正在"做艺术"并且对艺术思考得很深的人，使学生直接与艺术现场相接触，就像牧人带着羊群到水流更开阔的河中饮水。陈老师带领学生们游学的足迹不限于云南本地，而是遍及中国那些著名城市（北京、上海、成都等）中的博物馆、美术馆和艺术家工作室，甚至延伸到国外。当学生们不再只是围着学院里的那口井转圈儿，而是看到了更广大、生动的天地时，他们才可能开始真正思考自己所要走的道路。

显然，这本书关心的问题，与国内外从事美术教育、学习的老师和学生们有着深刻的相关性。本书可以看成是一种对"进入现场的教育"的探索。"进入现场"意味着将教学现场和艺术现场进行连接，使它们能够相互理解、互相支援。这本书试图提出这样一个问题：如何使当代中国的学院艺术教育，同当下的艺术现场和成名艺术家的个体探索关联起来？对这一问题的思考和回答，是今天的艺术教学获得有效性的重要前提。正是带着这样的问题意识，陈老师才会不辞辛劳地领着我们这些学生一起和艺术家们进行长时间的交流。这是开眼界、扩脑量、长心力的事情，而我有幸作为陈老师的学生之一，在这些访学活动中也获得了许多进益。这些活动的组织、安排和联络，几乎全由陈老师一人承担——陈老师作为一位师长的责任心，让我们每一位参与访学的学生们都深深感念，而他身上对艺术、对教学的热忱，本书的读者们想必也能从字里行间读到。

在我整理访谈录的时候，我发现陈老师具有的不只是责任心和热忱。事实上，这些访谈中，陈老师经常会做一些较长的发言，他是在回顾、展示、引导，在提示问题的线索，在提出他个人对问题的见解和对可能性的思考。他向我们展示出，一位艺术家是如何理解其他艺术家的工作的。在访谈某位艺术家时，他从来都是安然处在一个配合的位置上而不是强调、突出自己，但他又不动声色地牵引着整个访谈的走向。这些访谈的问题意识取向和行进路线，其实都是陈老师引导的产物，而他也以某种水到渠成的方式，将我们带到了那些他早已深思的问题面前。

我愿意在此举出这些问题中的两个，来佐证这本书中陈老师对艺术的理解。第一个是艺术家的历史意识问题。陈老师在每一次访谈中，几乎都要提醒我们注意某位艺术家所在的历史处境，他与具体的艺术传统或谱系之间的关联，这样，对某位艺术家进行理解就是将他嵌入到某些历史性的艺术脉络之中进行定位和分析。但这种历史关联，却并非单线因果的，而是常常包含着迂回曲折、盘根错节、草蛇灰线的微妙性。艺术家必须了解自己正在从事的事业的这些复杂的"来龙"和"去脉"，否则，他会因为对自己位置、来历的无知而陷入盲目和混乱。对我们这些学生来说,我们常常不太清楚自己做的艺术和前人之间的关系,或者我们了解的关系只是僵硬的、单线条的,因而我们总是会丧失一些原本具有的可能性。而陈老师的这些观点却启发我们,要在历史中、在自己与历史之间建立更多样的关联方式。

第二个问题是"艺术的地域性"问题。在云南,不少艺术家会通过地域性的特征或风情,来为自己的艺术增添某种意味和情调。然而这样做也会导致艺术家把自己局限于某种风格,将这种风格当成卖点和噱头,或者陷入类型化和不断自我重复之中。陈老师在访谈中说,地域特征固然是塑造和规定一位艺术家的重要力量,也是艺术家需要认真面对、汲取的东西,但他必须是经过反思的汲取,同时也要将地域性和普遍性、个体性的要素相结合,才能创作出有效的作品。我想,陈老师的意思是,地域性不能变成一种自我束缚。我觉得这里可以用得上德勒兹的一个命题:"植物的智慧:即使它们自身是有根的,但却始终存在着一个外部,在其中,它们和其他事物一起形成根茎——风。"(《千高原》,姜宇辉译,上海书店,2010年,第13页)也就是说,艺术家必须像植物一样,既要在大地上扎根或从属于某个"地方",又要通过"风"这样的解域化力量来与外部相连接,去探寻超地域、非地域、无地域的可能性。

以上只是我这位访谈记录整理者对本书的读法。当然，这本书还可以有别的读法。除了最常见的读法，也就是将它当成一部云南当代17位艺术家的访谈录之外，我们还可将它当成一部关于云南油画艺术发展的口述史资料，或者当成对云南当代艺术状况的田野调查资料集。不过，无论读者怎样阅读这本书，都不应该忽略对艺术家们见解的聆听——在我们时代，艺术家的声音是珍贵的，因为要成为艺术家就意味着把自己交托给真实。

时隔近五年之后，重新整理这些记录，我依然能记起当时陈老师和我们众多学生一起待在那些画室或工作室中的场景。那些漫长午后的光线和气息，至今仍萦绕着我，似乎永不消逝。这些访谈的现场感并没有被时间磨损，相反，它就像一帧帧足够用心的画作一样，在当下更强烈地唤起了记忆。于是我确信，这些访谈记录，作为一段时光中教与学的见证，不仅使我们与一位位艺术家和艺术教师相遇，也使我们与历史、与我们内在深处的自身相遇。

2018年12月于昆明

谭毅，云南大学艺术与设计学院美术系教师

教学访谈

法国绘画对云南早期油画的影响

——就廖新学、刘自鸣油画访谈云南省博物馆保管部负责人

廖新学

刘自鸣

受访谈人：云南省博物馆保管部负责人

访 谈 者：陈群杰教授及云南大学 2013 级 MFA
油画专业全体同学

访谈记录：李金康　贺小璐　母江林　逯长江

访谈时间：2014 年 11 月 11 日上午

访谈地点：云南省博物馆保管部

文字整理：谭毅

1
2
3

1. 陈群杰教授与学生交谈

2. 云南省博物馆副研究员王丽明（左一）介绍廖新学先生的生平及作品

3. 云南省博物馆保管部副研究员熊丽芬（左三）与学生交流

一 廖新学的绘画艺术

陈群杰：先请一位同学给我们介绍一下廖新学先生的基本情况。

学生：廖新学先生是云南现代美术和美术教育的奠基人之一。他在1900年出生于昆明市富民县，小时候是个放牛娃。19岁来昆明的画像馆拜李鸣鹤为师学画，大概学习了五年。五年后他的技艺已经超过了老师，李鸣鹤就推荐他去新开了一家画像馆，叫"新学美林"。这中间还发生过一段小故事：他的老师当年给唐继尧画过一幅肖像，但是唐继尧不太满意，当时廖新学就大胆地提出来让他来修改。改完以后唐继尧非常满意，对廖新学极为欣赏，就资助廖新学去法国学习了八个月。1932年，廖新学考入了中央大学艺术系，得到了徐悲鸿等人的指点。徐悲鸿建议他去法国学习雕塑专业，因为当时的中国非常缺少这类人才。廖新学受徐悲鸿的推荐，1933年到法国去求学。他刚到法国的时候，并没有考上美术学院，当时只能租住在一个地下室，条件非常艰苦，学习了一年半以后考上了巴黎美术学院，主要学习雕塑。大概两年以后，国内就没有人再给他付学费了，他写了很多封信寄给云南省政府，希望当时的省政府继续给他出学费。他在法国逗留的那段时间，多次拿到了法国沙龙的金奖、银奖和铜奖。学成之后，他准备回国，受战争影响，这个愿望一直没有实现。到1948年，他才终于返回祖国。回到云南以后，他在云南省教育厅工作，后来任昆明师范学院教授。1952年，他主持开办了昆明师范学院艺术科，任科主任，并亲自上素描课、油画课。他在1958年患肝癌逝世，享年58岁。

陈群杰：谢谢晓峰同学简明的介绍。今天我们到云南省博物馆，是为了追忆和思索云南油画发展的早期阶段，以及它对今天云南油画的影响。在这里，我们能够找到云南早期留法艺术家的最完整的藏品。我们经过申请并得到了博物馆馆长的同意，也得到了保管部工作人员的大力支持，使得我们能够看

到两位著名艺术家的原作。这些作品看上去好像很普通,但是能近距离地与大师的作品进行交流,是一件很幸福的事情。云南艺术学院的老师和我说,云南大学的同学有这样难得的机会来库房看大师原作是很奢侈的事情,而他们的学生只能通过画册来进行教学。

我们看到廖新学的作品,也许还会想到他同时代的以及在他之前的云南美术的情况。其实,云南油画艺术最早可以追溯到20世纪初,主要是以画像馆为主,这种画像馆在今天的某些农村还能看到。画像馆专门为别人画肖像,但是要以照片为基础,就是拍一张照片,再照着那张照片放大。我们小的时候,老人过世之前就会去画一张这样的画,也称"遗像"。这些小的画像馆现在依然存在,他们主要的方法是临摹照片。云南最早的画像馆临摹照片的方法有两种,一种叫"炭精画",另一种叫"丹配拉"。廖新学先生最早学画就是在画像馆里,而且他精通这两种画法。1924年,云

廖新学 《人物肖像》
布面油画 65cm×50cm
1930年

廖新学 《法国老妇人》
纸本色粉画 41cm×32cm
1935年

廖新学《在巴黎创作的人物写生》
布面油画 92cm×72cm
1940 年

南出现了正规的美术学校，就是设在昆明市的省立美术专门学校，这里出现了最早的采用西式绘画体系的正规美术教学。当时，留学日本的两位美术老师李廷英、许敦谷主讲西方绘画，通过这种方式开始了云南最早的西式绘画教育。从 20 世纪三四十年代起，云南也和当时整个中国的情形一样，开始派人到西方去留学。当时，云南省有记录的就有四个人留学法国。第一个就是廖新学先生，还有刘文清先生、熊秉明先生和刘自鸣先生（2014 年去世）。这些人中，廖新学先生是 1933 年公费赴法国留学的，在法国待了整整 15 年。他开始是在法国一个画室里学习，后来正式考上了巴黎美术学院，以雕塑为主修课程。他的雕塑作品非常精彩，但由于回国时非常匆忙，所以很多的雕塑作品都留在了法国，现在都找不到了，当时带回来的更多的是绘画作品。回来之后，在国内很多单位工作过，比如说云南美术协会等。但是他对云南的美术来说，最主要的还是从事教育工作。他在昆明师范学院，也就是今天的云南师范大学艺术学院里做教授，是最完整地引进西方现实主义画法进行教学的人，因此他的教学影响了很多艺术学子。1958 年他患肝硬化去世，如果他还有更多的时间，我想对云南美术的影响会更加显著。

刘文清先生是在 1948 年去法国留学的，比廖新学晚了 15 年。他回来以后在云南待了很短的时间就去了甘肃。后来由于精神方面的原因也是很早离世。还有一位是熊秉明先生，他是云大校长熊庆来的儿子，1947 年到法国学习，也学习雕塑。但是学成以后没有回国，而是一直待在巴黎大学的中国学院里教学，一直到过世。他的雕塑特别出色，曾不断地在云南和台湾做展览。由于有很多亲戚在云南，所以也会回来走走看看，他在世的时候和云南画家姚钟华关系特别好。

通过文献资料以及今天看到的廖新学作品，我们可以了解到当年的云南美术系统里，几个重要人物的艺术创作和艺术教学方式，都主要来自法国。这些艺术家出国留学的时代是 20 世纪上半叶，也正是印象主义、新印象主义、后印象主义以及立体派出现的时期，所以他们在法国巴黎那段时间接受的艺术教育也跟这段历史有关。他们把这段历史和其中包含的现代艺术的经验、方法带到了云南，在云南产生了很大影响。廖新学先生的作品在法国有一部分，但更多的作品是在云南完成的。从他的作品中可以看到后印象主义对他的影响。还有一些作品是现实主义题材的，更加靠近柯罗这一类，这种画风也适合表达昆明在 20 世纪四五十年代宁静怡人的风土人情。我觉得他的表达是非常朴素的，这种朴素的精神来自两个因素的结合，一个是云南本地的生活气息，一个是法国现代艺术的特质。

廖新学《妇女立像》泥塑（尺寸年代不详）

学生：我们现在看到的廖新学先生的作品是什么年代所画的呢？

陈群杰：这些是 20 世纪 50 年代的作品，都是回国以后所画的。他在法国画的作品有一些是临摹柯罗的，还临摹过米勒的《拾穗者》、拉斐尔的维纳斯。此外，你们看，这些画中有很多都采用了点彩画法。不过，廖先生去世后，由于当时的历史环境的原因，20 世纪六七十年代的昆明画家没有机会、也不可能再接触或学习这种类型的作品。另外，在廖先生的作品里，还可以

看到巴比松画派对他的影响。

学生：他的画里能感觉到中国特有的田园风光，还是很现实主义的。

陈群杰：对，它属于中国人的那种本质，但是我觉得在艺术语言和手法上还是很纯正的西方方式。看到刘自鸣先生的作品以后，你会觉得他们两位生活的年代不一样，对艺术的反映也是非常不一样的。但是从艺术语言上来说，刘自鸣先生的作品里有一种更加中国式的表达方式。我个人觉得这是更加了不起的。

廖新学《夏日稻香》
布面油画 37cm×45cm
1951年

廖新学《富民廊桥》
布面油画 47cm×62cm
1949年

学生：对，廖新学先生的作品给人一种田园之感，而刘自鸣先生的作品里有一种中国文人画的情结。我还想问一下，在云南省博物馆里，现在一共收藏有多少廖新学先生的油画和雕塑作品？都是回国以后创作的吗？或者还有他从国外带回来的？

保管部负责人：油画有260幅，雕塑有42件。这些作品以回国之后创作的为主，带回来的很少。有少量临摹的人体画是廖先生从法国带来的，其他几乎都是回国后的作品。

学生：他早期在法国画过一些主题性的绘画作品，回国以后有没有这类作品？

保管部负责人：有的。廖先生回国后，画过党的群众代表，有一些是在东川的矿工会画的，还有他在1956年画的一组少数民族政协委员的作品。总的来讲，他画少数民族形象以及民族代表比较多一点，这个可能跟他的政协委员身份有关。

陈群杰：廖新学所画的那些人民代表，跟艺术家个人的身份、位置和信仰有一定的关系。其实他学的法国印象主义是从来不跟政治打交道的，主要是跟自然进行交流。他回国的时候新中国刚刚成立，因此，他当时画画肯定会受大环境的影响，比如要考虑怎样将老百姓的正面形象画进画里。另外，这些普通人和少数民族形象，本身是一个很丰富的绘画素材，也值得艺术家去挖掘。我想问的一个问题是：博物馆是怎样得到廖新学先生的作品的？

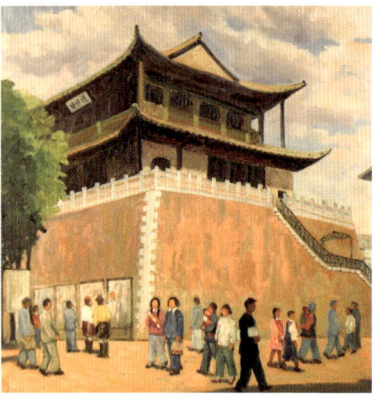

保管部负责人：最早是在廖先生的学生张元真那里获得的。张元真的

廖新学《石榴》 布面油画 28cm×27cm 1953年

廖新学《近日楼》 布面油画 80cm×80cm 1953年

廖新学《荡起双桨》 布面油画 30cm×40cm 1954年

丈夫高德林以前是云南省文化厅副厅长，他也为我们提供了收藏廖先生作品的渠道。当时，廖先生的很多素描、水彩、水粉作品，在他离世的时候即被封存起来，放在画室里，后来就由我们博物馆收藏了。因此现在民间收藏的廖先生作品是很少的。

学生：他的素描、水粉、水彩作品我们能看到吗？

保管部负责人：肯定能看到的，这里都有。还有一些他为谋生而画的有关纺织品的画作。

陈群杰：20 世纪 50 年代，如果在昆明翠湖公园看到那种带三脚架的画箱，把颜料涂在白色的布上，会觉得很稀奇。而廖新学先生在 50 年代的时候油画创作水平已经很高，没有太多人会理解他，所以他是一个非常孤独的人。还有很多云南人会觉得廖先生画得不好，会问"油画怎么会是一坨坨的颜料呢"，因为廖先生的画是点彩，可能会厚一点。所以，普通的云南人可能会接受不了，觉得没有画像馆画得好，因为画像馆画得很薄。廖新学回国以后是很孤独的，没有太多的人可以和他交流，因为他所接受的教育和当时的人太不一样。廖新学先生在南京中央大学学画时，接触过当时中国很多一流的大师，像徐悲鸿曾经给过他很多指导。后来他去了法国，学习了当时法国的现代画法。这样的经历带给他很多和当时国内画家很不一样的东西，他的视野和意识都是非常独特的。如果回国后他留在北京发展，可能会影响中国美术史的书写。

　　姚钟华先生年轻时曾经把作品拿给廖先生看过，受过廖先生的指点。廖先生的弟子中，有不少成为云南知名的画家。我们可以看到，艺术的历史是如何传递的。你们可能不喜欢那段时期的作品，但是，你们不能不知道那段历史。如果不知道他们相互之间的这种关联，你们对今天的艺术是没有办法解读的。很多人对西方或者对中国的现代艺术不能理解，很多时候就是因为对历史不了解。

廖新学《美人蕉与大丽菊》布面油画 114cm×87cm 1954年

廖新学

　　1900年，生于云南富民县；1910—1918年，在家乡帮人放牛、务农；1919年，到如真像馆当学徒，拜李鸣鹤为师学画；1921年，到荣光照相馆学摄影；1925年，开设新学美林画馆，后改名为"美林像馆"；1932年，进入南京中央大学美术系进修，师从徐悲鸿教授，学素描8个月；1933年，由云南省政府资助，前往法国留学；在法国国立高等美术学院当旁听生；1934年，在让·布歇教授的雕塑室学习雕塑；1935年，被法国国立高等美术学院雕塑专业录取为正式学生；1937—1942年，享受法国政府助学金；1940—1943年，在巴黎从事美术创作，其间曾到意大利、英国、瑞士、比利时等国观摩画展；

1941年，获得法国国立高等美术学院毕业证书。1948年，离开法国，回到昆明。1949年，开设新云南像馆。1951年，受聘为昆明师范学院教授。1952年，主持筹建昆明师范学院艺术科。1958年，廖新学因病去世，享年58岁。历任昆明民众教育馆社艺部主任、云南省文联副主席、云南省中苏友好协会理事、昆明市文联筹委会副主任、昆明师范学院艺术科教授、云南省文联筹委会副主任。个展及主要群展：1932年，在省立昆华民众教育馆（现昆明文庙内）展出创作的油画作品；1936年，获法国国立高等美术学院雕塑专业勒梅尔竞赛二等奖章；1937年，获法国国立高等美术学院雕塑专业二等奖章第三名，参加法国艺术展览会获鼓励奖，作品获春季沙龙、世界博览会银质奖；1938年，获得法国国立高等美术学院雕塑专业鼓励奖第二名；1939年，作品被法国邮政部门用于制作明信片；1940年，获得法国国立高等美术学院雕塑专业一等奖；1941年，获得法国国立高等美术学院雕塑专业二等奖第一名，参加法国艺术家展览会获铜质奖；1942年，参加法国艺术家展览会获银质奖；1944年，参加法国艺术家展览会获（绘画）鼓励奖；1945年，荣获国际"沙龙艺术之友"金奖、秋季"沙龙之友"金质奖；1946年，获法国艺术家美术展览会（雕刻部）沙龙竞赛金质奖章；在法国蒙特玛尔市克利兹街13号C.H.玛松艺术陈列馆，展出了廖新学的全部作品；在法国两岛画廊举办"廖新学中国画"展览；1948年，在昆明胜利堂举办留法汇报展；1951年，回到故乡富民办画展；入选全国美展并获奖；1954年，在重庆举办"廖新学雕塑、绘画作品展"；1983年，"著名美术家廖新学遗作展"（云南省博物馆）；2002年，"从牧童到艺术大师——纪念廖新学诞辰100周年作品展"（云南省博物馆）；2006年，廖新学荣获"云南文学艺术卓越贡献奖"；2008年，为纪念廖新学逝世50周年，云南省博物馆举办廖新学艺术作品特展。出版《廖新学美术作品》（云南省博物馆编辑，云南人民出版社，2008年）。

1	2
3	

1. 学生在翻阅《刘自鸣画集》

2. 云南省博物馆副研究员熊丽芬（右一）与陈群杰教授（左一）交谈讨论

3. 云南省博物馆副研究员王丽明（右二）与老师、学生交谈

二 刘自鸣的绘画艺术

陈群杰：20世纪80年代，昆明有一个很重要的艺术社团叫申社，于1980年成立。其中的艺术家的作品有很多都运用了所谓的"重彩"方式——当时的云南画家多多少少都会有这种倾向。如果你在知道申社的同时，还知道刘自鸣先生的画，你就会把刘自鸣先生和申社联系到一起。有不少重要的评论家、收藏家和策展人，在见到刘自鸣的画后赞不绝口，说如果当时她留在北京，就会不一样了。今天很多人都认为，刘自鸣是中国现当代艺术史上需要重新重视、发掘的人物。长期以来，我们的很多艺术史都还是在写一些处于话语权中心位置的艺术家，而那些不在中心位置的人，无论画得多好都被遮蔽和忽视了。2000年左右，有一些评论家和艺术史家就提出，我们应该重新反省中国现当代艺术史的写作方式。中央美院的一些老师就认为，应该先做地方艺术史，然后再撰写整体的中国现当代艺术史。而现在的情况是，在缺少或没有"地方艺术史"的前提下，我们就有了"国家艺术史"，这样的"国家艺术史"当然是不公平和不地道的。为什么说它不公平呢？那是因为它只记录、只谈论在北京、上海等几个大城市中产生了影响的艺术家，而没有记录活跃于其他地方的艺术家。这个问题在这些年引发了很多讨论。我想，如果先做地方艺术史的话，云南这边的现代艺术，肯定不能漏掉刘自鸣先生。

哪位同学对刘自鸣先生的情况比较熟悉，请介绍一下。

学生：刘自鸣先生1927年出生于云南盐津，出身富裕，幼年得病失聪，父母依然疼爱，请家教老师在家中教她识字读书。1946年，她考入北平国立艺术专科学校，师从徐悲鸿学画。1949—1956年，留学法国，就读于巴黎高等美术学院。刘自鸣先生曾在国内外举办过个人画作展览，其中《冬天的早晨》《庭院》《站在镜前的人体》《坐在椅上的人体》等多幅作品入选巴黎法兰西画家沙龙和巴黎秋季沙龙。1956年回国，在北京文联美术室工作，1961

年回到云南工作。晚年她将作品全部捐献给云南省博物馆。2014 年 1 月,刘先生病逝。

陈群杰:我们可以看到,刘先生有不少纸面作品。20 世纪 70 年代,中国人的生活非常困难,很少能找到油画布,除非是政府的艺术活动才能弄到画布。

保管部负责人:是的,她和廖新学先生的作品是不一样的。廖先生有木板作品,而刘自鸣先生的作品早期多数是纸面的。这一点是难能可贵的,对云南的艺术发展做出的贡献也更大,因为她的这种探索,比较主动地将中国传统绘画的欣赏习惯融入创作中,对画面的掌控超越了对自然环境或时空的表达,所以她的这种构成关系是很讲究的,也更有味道。它来自生活但精于提炼。过去在她家里,她的画都是堆放在一起,空间很小。画中有一些地方是极巧妙,前面的这些投影让我们感觉到云南的老建筑或白族建筑的意味,色彩非常具有概括力。

陈群杰:我们能不能看看她画的关于街景的作品?

保管部负责人:画街景的作品现在放在云南省美术馆呢,今年 1 月份有她的一个个展,展出了她各个时期的作品。刘先生在巴黎做学生的时候画了很多作品,比较稚嫩;回国后有她妈妈的陪伴,她画了很多花卉作品。接下来是北京时期直到她母亲去世前的作品,之后创作停了一段时间。到 20 世纪 70 年代,她又拿起画笔作画。80 年代之后的作品较多,还有 2002 年的作品。明年(2015 年)5 月 18 号,新落成的省美术馆将会正式开放,将给刘自鸣先生一个独自的展厅进行展示。新馆整个占地面积有 6 万平方米,老馆是 1.5 万平方米。

刘自鸣先生的画有很多题款。她后来记不清楚，眼睛不好，很多题款都没有形，很软，一看就知道有的是后来补上去的。有的画里面有三个题款，每个年代的题款都不一样。

陈群杰：这就是专业的研究，每个题款都有年代感。

刘自鸣《有鱼的静物》
纸本水彩 22.6cm×30.2cm
1948年

保管部负责人：60年代的题款是全名刘自鸣，在国外的是法文 TT。当时参展时，题款、尺寸、参加的什么展，在画后面写得很清楚。

学生：我们听说，刘自鸣先生捐献自己的画作给省博物馆时，她和美术馆发生了一些矛盾，具体是什么情况呢？

保管部负责人：本来她的画要捐给省美术馆，当时美术馆承诺每年给她60万元，后来只给了她30万。后来她就说希望把她的画永远放在一起，并将所有的画捐给了我们博物馆。这下美术馆不乐意了，美术馆那边还收藏了一些刘先生的画，大概有30张还是15张记不太清楚了，他们想留在那里。但是，刘先生又不想将她的画分开，通过打官司，将画全部捐给我们，包括她的手稿。后来我们馆给了她500万，她将钱全部捐给了清华大学。

陈群杰：她曾经说，她的作品不属于她个人，属于云南省政府，属于国家。在今天这个时代，很难找到这样的人了。

刘自鸣《卖艺老人》 布面油画 61cm×46cm 1951年（左）

刘自鸣《站在镜前的人体》 布面油画 81cm×65cm 1952年（右）

学生：吴冠中先生曾经说刘自鸣先生比他画得好。

陈群杰：那是吴冠中先生谦虚的话。做学术研究时，不要把这种话看得太重，谁比谁画得好，还得通过我们严谨地比较之后才能得出。我们了解过受法国现代艺术影响的廖新学先生，现在我们看比他晚点的刘自鸣先生的作品。她的艺术创作持续到了 2012 年。她的艺术与廖先生的艺术非常不一样，她接触得更多的是印象主义、野兽主义之后的东西。刘先生最重要的是她学习西方艺术、又回到云南之后，在绘画语言上有了一种新的创造，这点是难能可贵的。这是艺术语言上的变化，而不只是绘画主题上的变化。很多画家留学西方时，画的是西方的人、西方的风景，回到中国以后，仍然用西方的语言方式画中国的人、中国的风景。而刘自鸣就不是这样。她早期在法国交流与学习时，把巴黎街景画得很到位，很多作品甚至比郁特里罗的巴黎街景还要精彩。而她回国后，把西方现代主义的精神带过来，但同时做了重要的改变，

在中国本土慢慢产生了一种新的绘画语言,这个语言更多的是中国的用线与造型方式,还有一些摒弃特定时间的表达方式。在她的《大理三塔寺》等画作中都有这种特点,也是她艺术创作的高峰期的代表。刘自鸣先生把西方的艺术表达方式带到了中国,然后,又按照中国的精神创造出一种新的语言方式,这点对云南的影响非常大。后来,许多中年艺术家不断阅读她的作品,从中汲取营养。

学生:我觉得,她和吴冠中先生有某些接近的地方。这种作品和西方的非常不一样,在气质上又有点像林风眠。

陈群杰:她和吴冠中先生是巴黎时的同学,时间比较接近。吴冠中先生融合的东西很多,但相对来说,刘自鸣先生由于失聪,内心的东西更多,更加纯粹。他们这拨人和稍早时候的林风眠等先生一起,参与了构建新的"中国式现代艺术"的过程中。不过,这拨人在很长时期里都没有处在主流的位置上,所以直接的影响显得有限。

学生:这些画是怎么保护的?

保管部负责人:这些画一直是摆在她的画室里的,如果没有什么大的问题基本上是不动的。所谓"大的问题"就是像画布松了之类的,我们就会拿出来将它绷紧,内框松了绷内框,外框不合适的话就调整外框。这批画因为马上要参加画展,我们已经全部调整过一遍,现在基本没有什么问题。国外的很多画展也是这样的,最基本的原则是要尊重大师的作品。在参加展览前的研讨会上,要及时提出作品保护方案,如果被否决的话宁愿不去参展,一定是以保护作品为前提的。但是,也不需要过度地去关注某些问题,比如灰尘太多之类。有一种

可以避免画面落灰尘的办法，就是加封布，而加封布的话需要给画面上一层油，这样会使画面变得很亮，影响画面的原始效果。我们的原则是，不能因为怕落灰尘而改变画作的原意，所以就尽量不去动它。有些作品装过镜框，但我们现在有点后悔，还是保持原始的样子最好。以后跟国外一些机构合作，我们会请他们来指导如何把画保护得更好。因为他们在保护油画作品方面的历史确实比我们国内长，经验更加丰富。

刘自鸣《庭院》
布面油画 65cm×81cm
1953年

陈群杰：你讲的这些特别重要。

保管部负责人：对，也是希望能与国际接轨。以前想的就是把作品完完整整地装在镜框里，后来有很多人提出质疑，问你们到底担心什么？为什么一定要装在镜框里？后来想想确实是这样，看画的目的原本也是希望看到最真实的画面，加了镜框以后会反光，特别影响画面效果。这样会将观众放在一个与我们不平等的关系之中，看画的人一定是不希望看到被这样处理过的画作，而希望看到真实的作品。观者在看到画以后能够读到画家所要表达的东西，看得"真"才会被感动，隔着玻璃看一定会出现问题。

陈群杰：是的，这里面还有很多道理。我们可以对照一下两位艺术家的作品：

廖新学先生的画覆上一个光影也许还可以，但刘自鸣先生的画面本来就追求一种淡、一种亚光的效果，她在画画的时候很少用到调色油。但展览时如果没有考虑到这点，把画面搞得亮亮的，像是"新"的一样，那就完全与艺术家的本意背道而驰了。听您讲完后我也感觉省博物馆现在越来越专业，能考虑到这一点很不容易。并且，在画框选择上也挺像艺术家本人配的框子，而非可以用来装裱所有画的一个框子。从20世纪60年代一直到2000年左右，中国几乎每一个艺术家的作品外框都是自己挑选的，并且是人工做的，过去的老框子的材质和做工可能会差一些，但没有地方可以买到第二个，这是一个历史时期特别的现象。而今天的艺术家在选择外框时用的是模具成型的外框，所以就作品来说，每一个时段的作品也必然不一样。

保管部负责人：20世纪50年代的条件就是那样，整个国家都比较穷，物质匮乏。80年代她还去过法国，那时候她的经济实力还是有的，可以照着自己的意愿配框子，眼光比一般人也要独到。这个框做得很好，我们看到后也没想过要更换。所以连她的画框都变成文物了。

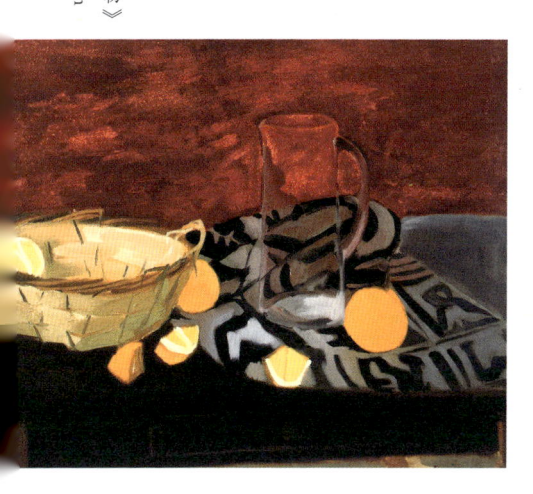

刘自鸣《红色背景静物》
布面油画 60cm×73cm
1954年

陈群杰：像这种展览，保留两三件配了旧框的作品，其他的可以适当更换。从画框上都能反映出画家早期的社会状况以及自身的经济状态，很有意思。

学生：在展厅里如果可以设置刘自鸣先生故居的一角，整个状态会很好。

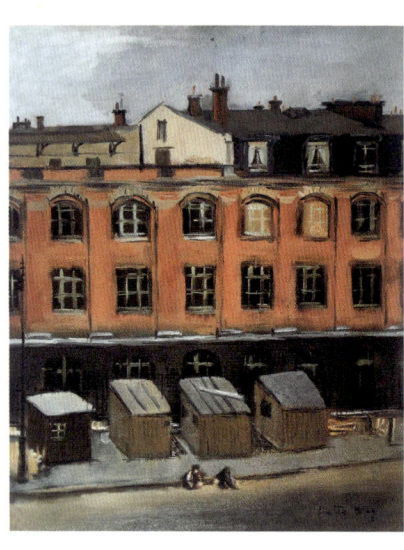

刘自鸣《人体》
纸本钢笔 32cm×25cm
1955年（左）

刘自鸣《街角》
布面油画 55cm×46cm
1955年（右）

陈群杰：她的画室很小，像个阳台一样大。那里阳光很好，把窗帘拉开，浅黄色的阳光会照在一个破旧的土罐上。她就安静地在那里画画，很少说话，别人跟她说话都要使劲地找话题。

保管部负责人：当时，到她的画室去接收这批画时，我作为登记人员怕把作品名称弄错，我跟她说话时她几乎是"声嘶力竭"地回应我，我都不希望她再说话了。从她的作品到品格，我都被感动了。

陈群杰：她对图形的记忆能力也非常强。我第一次到她家去看画的时候，她不认识我，我就把我的名字写给她，她很开心地笑了。于是，她找了一张纸画了一个构图给我看，是我在一个展览上展出的一幅画的构图。我太感动了！跟她说话主要得通过她的丈夫，在她家的时候你会觉得超级安静，但是，有必要交流时真的要通过喊叫的方式，一下子把寂静全部打破了。

刘自鸣《金柿 2》
纸上油画 25.5cm×34cm
1961年

刘自鸣《傈僳族姑娘》
布面油画 65cm×50cm
1980年

保管部负责人：我记得在 2011 年 11 月左右，我接到通知要去她家，在把该做的记录都做完后，我把登记表交给她签署捐画细则。当时，为了表示感谢，博物馆还是拿了 500 万元给她。现在她去世了，她的个人物品（比如画笔、手稿）陆陆续续地还会到博物馆里来，目前还在整理阶段。这些事情主要由她的姐姐来跟我们对接，但她的姐姐身体也不是太好，这个事情还在交流中。过完春节之后我们会做一个她的追思会，再重新渲染一下她的展览，使之更全面。这次接待你们比较匆忙，只看到了一小部分作品。下次展览时会有很多作品，你们都是画画的人，希望你们到时候都能来。

陈群杰：我们一定会去的。

保管部负责人：我们还邀请了姚钟华先生。

陈群杰：姚钟华老师是最有发言权的，他对刘先生极其熟悉。到时候想必姚老师会有很多精彩的看法告诉我们。这次能到省博物馆来看两位大师的作品，实在是很幸运。非常感谢您！去看一个艺术家的工作室并不太难，打个电话

约好时间就可以去。但今天到博物馆里来，我们所接触到的不是普通的艺术家，看到的作品也是云南省博物馆非常重要的馆藏作品。我们能看到这么宝贵的作品，都要得益于博物馆的领导及工作人员给予云南大学的特殊照顾。同学们，希望这次的经历可以给大家建立起一个历史的概念、脉络和图景。

刘自鸣《大理风景》
布面油画 92cm×65cm
1981年

刘自鸣《三塔村》
布面油画 81cm×60cm
1982年

刘自鸣

云南画院画家、一级美术师、中国美术家协会会员；1927年生于云南昆明；1938年双耳失聪；1946年入北平国立艺术专科学校；1949—1956年先后入法国巴黎大茅舍画院和巴黎国立高等美术学校；1956年回国，被分配在北京市文联美术工作室工作；1961年调到云南美协工作；1969—1975年在干校学习和劳动，后到昆湖针织厂描画针织品上的图案；1976年调到云南省文化局美术工作室工作。2014年因病逝世，享年87岁。个展及主要群展：1956年，刘自鸣个展（美术路美术画廊，巴黎）；1957年，"全国青年美术工作者美展"获文化部三等奖；1958年，"社会主义国家造型艺展"（莫斯科），"国际妇女美展"（东京）；1960年，"纪念三八国际妇女节50周年全国美展"（北京）；1979年，"建国30周年全国美展"（中国美术馆，北京）；1981年，"云南十人画展"（中国美术馆，北京）；1983年，"刘自鸣个展"（拉松画廊，美国明尼苏达大学）；1987年，"首届中国油画展"（上海美术馆，上海）；1992年，获"首届云南省文学艺术创作奖"一等奖；1994年，"第二届中国油画展"（中国美术馆，北京）；1999年，"中国99昆明世界园艺博览会——云南十人画展"（云南省美术馆，昆明）；获1999年度"王中文化奖"。出版：《刘自鸣画集》（云南美术出版社，2000年）。

刘自鸣《滇池小村》
布面油画 65cm×81cm
1992年

现实主义绘画的精神与力度
——姚钟华访谈录

姚钟华

受访谈艺术家：姚钟华

访 谈 者：陈群杰教授及云南大学 2013 级 MFA
　　　　　油画专业全体同学

访谈记录：董霞　董翔　刘杰　沈家禄　吴央

访谈时间：2014 年 11 月 12 日

访谈地点：昆明市北市区姚钟华工作室

文字整理：谭毅

1. 陈群杰教授（左）翻看姚钟华先生（右）的速写本

2. 云南大学美术系师生与姚钟华先生（前排右三）合影

3. 姚钟华先生（中）讲述创作经历

陈群杰：三天前，我打电话给姚老师，姚老师说非常欢迎年轻的艺术家来他的工作室。姚老师说，他做学生时，也非常想去前辈艺术家的工作室参观学习。今天下午，我们来到姚老师的工作室，姚老师让我们看他这么多的画，并愿意谈自己的艺术见解，和大家进行交流，这样一种对年轻艺术家的态度很让我感动。

我先介绍一下姚老师。他在 1955 年考入中央美术学院附中，附中毕业后考入中央美术学院油画系，毕业后，到云南来工作。在学习油画时，主要师从油画大师董希文先生。来云南以后，主要从事美术方面的工作。云南历史上曾经有过几次展出国外作品的大型展览，这些展览能在偏远、地处边疆的昆明举行，和姚老师的推动是分不开的。由于他的引荐，我们才能在云南本土看到很多国外艺术家的作品。

"文革"后，云南有许多社团和重要的艺术活动。1980 年，曾经出现申社——这是"文革"后云南最早出现的民间艺术社团，在全国影响非常大，申社的社长就是姚老师。姚老师对云南美术这段历史起到了重要的推进作用。1981 年，还有一个"十人画展"在中国美术馆展示，"十人画展"是中国比较早的探讨"形式美"的一个展览，姚老师是这个"十人画展"中的主要艺术家和组织者之一。从 20 世纪 70 年代一直到 2000 年，云南整个油画或美术这一块和中原、北京的交流参展活动，都由姚老师在中间牵线搭桥，才使很多云南艺术家有机会和外面交流。所以，姚老师不仅是一个卓有成就的艺术家，而且是对云南艺术发展有重要贡献的艺术家。

姚老师把中央美术学院的现实主义创作方法带到云南来，和云南本土的地域、文化、风景、人物融合在一起，形成了特有的带着表现主义倾向的现实主义绘画风格。姚老师有许多重要作品收藏在国家博物馆里，作为长期存列的作品展出。我最早见到姚老师是在 20 世纪 70 年代，在省博物馆里，当时姚老师在一小块瓦楞纸上，挤了柠檬黄和普蓝两个颜色，随手调和，就在展厅一幅巨大的风景画上几笔抹开。当时他穿着白色衬衣,是个很帅气的中青年。

姚老师经常接待学画画的年轻学生。每次来访,姚老师都会给学生很好的建议和指导。他最近即将在中国美术馆举办个展,现在基本上属于"闭门谢客"的时期,要整理自己的东西为展览做准备。今天来"骚扰"姚老师,姚老师仍然这么热情和慷慨,我非常感谢,也非常感动。

姚钟华《撒尼人的节日》 布面油画 185cm×200cm 1964—1981(中央美术学院藏)

姚钟华《晚风夕照》 纸本 水粉 40cm×54cm 1967年

姚钟华:2015年是我从艺60年,从1955年在央美附中学习算起,60年个人作品展览正在联系筹划,在昆明和北京两地都有展览。

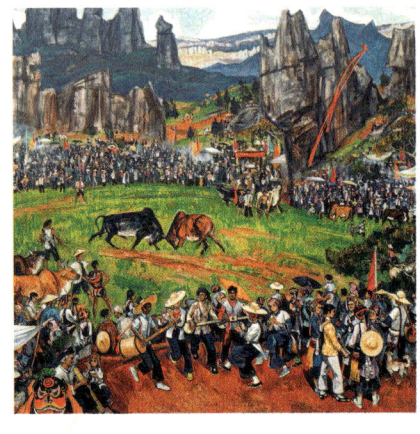

绘画本来不应该有很深的成见,界线不应该划得那么清晰。我和陈群杰老师说过,大家一年来一次挺好,年轻人向老人学习,老人也应该向年轻人学习,因为你们总是走在最前沿。大家来自五湖四海,来自不同学校、不同的导师,每个人身上都有不同的特点、不同的基因,在一块大家可以取长补短,这是个很好的事情。我在中央美术学院时,同学都是来自全国各地。

这两天正在准备展览,我们不妨一边看画,一边整理登记,有问题你们尽管问。对年轻人来说,每个人都有自己的追求,有自己的习惯。你们有什么绘画问题随便问,有的我答不出来没关系,答不出来就说答不出来。我以前跟别的年轻同学讲过，不论年长年轻，许多问题是共通的。因为社会变化太快了，有时候都跟不上，许多事情都料不到，所以大家面临的问题是共同的。

我先把自己的作品介绍一下，你们先看画，好有个感性认识。这张画是1999年画的，是我到四川大凉山，看他们"斗羊"之后画的。上次整理的时候，我觉得前面这片红土不太好，就加了一些绿草、一些大黑线，目的是将原来单调的红土地变得丰富。斗羊很紧张的，绵羊有时候可了不得，非常凶猛。要把那种紧张气氛画好不容易。这张属于风俗画，四川的彝族和云南的彝族服装打扮都很像，有很多共同的地方。大凉山的彝族在四川，布拖县在金沙江边，过了布拖，这边就是云南，云南是小凉山。绿色是新画的，上半部分是原来的，下半部分是后来改的。

学生：这只羊画得很表现，有立体主义的感觉。它怎么和现实主义结合在一起的？

姚钟华："现实主义"是一个大的概念，来自生活中的东西都可以叫现实主义。现实主义的表现方式很宽泛，有各种手法，它的本质是人文主义的关怀精神。现实主义艺术中的客观成分更多，实际上所有的艺术都来自现实，个人主观的东西也是客观的生活决定的。

学生：我们在语言上有许多困惑，比如西方的立体主义、野兽派，还有苏派画法，这些在姚老师的绘画中都结合在一起。那么我们在创作时，如何能结合得更好一些？

姚钟华：我觉得不能只是在画面上生硬地结合。我是自然而然画成这样的。所谓的"结合"首先是在脑子里结合，先要理解它们。这些因素都理解了，你放

到画中，觉得合适就行，没有什么一定的方法。所以画面中某些地方有剪纸的感觉，这些人都是画成几何形的，可我脑子里排斥不了具体的感觉，最后画成了这个样子，也不一定是绝对的协调。你们看过毕加索《亚威农的少女》吗？那些人都是很简括的，突然出现两个牛头马面，你说协调不协调，但因为他是大师，大家都说好、说他协调。你也可以说他不协调，所以这不是太绝对的。不过，整个画面色彩的调子是协调的，这整个韵律的协调，也是一种协调。人的脸画成几何形也是可以的，但是具体的因素是挥之不去的。

陈群杰：姚老师说的这点特别有意思。从一个艺术家的角度来说，艺术家创作不会像搞理论那样，一定要归到什么类别来再去创作，因为他是直接和生活对话。所以，搞理论的人在和艺术家对话时，会经常发现"他怎么没回答我的问题"呀。其实，艺术家是凭着理解而来的直觉，将两条线路的问题连在一起。所以艺术家对自己经验的谈论，完全可以超越理论家给我们设定的那些概念范畴和分类法。所谓的"现实主义"也可以像库尔贝说的那样。曾经有人问库尔贝，你一生怎么不画天使，库尔贝说："找一个天使来给我看看，只要看到天使，我肯定画。"这个是现实主义最重要的言论之一。我们有时候把各种主义过度概念化了，其实所有的主义都是先有画，而后才被理论家归纳为这个主义、那个主义。比如印象派，所有画家都是不一样的，没有两个是相同的。以前云南前辈画家廖新学先生，在中国讨论印象派，说德加不是印象派，莫奈是典型的印象派。所以不要被这些东西束缚，美术史的归类只是为了方便认识，而不是为了给我们设框框。其实，有时候一个流派、一个时期的画家距离很大。比如所谓巴黎画派，这个画派每个艺术家之间的差异都很大，莫迪里阿尼和罗丹就极不一样。我们不要从概念出发，要先从对各时期的具体画作的观看出发，这样形成的认识在脑子结合起来，就能具有一种综合能力，这很重要。

姚钟华《雨林深谷》
布面油画 180cm×160cm
1998年

学生：姚老师，你画画的时候会不会想到中国的书法？

姚钟华：没想过。画画时，不要想别的东西，只要集中于你对事物的感受，表达出来就好。艺术是很感觉化的东西，不是一加一等于二。

学生：我注意到，您的很多画在风格上并不完全相近。这么多年来，您对画画时的风格选择是怎么把握的？

姚钟华：我自己的风格会有几种类型，不固定。有的艺术家不愿意回到以前《雨林深谷》的风格，有的艺术家不介意自己是否重复。这张画是2014年画的，我原来在乌蒙山画过一个写生，2014年把它转化为油画。这张画跟写生时那张相比，色彩关系、大的构图都差不多，但细微处做了不少改变。这个瀑布也不像一般那么直，用了国画里的技法，加了云烟。我们中国人对自然有很多神秘的感觉。画细节的时候要跟自然本身浑然一体，这样的笔触是不能描的，细节也要跟画面的风格统一。

陈群杰：这个是姚老师创作的特点，对景创作，先写生，后创作。姚老师不画没有去过的地方。大和小的混合，大是大山大水，小是人和花。姚老师可以画很大的空间，但同时也能画出很多细节。这样的能力在艺术家中不多见的。

学生：姚老师，您在画之前做稿吗？

解题之魅
作为油画教学现场的艺术家访谈

姚钟华《黄河》 布面油画 250cm×500cm 1972年 中国国家博物馆藏

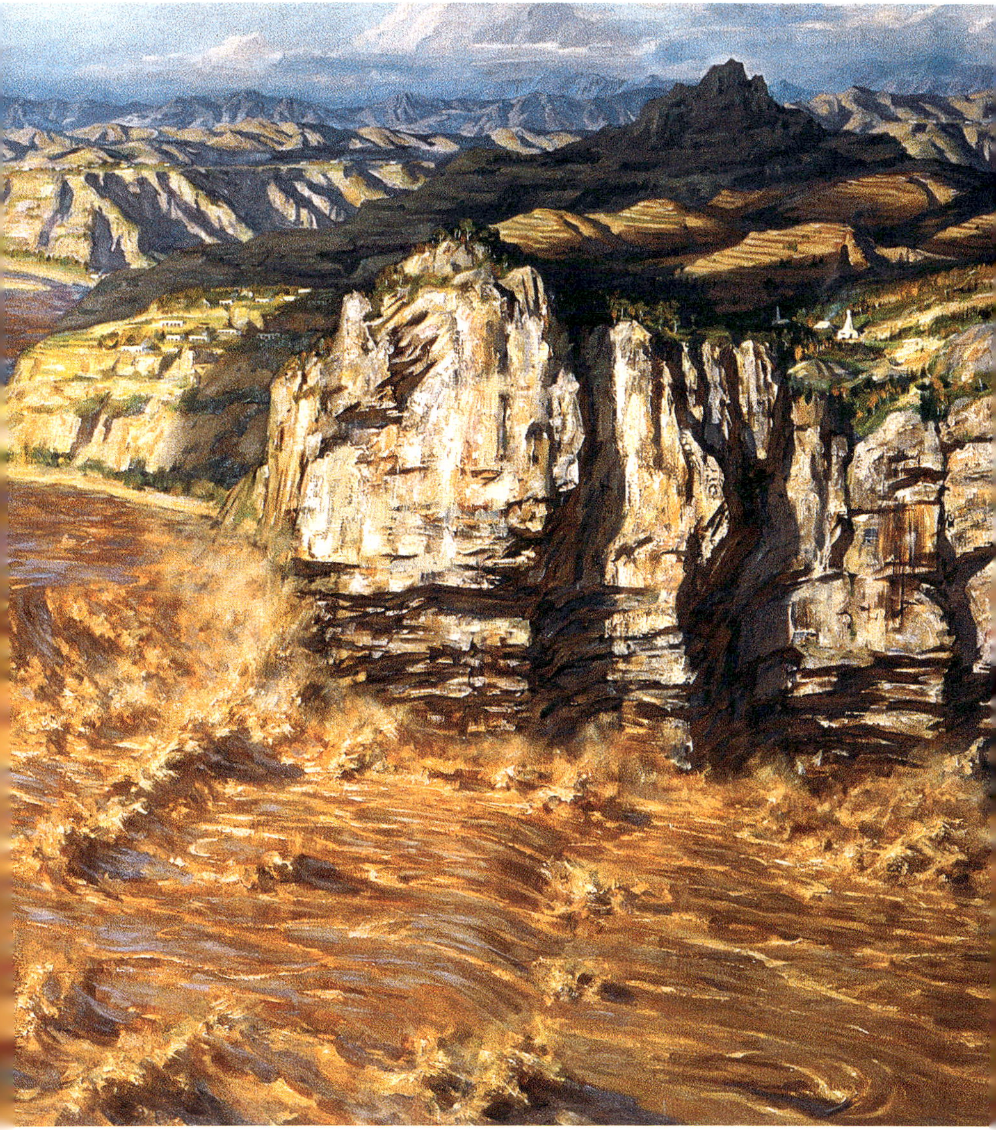

姚钟华：画之前我会先用草图将比例构成勾出来。

陈群杰：这种感觉要多体会。每一个笔触都是有紧有松的，可能就是用暖色的笔，一笔或两笔就交代清了。如果去抠、去描，就容易忽略感觉的东西，这就是手感。

姚钟华：画远景的时候要想到近景，画近景的时候我们要想到远景。远近景都太过严谨就容易失去空间。

学生：您如何看待写和画？

姚钟华：苦禅先生说过，大概意思是，画的最高境界是写，写的极致就是画。在俄语里，"写"与"画"可以是同一个单词（Письмо），所以是同一件事，每一笔都在写，每一笔都在画。

学生：在作画的过程中，人物造型的处理是怎么得来的？这幅作品是否是想象出来的？有什么参照吗？

姚钟华：对于人物的造型，有一些是有参考的，比如伞和伞后的人；有一些是没有任何参考的，想着画的。这个是有照片的，本身是个瘦老头，后来把他改成了一个年轻人；前面这个年轻人，是我找了个小伙子，他趴在地上我画了速写。对于画画，很多是凭自己的感受，很难说。你有再多的照片也许是没有用处的，需要有很好的速写功夫才能驾轻就熟，对于形，你就能抓得住，这就是在纯粹生活经验中画出来的。我画少数民族的比较多，不过这幅是全部为汉族的一张画。所以观察是最重要的，观察需要养成一种习惯。

学生：姚老师，您画的少数民族中，哪个民族最多？

姚钟华：彝族、藏族、傣族。

学生：这幅画是在泸沽湖那边的摩梭人家画的吗？

姚钟华：对，是那边的摩梭人家。这幅画中的老太太是我三十多年前曾经画过的一位老太太。一次我问她："以前有人画过你吗？"她说："从前有人画过。"我说："从前画过你的那个人就是我。"当然也不是一模一样，毕竟已经过了那么多年。那时候她还是中年，是 1978 年画的，现在她已经成了一位老人，成了"老祖母"。

学生：这些笔触是用大排笔或大排刷画的吗？在用油上，您是怎么选择和使用的呢？

姚钟华：通常第一步会用到大排刷。用油现在基本只用松节油，有时候其实可以用松节油加一点亚麻仁油、光油，也就是列宾画画所用的三合油。

学生：您绘画创作的时候，怎么和云南的这种很强的地域文化结合在一起的？

姚钟华：不需要刻意结合。你在这里生活，你画你自己的生活就行了。生活本身就是这样的，必须要有这种生活才能感受到。我画里的很多东西都是周围的生活用具，现在都还可以看到，老祖母也是用这些东西的。

陈群杰：我们在看这种画的时候要思考什么是"力量"。现在年轻一点的同学，会把颜料泼洒上去，画得厚厚的，堆在画面上。但是，绘画中造型的力量，比这要深得多，它需要我们对事物、对生活有更深的理解，才能更加有分量，并不是那么表面的。

姚钟华：这一幅是1963年在圭山写生时画的，当时还在做学生。大画有大画的优点，写生有写生的优点。20世纪50年代，黄永玉做阿诗玛的插图，我认为他是最早来圭山附近画写生的画家。再早一点就是西南联大的一些人去石林画过一点画，廖新学也画过石林，也去过圭山，但那个时候都是画的风景。我对石林的感情非常深，画过以"石林斗牛"为题材的画。后来，牛年设计的邮票也与此有关联。

圭山给我的印象是，无论自然还是人都非常厚重，老百姓也非常纯朴。最早去石林是1957年，那个时候还在附中读书，后来，1963年搞毕业创作，可以自己找地方，就去了圭山，在山上住了两个月。那个时候的妇女、老人、小孩都不会讲汉话，现在你去了那边讲汉话，他们都能听懂了。住的地方跳蚤特别多，水也脏，而且大旱，只有点苦荞面、玉米面煮出来的荞麦疙瘩饭，几乎没有蔬菜和肉，生活条件很艰苦。回来以后，丁绍光他们来看画，看完说："别的先不讲，光是在那儿能熬上两个月就不简单。"但这种艰苦给人留下的东西是非常丰富的。我在那里就是写生，这画中的牛是很突然看到的，也来不及拍照，然后就凭印象那么画着。因为我对圭山已经非常熟悉了，所以有时候很难说你非得拍个照片，只要你经常画，这些都没问题了。

姚钟华《无声的绞杀》（组画之二）
布面油画 130cm×145cm
1979年

陈群杰：姚老师这幅画让我想到，圭山就是一段绘画史。你们有人去过圭山那边写生，但要画出更厚重的感觉，可能需要理解那段历史才行。姚老师的画颜色特别鲜，这种状态非常好，他并非刻意去画一个什么东西。现在很多艺术家就是太像搞批评、搞策划的人了。其实，艺术就是一种冲动，不断地冲动，所有东西都是在你血液里自然而然流露出来的。刻意想得太多，你肯定是画不好的。艺术家只有简单简单再简单，但是阅读量一定要多样、丰富、厚重。现在很多人是颠倒过来了：讲效率，一开始就策划。

姚钟华：创作也有很多方式，根据速写来创作也是一种。很多生活场景很有人情味，所以我对现实主义的本质的解读，就是"对人的命运的终极关怀"，而不是说手法一定得怎么样。

学生：您讲的"终极关怀"是否和宗教有联系？

姚钟华：有一定的关系。你们看到的这张画是我在中央美院讲课时期画的，大概是1982年，跟谢东明他们那个班上课。当时在美院新楼的12楼，因为电梯常常没电，所以很少人去，基本上不受干扰。后来北京举办了一个"迎春画展"，这张画参加过那个展览。我也不知道这张画上的树叶什么树，我就叫它"披头散发树"。

学生：它的叶子本来就是这样长的吗？

姚钟华：是的，我就是按照树的样子画的。

陈群杰：你们看这张画的外框，80 年代的外框都是自己刷的。

姚钟华：对，就是木工手工推的。有人跟我说姚老师你不要换了，这种外框现在看起来很有历史感。

陈群杰：可以保留几件。

姚钟华：这张画是《峡谷新颜》。"新颜"两个字，来源于毛泽东的诗句"旧貌换新颜"。最早这里还有个瀑布，我没画，画面上写了"坚决反对右倾翻案风"。

陈群杰：为什么要写这句话？

姚钟华：写了这句话才能通过。那时候是 1976 年，但展览的时候"四人帮"已经打倒了，这标语就涂掉了。他们也的确修了些梯田，但是没什么规则。云南的大峡谷就不一样，光芒万丈照下来，很漂亮。理解艺术作品离不开历史，需要联系它的语境来评价。

学生：您的画都是先有写生为依托再进行创作的吗？

姚钟华《峡谷新颜》布面油画 210cm×162cm 1976 年

姚钟华《北京的声音》布面油画 167cm×210cm 1972 年

姚钟华：和写生有关系。具体的情况根据作品本身而定，因为有些画面组合是想不出来的。

陈群杰：同学仔细研究一下姚老师这幅作品的火焰造型，请姚老师分享一下这幅作品的创作经验。

姚钟华：就这幅作品来讲，画中人物我都有速写，打毛线的、哼哼唱歌的人物造型都有速写。最使我动脑筋的是人物手中的捻线，不能用一支笔描，不能过她的脸。但她是有线的，而且是有韧性的线，我在创作的时候是用真的一根线然后用油画刀放斜来画，刮刀颜色既不能多也不能少。如果是你来画，你怎么画？

学生：如果我来画，会用线来弹，然后再把它虚掉。

姚钟华：佤族题材的这幅作品，之前有画过速写稿，黑白的成分比较多。作品画完之后发现，如果按照原来的色彩速写创作稿来画就对了，现在画面颜色有点多，反而不好。人有时候容易犯糊涂。

陈群杰：姚老师在中央美院的时候速写画得非常好，大家以后在生活中要经常画画速写，对创作有很大帮助。

姚钟华：这幅作品以石林彝族生活环境为背景，靠采风观察生活来创作，想象的成分多一些。野鸭、水鸟、骑牛的儿童，转眼就不见了，天空的野鸭为画面增添了动感。如果没有动的感觉就不太好，那是根据画面构成加上去的。

姚钟华《啊！土地》木板裱纸 94cm×180cm 1981年（北京大都美术馆藏）

学生：画面中的元素都有速写吗？

姚钟华：嗯，根据长期的速写积累，想象着画上去的。我希望大家多画速写，多观察生活。我这本《速写与记事》送给大家，目的是让大家多去感受生活。这本速写前面是散文，是我全靠记忆写的，没有笔记，"文革"期间也不敢写日记。我们经历的时代不一样，写的大都是北方农村生活的感受，有东北农村生活，也有云南农村生活的内容。我觉得艺术家的感受很重要，《石涛画语录》讲："夫受，画者必尊而守之，强而用之，无间于外，无息与内。天行健，君子以自强不息。"我觉得这是《石涛画语录》最精华的一段，作为画家可以把它当作座右铭。石涛把画家的感受放在很高的位置上，而画家是用画笔来表达感受，最便捷的方式就是用速写。速写不是快素描，速写最重要的是快速地把画家瞬间的感受用最重要的结构特征、最简洁的语言迅速画出来。速写是画家最重要的一种能力，很多大画家都是速写能力很强，比如黄胄、叶浅予等这些画家的速写都是非常好的。他们虽然是国画家，但道理都一样。所以赠予大家这本书是希望多画速写，多观察生活，记录生活感受。

学生：姚老师，您的画面中有力量的图示，是在寻找什么吗？

姚钟华：的确是这样的，艺术需要力量，艺术体现的民族精神也需要力量。当然，这也和我的师承有关系，我的老师董希文的画被称为"稳、准、狠"。以前在工作室，一个德国老师说德国人画的画像男子汉画的，有力量。那时候都崇拜苏俄画派的画家，但是到 1963 年，我接触到很多力量型绘画。后来我在画壁画的过程中感觉到民族的力量，更感觉绘画也需要这种力量，自己可能潜移默化地有这种追求。但是，力量也并不是线条画得粗细与否，而是在画面中有力度，呈现精神上的力量。构成一个作品的基本要素就是它的内部结构，它跟师承有关系，跟自己学的东西也有关系。

学生：您画的大多数都是云南的人物、风景、生活场景和动植物，有没有考虑云南以外的？画画时，是否一定需要有对所画之物的感情在先呢？

姚钟华：早期我画的是北方农村，对北方农村很熟悉。但我毕竟是云南人，从小生活在云南，后来下乡也是在这边的农村，所以大部分都是画和云南有关的东西。一个人的意识是生活决定的，画家比较形象，在哪块土地生活，哪块土地给自己的情感就是潜移默化的，这种土地的、地方性的因素不是技巧。

学生：您在自己的创作中，有没有考虑过让自己的作品与国际接轨，使它们有更普遍的可阅读性的问题？

姚钟华：狭隘、僵化的地域性，和通过真实理解表现出来的地域性是两个概念。"与国际接轨"，谁跟谁接轨还不清楚呢，说来说去都是和美国接轨。跟印度接轨、跟墨西哥接轨算是"与国际接轨"吗？很多时候，人们讲的其实是"跟资

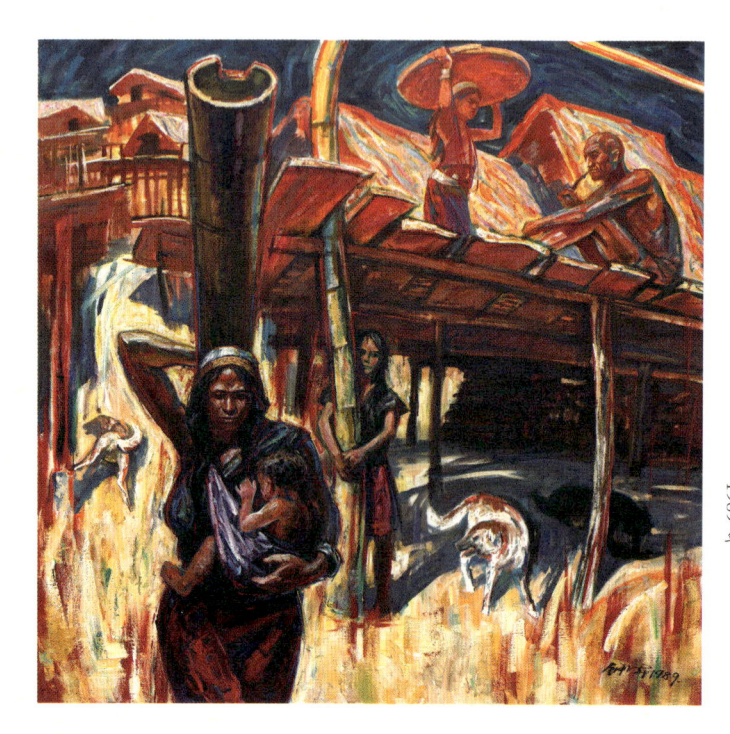

姚钟华《背水的阿佤》
布面油画 180cm×180cm
1989年

本接轨"。艺术不用这种接轨。曾经有一个批评家讲："古典艺术是农耕社会的艺术，近现代艺术是工业时代的艺术，我们是信息时代的艺术。"我并不是说他的话完全错，因为艺术确实是变化的。但是，艺术的变化并不是简单的"进步"和"落后"之分，不像科技，科技有进步和落后的区别。艺术的核心问题是人的情感问题，人的情感无所谓先进和落后，它的沟通就是人类感情的沟通。艺术语言的更新并不是绝对的标新，更不是把情感因素从艺术中清除掉。我们当然要接受许多新的因素，艺术语言也应该依照时代而有所变化，但是表现的东西仍然是人的永恒的情感。这种情感在每个地域表现为不同的人和事物的风貌，只要它是真实的，就一定具有共通的可理解性。

我的很多油画作品都来源于写生作品，有时候拿速写本随便勾画，一幅

姚钟华《金沙天堑》
布面油画 181.5cm×150cm
1989年

画从起稿到完成的时间不等。画动物时会有很多版本，最早是1957年到圭山，第一次看斗牛，看了后特别震撼，那时我还在央美附中上学，画了关于怒江的《别了，怒江》。画水要注意运动的规律，有天光的颜色，浪也有体积、深浅的变化，浅滩要有可见底的感觉，这些都要去观察感受。所以，画风景不是简单地去画颜色，而是要善于思考、善于学习，锻炼自己敏锐的观察能力、丰富的感受能力、精确的表达能力，只是闷头画画或模仿别人都不可能出彩。

陈群杰：姚老师的绘画关注云南特有的文化，而他在绘画中的表达是非常个人化的，他所呈现的地域性其实超越了所谓的"集体意识"。很多人在创作上是很集体的，没有个人的东西。一个艺术家怎么进入到创作，怎么寻找自己的路，怎么在看上去很集体性的"现实主义画法"中挖掘出真正个人的东西，姚老师做得很到位。每一代艺术家都应该有所不同，但是我们可以从前辈的经验中获得一些启示。

姚钟华：在绘画中，对力量和精神的感受特别重要，要在感受中去思考什么是人和事物的真正力量和精神。东晋顾恺之讲画画要"迁想妙得"。这就是说，要运用想象力在脑子里形成绘画思维，形成对人和物的真实理解。写实一定要摆脱对照片的依赖，画的时候是你自己在画，而不是被画。照片可以作为一个参考对象，但是一定要注意自己的思想和情感。可以利用照片，但不要反被照片利用。

陈群杰：姚老师讲得特别好。今天我们谈得非常高兴，同学们想必也有很多收获，还需要回去再进一步消化和吸收。我们再次感谢姚老师的接待和对绘画心得的分享！

姚钟华

云南昆明人。1959年毕业于中央美术学院附中。1964年毕业于中央美术学院油画系。历任云南画院副院长、中国美术家协会理事、一级美术师、云南省政协委员、中国油画学会常务理事、云南油画学会主席、云南大学客座教授。现任云南油画学会名誉主席、中央美术学院云南校友会会长、云南省文史研究馆馆员。曾先后在北京、巴黎、台北、洛杉矶、费城、昆明举办个人画展。1972年以来多次参加全国美展及国家主办的前往东欧和巴黎、纽约等地的重要画展。作品多件为中国国家博物馆、中国美术馆、中央美术学院、人民大会堂等机构所收藏、陈列,先后前往法、英、荷、比、西、波、意、俄、美、加、墨诸国进行艺术交流和考察。2016年中国美术馆等单位主办"生命的壮彩——姚钟华画展"。并被中国美术馆收藏作品30件。作品收入《新中国文艺大系、美术卷》、《中国当代油画》(河北版)、《中国当代油画》(山东、香港版)、《中国当代美术全集》(油画卷、壁画卷、水粉卷、邮票卷)、《二十世纪中国油画》、《中国当代美术、油画卷》、《1949—1986的新中国美术》(柯珠恩著)、《中国美术六十年》(人民出版社)2016年,出版大型画集《姚钟华画集》等重要画集。出版过十余种个人绘画作品集,文集《艺术·生活·往事》《艺林漫步》《风雨丹青》。散文速写集《速写与纪事》。编著《从古希腊到毕加索·美术欣赏丛书》(16集)、《古滇青铜器拓片集》。参与主编《彩云南》大型书画集。

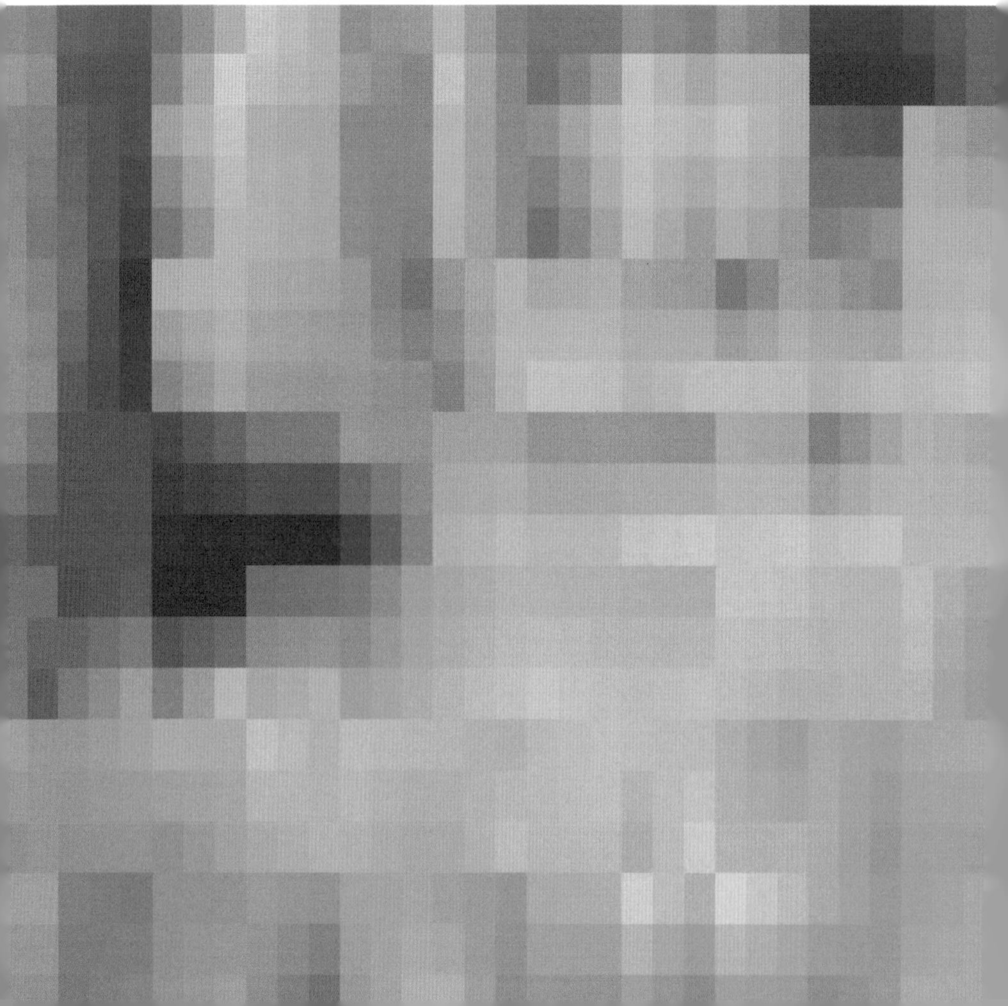

陈崇平

"向大师和自然学习"

——陈崇平访谈录

受访谈艺术家：陈崇平
访 谈 者：陈群杰教授及云南大学 2012 级 MFA
　　　　　　油画专业全体同学
访谈记录：罗元园　宋兆凯
访谈时间：2013 年 12 月 4 日
访谈地点：云南民族博物馆陈崇平工作室
文字整理：谭毅

解题之魅
作为油画教学现场的艺术家访谈

1. 陈崇平先生讲述自己的风景画创作

2. 座谈会现场

3. 云南大学美术系师生与陈崇平先生（前排右三）合影

陈群杰：从 1933 年廖新学先生去法国开始，总共有四个人留学法国学习现代绘画，他们是廖新学、刘自鸣、刘文清、熊秉明。云南现代艺术最早的形态应该就是从那个时候开始的。姚钟华先生写过文章谈廖新学先生生前的一些事迹，他的启蒙老师之一就是廖新学，有学缘上的传承。在"文革"中，云南的不少画家画了很多主题性的风景画，正面歌颂祖国和人民。这是当时主流艺术形态的要求，美术中的形象要具有"红、光、亮"和"高、大、全"的特征。20 世纪 70 年代，云南涌现了一批在当时看来非主流的艺术家，他们也创作了大量的风景画。不过，70 年代末、80 年代初，这批艺术家突然从人们的视野中消失了，因为那时候出现了高考，人们的关注点开始投向了学院派。今天要讲的就是 1966 年到 1976 年之间，云南这种在主流艺术之外的风景画现象——"昆明外光派绘画"，而其中最重要的人物是陈崇平老师。首先，我想问陈崇平老师，您当时是在怎样的生活背景下学习绘画的？

陈崇平：我是一个"不入流"的人。1949 年前我的父亲在国民党政府里做事，所以就被套上"反革命"的帽子。我作为他的儿子，只能夹着尾巴做人。我从小就对绘画感兴趣，受初中老师卢玉芬的影响。她带着我们去外边画风景画，对于我们来说，这种启蒙是非常重要的，对绘画的热爱也是从那个时候被她点燃了。后来由于家庭原因，考了有补贴的师范学校。师范学校有美术课，也会出去画风景。因为出身问题，所以上不了艺术院校。我是一个不在潮流里的人，所以就把我的兴趣投入到艺术中来了。我不像你们，有老师、有学校，我的老师就是大自然，另外一个是画册。

学生：云南"小风景画派"是不是就是从你们那批人开始的呢？陈老师，能否请您给我们讲一讲这个"小风景画派"。

陈崇平：我们那时候生活质量很低，油画颜料买不起。但恰好碰到"文化大革命"一开始搞"红海洋"，我们就画毛主席像。这个对我们的锻炼太大了，画完之后剩下的颜料就归自己。因为颜料稀缺、绘画工具稀缺，所以只能用很小的画箱、很小的纸张作画，后来有条件了才开始画大一点的画。我不太"学院派"，不太希望画得跟他们一样，之后去南京艺术学院短暂进修，在学校里画石膏。对我影响最大的是廖新学先生，但是我仅仅跟他接触过一次。当时廖新学先生在翠湖画风景，我自己还在上小学。后来在廖新学大弟子吴有诚家里看到了非常多的雕塑作品照片和素描照片，而且看到了廖新学先生的一张油画，于是我就去临摹。临摹他的画对我的影响简直太大了。我在他的画中体会了太多，在昆明能看到这样的画真的太幸运了。通过学习这张画，我在写生的时候就注意捕捉光和色，笔触也变得活跃起来了。

陈崇平 《船上人家》 纸本油画 39cm×54cm 1974年

陈群杰：当时很多重要的展览您都参加不了，这是为什么？

陈崇平：当时由于家庭、社会的原因，我参加不了展览，这对我个人的打击还是很大的。但我在画风景的时候，能感觉到一种精神的自由、人性的解放。在这当中，我可以找到安慰、找到发泄、找到表现，觉得自己画得很痛快，因此才会这样一张一张画下去。

学生：陈老师，当时您的内心很痛苦，不过画画能给你快乐，是吗？

陈崇平：人其实是有两面的，在参加集会高呼口号的时候不能有丝毫犹豫。但是绘画有个好处，就是边画边体会。除了自我欣赏，还可以和几个朋友聚在一起聊聊艺术，传阅《星火画报》。我们当时的生活就是这样子。

陈群杰：陈老师他们当时这样做，就会让我们想起法国印象主义一帮艺术家在蒙马特高地的咖啡馆里喝酒画画的场景。把艺术史串联在一起看时就会发现，艺术史就在你的身边。

陈崇平：我的水彩画入选了几次全国美展，我当时的水彩也受怀斯的影响。我在一个朋友那里看到了怀斯的画册，当时感到非常震撼。他用的是蛋彩，后来我就研究什么是蛋彩，用鸡蛋黄和水彩调和在一起。我是昆明第一个弄蛋彩画的人，那个时候我就有意识要参加国家的展览，其中一次还获了奖。其实中国美术家协会的展览每一年的主线没有变，你们现在看国家的展览还是以画工农兵为主。当时从事非主流艺术创作的这些人出身都不太好，按照当时来说都是"黑五类"分子。当时我画这些风景（画大观楼的风景），把自己的情绪带到画里。

陈崇平《云南大学会泽院》纸本油画 39cm×54cm 1975年

陈群杰：您的写生作品在现场完成之后，回去还有改动吗？

陈崇平：都是现场完成，现在因为

有了照片,所以很多学生现场画一画,回来再用照片修改。照片是最坑人的,因为照片里的暗部都不会有太好的颜色,容易画死掉。后来我又和曾晓峰他们一起到茶铺里画人物速写,我觉得这个对我影响很大。临摹画册也是肯定要的,我没有老师,看画册对我帮助很大,我每次出国都会买很多画册。不过,在临摹之后也不能亦步亦趋,需要突出你自己的东西,哪怕是你身上的缺点。因为你的缺点就是你的优点,把你的缺点发展到极致就有了自己的个性。

陈崇平《文庙街暴雨前夕的阳光》纸本油画 39cm×54cm 1976年

学生:陈老师的画上有很多花纹图示,是借鉴了中国古代青铜器上的纹样吗?

陈崇平:不是!是我自己乱来的。

学生:陈老师,我看您画的人物作品,题材有一些是古代的,但是造型语言和色彩又很西化、很现代,您是怎么结合的?

陈崇平:我的绘画也受西方艺术教育的影响。我是故意和他人画的不一样,很典型的中西结合。随大流没有意思,就只是个跟班。

学生:陈老师,您这儿挂的画都是原作吗?

陈崇平《大观楼外收割后的田野》
纸本油画 39cm×54cm
1977年

陈崇平《护国路口》
纸本油画 39cm×54cm
1977年

陈崇平《昆明翠湖游舟》
纸本油画 39cm×54cm
1979年

陈崇平：不是的，有几张是打印的。因为怕丢，所以打印了几张可以乱真的。你们现在这种教育模式，能走出来看看，对你们帮助还是很大的，可以从中汲取很多知识。那时候，我过的生活很艰苦，没你们现在这样的条件。我出身不好，只能自己努力了，除了学习外国的大师，还向大自然学习。画画最主要是要有思想，不只是技术上的问题，思想上要解放，技术由思想来统摄才有魂。当然，练技术也是一辈子的事。眼界要宽，你的取舍很重要，能够看到跟你有关系的或者跟你的发展有关系的。另外，我还比较推崇材料，不同的材料有不同的质感，不同的质感有不同的表现。艺术本身没有套路，要创你自己的东西。每个人的经验是不一样的，艺术的表现跟你的性格、思想都有密切关系。你特别喜欢的画家是哪一类画家，他的哪一类作品你最有感觉，那么在你的血液里就比较倾向于这种艺术，你朝这个方向去发展就会有突破。

陈崇平《德胜桥的雪景》
纸本油画 39cm×54cm
1976年

陈群杰：今天特别感谢陈崇平老师，他给我们讲述了他画画的经历和心得，也提出了很多重要的绘画问题，比如材料问题、个性问题、"向自然学习"和"向大师学习"之间的关系问题。同学们回去后好好琢磨琢磨这些问题，多看看陈老师的画作，会有更大的进步。

陈崇平

1940年出生,浙江宁波人。昆明市五华区文化馆馆长(已退休)。自学绘画,擅长水彩画、油画、现代重彩画。中国美术家协会会员。历任昆明美术家协会主席、云南省美协常务理事、云南省美协水彩画艺委会副主任。2009年起,聘为昆明市政府参事室文史馆馆员。个展:1998年,"中国·云南画家陈崇平重彩画作品展"(洛杉矶,美国)。出版:1994年,《陈崇平画集》,云南美术出版社;2001年,《当代名家现代重彩画精品——陈崇平》,北京工艺美术出版社;2011年,《陈崇平画集》,上海人民美术出版社;2015年,《陈崇平·现代重彩画精选》,荣宝斋出版社;2016年,《陈崇平现代重彩画》,中央美术学院出版社出版。

20世纪六七十年代中的非主流艺术呈现
——姚建华访谈录

姚建华

受访谈艺术家：姚建华

访 谈 者：陈群杰教授及云南大学2012级MFA
　　　　　油画专业全体同学

访谈记录：吴思思　马志龙　龚如迅　张晓峰

访谈时间：2014年11月18日

访谈地点：昆明月牙塘小区姚建华工作室

文字整理：谭毅

060　解题之魅
　　　作为油画教学现场的艺术家访谈

1	2
3	
	4

1. 姚建华先生（左三）讲述他20世纪60年代在昆明的风景画创作

2. 陈群杰教授（右三）介绍姚建华先生及作品

3. 云南大学美术系学生与姚建华先生交谈中

4. 云南大学美术系师生与姚建华先生（第二排左三）合影

陈群杰：今天，姚建华老师把他的很多作品都摆出来给同学们看，让我们可以讨论相关的问题。这一点，我们年长的艺术家做得非常好。像我们上回采访的姚钟华老师也是如此，他可以毫无保留地把多年的作品拿出来与大家分享，毫无保留地给大家讲解，这种人格魅力难能可贵。我想还是回归这个课程的内容，从云南最早的油画艺术开始讲起。从刘自鸣先生和廖新学先生的作品来看，他们除了受留学日本的画家的影响，主要还是受法国印象主义和现实主义的影响，这条线路也一直影响着云南的绘画。那么，如果把历史划分成一节一节来看，我个人判断姚钟华老师的风景画和其他画家的非常不一样。他不仅表现出了云南大山大水的民族特质，而且他的风景是主流风景或主题性风景。为什么说是主流风景或主题性的风景呢？在他的最重要的风景画——比如说《峡谷新颜》里，有横的标语，后来被他修改了，是表现藏族人的新生活，与当时的语境非常配合。还有姚钟华老师的画作《北京的声音》，表现的是几个藏族人在雪山下收听广播。

姚钟华老师的许多作品都呈现出主题性突出的风格和现实主义的艺术态度。但他在手法上仍然具有鲜明的云南本地色彩和个性特征。云南有特殊的地理环境，它同中原的许多城市非常不一样，北京的很多意识形态的东西到云南会不断地衰减。1966—1976年的"文化大革命"时期，除了姚钟华老师的主流绘画创作以外，还有对后来的艺术家产生深远影响的一批艺术家，那就是当时昆明的一些特殊的风景画家。姚建华老师就是其中非常重要的一位，还有裴文琨、沙璘老师，等等。我同毛旭辉老师做过一个课题——"昆明外光派绘画"，就是研究这些非主流艺术家的生成和发展，以及他们对云南艺术的影响。所以在这个课程中，我们专门挑选了一些"文革"时期就很活跃的艺术家来访谈和交流，看他们在当时是如何进行创作的，在意识形态的高压下，怎样呈现出自己个人对生活的判断，而不是集体意识的判断。我们今天可以通过观摩这些油画作品，以及同姚老师交流，尽可能地去了解那个时代的非主流艺术状况,以及他们同主流艺术有着怎样的关联。由此,我们可以延伸到"一个艺术家的成长会受到什么因素的影响"等问题的探讨。

学生:姚老师,您早年的学习经历大概是怎样的?

姚建华:初中毕业后,我在昆明美术学校学习了两年。昆明美术学校是工艺厂为了培训一些学徒而开设的,请了一些专业美术学校毕业的老师,教我们素描和色彩。1960年和1961年学习了两年,1961年毕业以后,我的同学有很多去正规的学校进修。我当时没有那么好的条件,经济上不允许,我要去工作,一直工作到现在,绘画基本上是业余状态。后来条件稍好一些,来到昆明市文联工作,时间也更多。专业不是画画,而是美术编辑,在《滇池》文学月刊做美编。

陈群杰:姚老师早年就进行了两年简单的学习,之后,全靠个人对艺术的兴趣和爱好,一直走到今天。姚老师今天的创作更多的是写实水彩画,画得非常棒,在云南水彩界是非常重要的艺术家。他有很多塑造得极其精彩的水彩,不同于传统的水彩。

学生:您在那个年代是如何进行创作的?

姚建华:当时,大家都一样的,没有贫富之分,工作上也没有挑选的余地,到哪里都是一辈子,今年也不用想明年有什么发展。不过,这反而轻松了,根本没有什么压力,这种状态对学画的人是有好处的。从这个角度来说,我们当时是幸运的。特别是美术学校毕业以后找不到工作,就到处打散工,也不需要每天上班,有兴趣就在家里和周围画画。1964年,才正式在大观园

旁边的渔场工作,差不多七八年时间。那里的风景很好,工作不是很忙,一天工作一两个小时就可以了。我们工作的地方离西坝苗圃比较近,不需要专门请假,去画也没人管。这里就有我当时在渔场或大观园里画的一些画。20 世纪 70 年代,进热水瓶厂工作后就没有时间画画了。有时候星期天画一下,一年画不了几张画。你们看到的这些画是我一生中的作品的三分之一,你们可以想象一下我是多么懒的人了。我的画非常非常少,而且,我撕掉的、丢掉的也不多。

姚建华《顺城街家的楼梯》
纸本水墨 19.3cm×13.5cm
1960 年

姚建华《由西山看草海》
纸本油画 20cm×25.6cm
1963 年

学生:这些画是纸本的吗?这个底子是怎样弄的?

姚建华:就是一些包牙膏的纸板,他们专门做了许多给画画的朋友。就是做这么大,做了很多,我要了十多张。至于底子,我是用白油漆加立德粉搅得很稠,然后用滚筒滚上去。当时别的工具和材料很难搞到,有这些已经不错了。

学生:当时您的这些画参展过吗?

姚建华：要进入正规的展览会是不可能的。因为我没有专业背景。他们不管你画得怎么样，首先要求你是专业出身的，但我的身份是工人。我们当时没有任何参展的心思。

学生：姚老师，我看你的画有印象派的一些因素在里面。您当时画的时候有没有受到印象派的影响？

姚建华：当时，在一个朋友那里看到一本印象派的书。书中讲印象派观察生活、理解自然的方法，以及领会色彩的方法。当时，见不到彩色印刷品，只有那种黑白的。后来在美术学校的时候，几个美术教师都非常厉害，其中一个就是云南大学的创办者董泽的儿子董坤维，是我们的老师。黄继林、肖保成都是广州美院毕业的。他们非常鄙视临摹，要求我们学哪个画家就要用那个画家的观察方法去观察自然，不要临摹他，更不要说画照片。所以，后来我画照片写实，内心非常纠结、相当自卑的。

学生：姚老师，您后期如何转到水彩的照相写实画法的？

姚建华：我为什么会转变，是因为我没有受过专业的教育，脱离对象塑造的

姚建华《百花地的职工宿舍》 纸本彩色铅笔 19.3cm×15.1cm 1964年

能力不行。不像有的画家能把他想象的东西很好地画出来,很真实地画出来。我画的是速写型的,画完整的大幅创作是不可能的。所以,没有照片作为依据,不可能达到后来的真实感。但是,内心又想画那种,不满足于这种。这些都是很草率的习作。

学生:照相写实是什么时候开始的?

姚建华:应该是1992年开始的,80年代应该是基本没有画画,只有1960—1979年在画。

学生:我们在网上见到的你的画作应该都是水彩,写实的功夫特别好。姚老师,您是如何把比例做到准确的?

姚建华:照相写实有一套方法,要求你的照片比较完整。照片不准你改动,组合或者换背景,小的可以。但是,整个都要组合成一个完整的画面。基础一定要好,照片本身就有绘画性。那些比例可以通过大的分割来完成,有一套具体的方法。我不用投影的方法,打格也不是很多,因为水彩不像油画,你打了格以后那些铅笔的痕迹怎么办。所以,还是凭着原先的素描基础来画。

学生:您在"文革"时期如何进行创作的?

姚建华:"文革"时期,我基本没有进行创作。我的朋友,比如沙磷能画出"文革"时期需要的大幅作品。我没有那个能力,也没有兴趣。1966—1976年期间,我基本都在文化圈以外。就像陈老师谈到的,不是官方的,不是"主流"的,是业余的。当然,在业余画家中也有很多人画毛泽东像,进行

主题性的创作。我从来没有参与过这方面的工作。

学生：您结束了渔场的工作之后，就去工厂了吗？大概是什么时期？后来，又是什么机遇让您去文联工作的呢？

姚建华：1973—1992年，有20年在热水瓶厂工作。当时，设计图案就是跟美术沾了一点边。不过那时我基本没有时间画画，只有周末时去画画写生。后来去文联，是朋友介绍的，因为昆明画画的人也不多。到文联之前，其实我已经画了一些照相写实的水彩，正式画是在1992年，1989年就画了少量的照相写实的水彩。主要是朋友与美术界和文化界的人比较熟，所以就介绍我到文联工作，很幸运，到文联后，就有时间画画了，而且可以很专业地画，跟在渔场那段时间完全不一样。当然，我也画不出在渔场时的画了，就是现在，也没有能力画那种画了。

学生：在七八十年代您是非主流的画家，也没有参展的机会。到了1992年以后，是不是画照相写实水彩才有机会参展呢？

姚建华：我画照相写实的水彩画，主要的推动力也不是展览，而是中国走向市场经济。因为1990年代之后，不管什么画种都开始有市场了。在1980年代中期，云南画院就有一个卖画的画廊，当时他们就叫我画一些到那里卖。我画的一些传统手法的水彩，竟然能够卖掉。虽然价钱不高，但一幅画的收入也相当于两个月的工资了。画一张画需要的时间并不长，大概四五个小时吧。有动力就会想画得更多，当然也丢掉了一些很宝贵的东西。一旦被经济利益左右，可能离艺术越来越远了。

学生：在 20 世纪六七十年代，对您影响最大的艺术家是谁？

姚建华：如果从人物画来说，影响最深的应该是谢洛夫。因为当时能见到他的一部分作品，其他的见不到。他是被介绍得比较多的苏联艺术家。列宾的作品也很少见到。风景画对我影响比较大的是毕沙罗、莫奈。

姚建华《从百花地看对岸大观公园》
纸本铅笔 10.2cm×14cm
1965 年

学生：姚老师，您最早接触印象派是自己想知道还是由于偶然的机会接触到呢？

姚建华：最早接触应该是在从美术学校出来以后。那时，有个不错的朋友经常给我讲法国绘画同苏俄绘画有什么不同，还给我讲东欧的绘画。后来，到了 1965 年，我就见到了印象派的诗选，还看到了一个美国人写的介绍印象派和后印象派发展的书。印象派艺术家谈的所有话题，包括怎么去写生、怎么观察，我最初有很多不理解的地方，当时认为他们直接用颜色来画色彩是不调和的。实际上不是这样的，印象派画的是眼睛看到的，是一种"视觉自然主义"。印象派的实质就是忠于自己观察到的东西，不过于追求形体结构，而是注意色块的虚实远近、色彩的鲜明程度以及色彩的衔接关系。但是，你要是这样创作，想不清楚就不可能画得出来。每一笔都摆在那里，眼睛看到的就是全部内容。所以，画画时，一定要整体观察。

学生：您从 1992 年开始照相写实创作，会不会跟您早年的画法有一定的关系？

姚建华：应该说在色彩感觉上，在整体的把握上是跟当年的写生有关系的。如果没有那 20 年的写生，可能后来画照相写实就没法画好，一定是僵死的。因为你既要画得非常精细，又要有绘画感，简直太难做到了。我现在依然不能说自己在绘画性方面做得有多好。

陈群杰：姚老师他们的绘画积累，是在一种非常自发的状态下形成的。他们没有更多获取信息的渠道，大学对他们来说非常遥远，就一直处于所谓的"业余"状态。但正是这种状态才使得艺术家能更多地投入到对生活的观察中。不过，他们也会受到艺术流派中一些艺术家的影响。至于写生传统，我个人认为，云南写生的最高峰时期不是在今天，而是在"文革"时期。当时很多艺术家都认为学画画的人就是要画风景，不画风景就不是处在画画那种状态。所以当时很多人都在较劲怎么把风景画好，怎么把这个画布做好。

我觉得，在这段历史中，每个艺术家都有自己的角色，我们不要认为只有一种状态、一种途径才可以成为艺术家。所以我在八年前和毛旭辉老师做一个课题的时候专门来访问了姚老师。当时我们对姚老师几乎没有了解，他还没有进入我们的视野。就在采访其他艺术家的时候，有人提到有个叫"姚建华"的人画风景画得很好。后来我们就留意，跑来采访姚老师。刚开始姚老师很谦虚地说："我哪里有画，我的画只有墙上挂着的那几张。"后来我听着有点着急，我们就僵持着，到最后，姚老师还是挺不住把画拿出来给我们看，有很多画。我记得那天下午，就跪在这儿拍了 200 多张图片，回去后头都是晕的。那天我非常惊讶，在采访的所有画风景的艺术家中，只有到姚老师这儿才发现，原来还有这么地道的、非常接近法国印象主义的画。这种感觉和我们童年的那种想象与对昆明的记忆都非常契合。那天回去以后，我们对这一发现都觉得很意外。

所以，我们在审视问题时一定要展开，既要有深度又要有广度。用这种方式去了解那个历史时期的艺术家，会比较深刻。比如，20世纪90年代云南艺术家中画风景画得最好的还是苏新宏，是云南画风景最有抱负的人之一，后来因为癌症过世。他对云南的光色特别感兴趣。他学画的时候就是在旁边看姚老师写生，有机会就跟着画。所以，云南的风景画是一代一代传承下来的。

综合来说，云南的绘画还是和法国印象主义绘画以及法国现实主义绘画的关系最密切。当然，它还存在一种现象，就是受苏俄绘画的影响。从这一点来看，法国的风景画或者是印象主义所提倡的"赞美自然"的态度，很适合云南这个地方。所以我觉得，这批艺术家对生活的态度是值得肯定的，也只有热爱生活，才能这样去做艺术。

学生：姚老师，您的《红土绿萌》在第九届美展上获得铜奖，这件作品的创作背景是怎样的？

姚建华：其实，我在1994年就画了有一大堆柴堆在一起的画，觉得这个柴很有画味。光有柴还不行，还必须有人。后来，就在下乡的照片中找，找到一个好像还可以放进去的，就把它们组合在一起成了这张作品。开始我画这个的时候不打算参展，专业人士其实是比较鄙视这种画的。因为我画照片，没有人认为这是画画的一个正途。确实不是正途，应该尽量避免利用照片，哪怕画的不是很准确，也得用手、用眼、用脑画出来，比用照片画有价值得多。

学生：那么，您在画水彩的时候，起完铅笔稿，基本是两遍颜色或者三遍颜

色就画完了吗？您画了这么多水彩，请给我们谈谈画水彩的心得吧。

姚建华：水彩色彩最深的地方只能一遍，它是不能再覆盖的。所有的照相写实画法，不管水粉、水彩还是丙烯、油画，照相写实的手法都是一样的，就是从局部开始，一定要一次完成。甚至有些画家会把其他部分遮起来，怕会影响自己对局部的关注。因为如果整体画的话，你就会觉得可以了，但是局部观看某一块时，你会觉得还不够，一定要画到够了为止。这样，一个局部一个局部地逐步完成，最后我再把整张画稍微调整一下。

学生：就是说，您画画的时候就是把旁边遮住，把局部画到感觉很深入为止。

姚建华：我是这样画的：遮住

姚建华《百花地的深秋》
纸本水彩 23.8cm×32.7cm
1967年

姚建华《静物》
纸本水彩 31.3cm×33.7cm
1967年

姚建华《草海垂钓之二（大观渔场工友）》
纸本油画 21cm×29.7cm
1968年

留下的痕迹，我把它刮开一块，翻起来画那一块，画完以后，我把它粘起来又刮另外一块。这些纸都是划开又重新粘起来的，一来避免把其他部分抹脏了，二来把注意力集中在那一块儿地方。全部画完了之后，再整体调整，看什么地方需要再画一点，什么地方需要洗掉一点。

学生：姚老师，之前我是学国画的，在本科的时候也学过水彩。当我们画水彩的时候，会将高光留出，或者处理一些细节时把它空着。老师们说，有一些光点要通过水分把它空出来而不是人为的留白，您对这个是怎么看的？

姚建华：如果留白，那个笔触的感觉就没有了。而你要是把一块白色的东西用周围的晕色将它留出来的话，用笔的感觉还是有的。如果是那种非常细的线条实在难留，可以用点胶。其实照相写实有很笨的方法，即使是没有画过写生的人也可以画，但是与用传统技法来画是不同的。我建议你们还是尽量多用传统技法。现在对我来说最大的问题是，由于长期画照相写实，我已经失去写生的能力了。连平常的速写都没有了。所以说照相写实把画家给毁了，你们一定不能走这条路。

学生：姚老师，我突然联想到细密画，照相写实与它有什么关系？

姚老师：可能在精致的程度上有关系，但是从视觉的角度看是没有关系的。细密画完全不考虑光、色和空间，只是把形很精细地画出来，包括服饰上的那些装饰，它是用一种概念的方法来画。

学生：您平时有画这种细密画吗？

姚建华：没有，我画的这种还是不放弃光、色、空间、形体、质感，这些都得顾及。文树荣收藏了我的一些水彩，他带了三幅过来，我把它们抬出来给大家看看。

陈群杰：昆明有一个收藏家叫文树荣，他有许多藏品，尤其对姚老师的作品进行了专门的收藏。

学生：您觉得自己在创作过程中，您获得的最宝贵的东西是什么？

姚建华：你说的是六七十年代吗？那时画画就是我最大的快乐，自以为和那些国外大师有一样的想法。后来我看了印象派展览，觉得自己与那些大师观察自然的方法是一致的，如果有他们那样的条件，再画十年的话，作品一定可以摆在一起看。

学生：您画这些照相写实的画时，参照的照片是不是要像素很高？

姚建华：那倒不一定，因为你在画的时候，要加进自己原来写生时的理解。如果全部把希望放在照片上，它即使再清晰、像素再高，那种感觉还是不一样。画的时候还要加进自己的想象。

学生：这样一张画要画多长时间呢？

姚建华：那个时候还是画得比较快，差不多要一个月。

学生：我在网上查过一些您的资料，想知道您画这些偏远山区的风景的原因

是什么？是因为有乡土情结吗？

姚老师：也不是吧。应该是对工业时代的一种反感、对城市生活的一种反感。因为我觉得人在收入与物质很少的情况下，还是可以很快乐地生活。所以我会画一些贫困地区，很穷但是不苦的生活现象。你用物质标准来看，他们一年的收入还不到几千块钱，一两千块钱他们可以过一年，很多生活资料在自然里就可以找到。我在那儿喝的水都是非常好喝的，他们的山泉水是真正好喝的水，还有吃的蔬菜也都很好。城里可能没有一个人想去过这样的日子。但那可能是内心真正快乐的日子。

学生：美国的照相写实画家克洛斯对您有影响吗？

姚建华：应该说照相写实主义画家的个性都不强，所以他们的画都是一个样子。我有很多他们的画册，没有什么个性，只是题材上有些区别。

学生：每个人在创作上有自己的方法吗？

姚建华：方法区别不大。最没有意思的画种就是照相写实。

学生：那是什么让您选择了照相写实这个方法来作画？

姚建华：最简单和最私心的想法就是别人画不出来。只有这个想法。如果有第二个人像这样画，我就不会画了。我有一种内心上的骄傲，就是别人画不出来。我已经画了20年了，还没有第二个人像这样画。

学生：我们上网查您的资料，第一眼看到您的作品时感觉特别震惊，这个真的是画的吗？感觉就是照片，后来我继续查了几个网站，发现还是画的。假如您现在是我们这个年纪，你还会采用照相写实的画法来画吗？

姚建华：不会。画抽象画可能会更自由一些，更能抒发自己的内心，就像赵无极那样的。但也可能我没有这个天分。

学生：从艺术史来看，像毕加索最开始运用写实的手法，到最后画得很抽象，那您有没有想过和他一样试着改变一下自己呢？

姚建华：没有，我没有那个自信，因为我还是清楚自己的长处。而且，我也不像其他艺术家胆量比较大，敢于尝试，不像陈芬耀和姚钟华老师他们风格变得比较多。

学生：您觉得画画和谋生的关系是怎样的？平时您工作和业余的时间是怎么安排的呢？

姚建华：我觉得画画与谋生能分开还是分开的好，干一种相对比较轻松、稳定点的工作，然后把自己的精力跟爱好投入到画画中。你们看到的这些画大多是我退休以后画的。在上班的时候，每个月的工作量大概是三四十个小时，就可以把手上的工作做完。在正常情况下，这种画我一天只能画两个小时，包括油画也是这样，因为精神必须得非常集中。这些画大多都是用了六七十个小时完成的，那张用了一百多个小时。

学生：如果您每天投入非常多的时间，比如每天八个小时，会发生什么？

姚建华《渔船上的工友》
纸本水彩 27cm×37cm
1971年

姚建华：要是你这个年纪肯定是可以的，一天画十个小时都没有问题，精力是跟着年龄走的。但我现在不可能如此。每天画八小时，一定会画废掉、会画错，你看不清楚就下笔。但每一笔都不是偶然的，一笔都不能错。

学生：关于不能画错，以您的画面为例能具体讲一下吗？

姚建华：比如这个头发，要画出蓬松的感觉，你细看的时候它是分成很多细

小的点。然后这头发由于很长时间不洗，被风吹了以后有一部分松开，有一部分是粘成结的，画一个局部哪怕是很小一块儿，你都得用放大镜看这一块是怎么分布的。所以都不是偶然画出来的。这么小的一块得画一个小时。

学生：那您用什么笔画呢？

姚建华：用日本的一种呢绒笔，很好，我已经烧得非常尖。

学生：您画这个画会洗与画面尺寸一样大的照片吗？

姚建华：不可能，一定要用放大镜看，洗10寸的就够了。

学生：这笔能画这么细吗？

姚建华：能，这么一张画大约要画废五六支笔。我50岁的时候眼睛非常好用，6寸的照片就能画了，6寸照片就可以把芝麻大的人头的表情都可以画出来。

学生：那时候的6寸照片不是数码拍的那种吧？

姚建华：不是，是胶片，照相机的条件也不怎么好，只是用傻瓜相机。90年代初还没有那种自动对焦的功能，傻瓜相机不需要对焦。后来有了自动对焦就特别好了，不需要犹豫。

学生：现在水彩画最主要的地区可能是广州、天津和云南这三个地方。您觉

得现在水彩的发展形势是怎么样的？水彩这个画种是不是能更好地体现您照相写实的画法呢？

姚建华：应该说，现在水彩出的人才比以前多得多了，画得好的人也非常多。像我这种在全国水彩界来看已经很过时了，后来的人如果再像这样画基本上是没有前途了。水彩应该还是要有一种抒写的韵味，如果像这样纯粹去和油画比精细度，与水彩的本意还是不相符的。其实，画照相写实最好的还是油画。照相写实的油画家有很多了，像冷军就很厉害。我只能在水彩的领域做，因为这个领域做照相写实的人少。水彩这种技法，毕业以后都在画，对我来说容易点。油画的专业性更强一些，它的整个创作过程不是我这种业余出身的人能做到的。另外，今天的水彩还是得注重绘画性，像老英国的水彩画就十分有画意、有绘画感，而照相写实画家都有这方面的致命伤。

学生：那我是不是可以理解为水彩画还是要和中国画的意蕴相结合呢？

姚建华：起码你也要有英国水彩画的那种味道，因为最正宗的水彩是英国水彩画。我见过现代英国水彩画中有几个画当代照相写实的艺术家的作品，也非常好。

学生：现在艺术家都画一些抽象的、表现的、观念的艺术，您怎么看待当代艺术的发展？

姚建华：我基本没有什么发言权，因为我了解得太少了。像多媒体和国外的当代艺术，如果在国外待过，就会知道他们是怎么搞的。我们学习人家，学得还不太地道。人家有自己的脉络，非常清晰。中国油画包括画得比较好的

那几个艺术家，他们都很悲观，因为用世界的眼光来看，他们都谈不上是世界级的画家。由于中国的经济发展迅速，很多有经济实力的人就支持这些画家，使画家获得市场上的成功，这跟艺术水准实际上没有多大关系。其结果是，有一个画家成功就会有一万个、十万个年轻画家模仿。市场的容纳量永远都是很小的，所以他们既没有学到手艺也没有进到市场的圈子里。学艺术是很奢侈的事，只有生活无忧的那些贵族可以干这种事。国外没有几个艺术家靠艺术谋生的，很少。我的体会是我幸好不是靠艺术谋生，历来都是业余的，所以很自由。

姚建华《海埂太家地的农村小孩》
纸本碳笔 38cm×26.4cm
1973年

学生：您作为"文革"的亲历者，是怎么看待那个时期的绘画的？

姚建华："文革"时期的主流绘画，对视觉的追求还是非常大众的。一方面，考虑没有受过美术教育的民众，要画大众看得懂的画；另一方面，考虑政治要求，"红、光、亮"就是政治化的审美。当时的艺术家也不能说都不真诚，他们大多是真诚的，还是努力想把人民喜欢的东西表达出来。只是他们宣称的主题有一定的虚假性，脱离历史的真实。但是，作为绘画，让大众看得懂没有什么不对的。

学生：您为什么在当时不画这样的画呢？我个人认为您是有能力画的。当时的情况，是不是对画家来说有一定的好处呢？

姚建华：我不喜欢介入社会活动。所以，只要搞的人多，我就不参加。像云南这种边陲地区，受"文革"的冲击没有北京、武汉那边那么剧烈，虽然也有一定程度的影响。"文革"刚开始的时候，单位就不上班了，学校也停课了，空余时间就多了，画毛主席像单位出钱买颜料。对画画的人来说，这可能有一定的方便，但对写作的人就糟糕一些。

学生：从当时的主流价值观来看，他们对您这种画画的是什么态度？

姚建华：没什么态度。因为我不是专业的，不引人注意。但是在专业的文化系统工作的人就会不一样。因为国家给工资是要求你画政府需要的，你怎么可以模仿西方那种颓废的画。印象派在当时被认为是"颓废的资产阶级"的、不关心人民大众的画，他们都是享乐的，在游艇上、在公园里玩。

学生：在那个年代画人体的应该比较少吧？

陈老师：当时，人体是不能画的。我们是"文革"以后第三批大学生，在学校里闹，才可以画人体，像中央美院有人体模特也是半人体。

陈群杰：今天来姚老师家拜访，让大家对云南美术发展的一条线索有了一定的了解。"文革"中有很多的优秀作品，我们在关注主流艺术的同时，还应该注意到有一条并行的线路——非主流的艺术道路。这些非主流艺术家对自然人文的关怀、对生活的态度，对后来的艺术家影响非常大。

从对姚老师的访谈中，可以感受到他总是谦虚地给我们一个信号——他是"业余的、非专业的"。什么是"业余的"？这不好说。我们从姚老师所感兴趣的作家、诗人、书法家那里，可以看出他的艺术追求和精神理想。在他不大的工作室内存放着一千多张光碟，他的爱好和兴趣在这个空间内我们都看到了。他不是业余的，而是非常专业的，是用自己的一生在做艺术。其实，由于姚老师的谦虚，才使别人没有途径去了解他。姚老师把自己的画整理出来给大家看，这对大家是一个鼓励。画画是一件值得尊重的事，非常感谢姚老师！

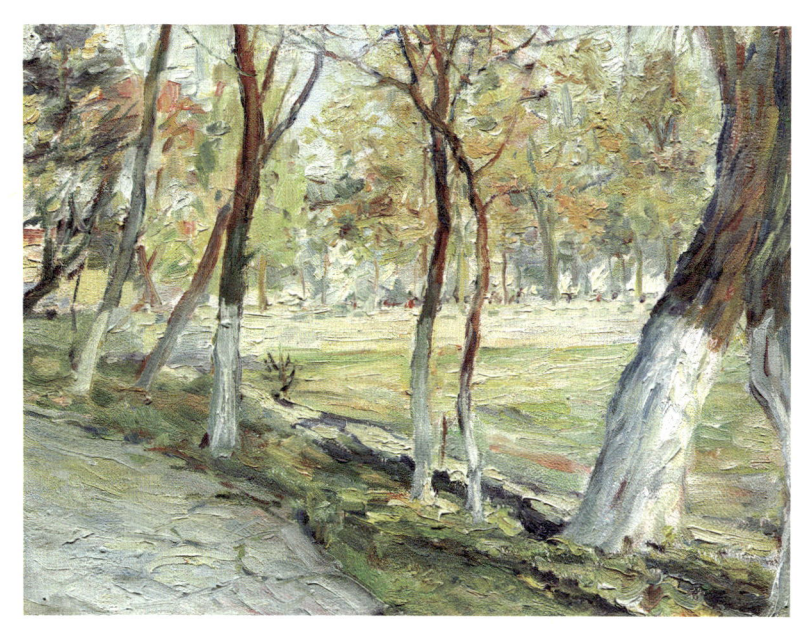

姚建华 《从竹林岛看翠湖东路》 纸本油画 25.3cm×34.2cm 1977年

姚建华

1945年生于昆明。1959年初中毕业。1960—1961年在昆明市美术学校读书。1962—1963年于各种散工、零工之余兼习绘画。1964—1972年在昆明市大观渔场做水产工人。1973—1992年在昆明市热水瓶厂做图案设计。1993—2005年在昆明市文联《滇池》文学月刊做美术编辑。

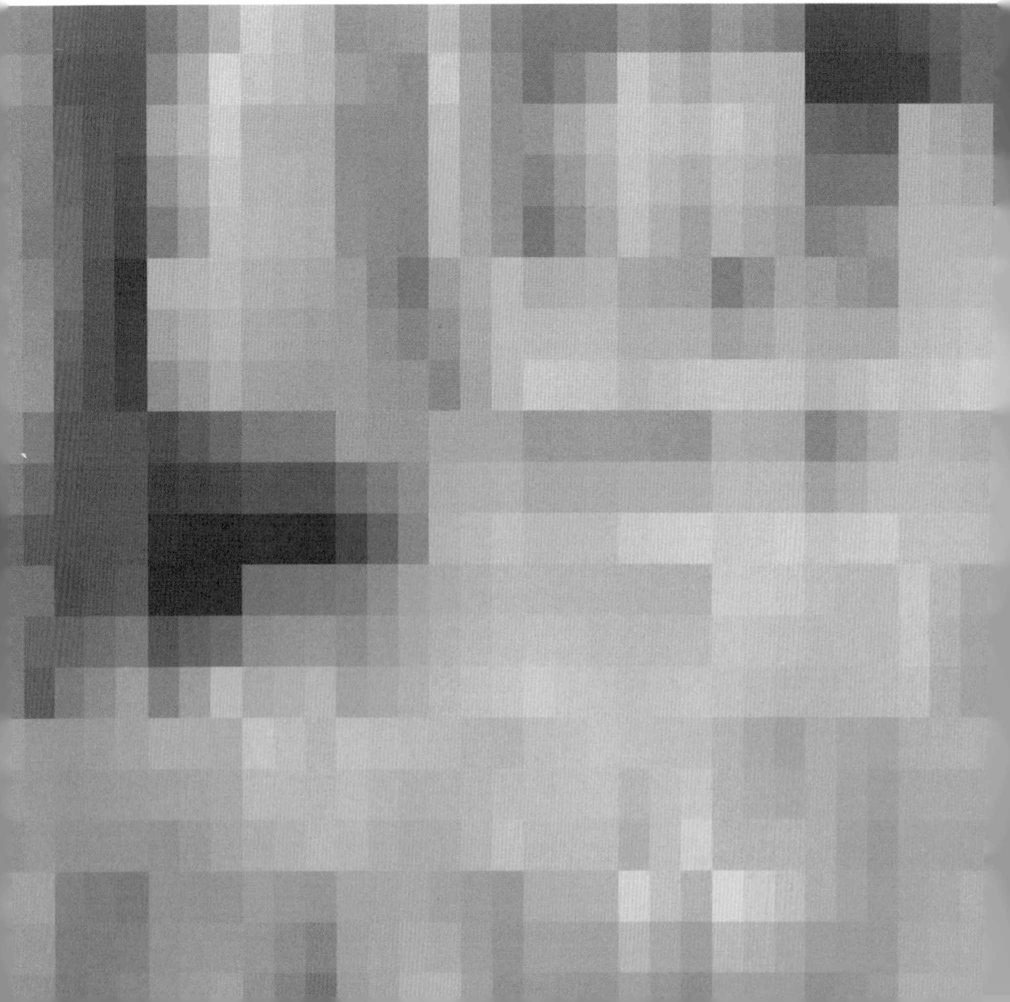

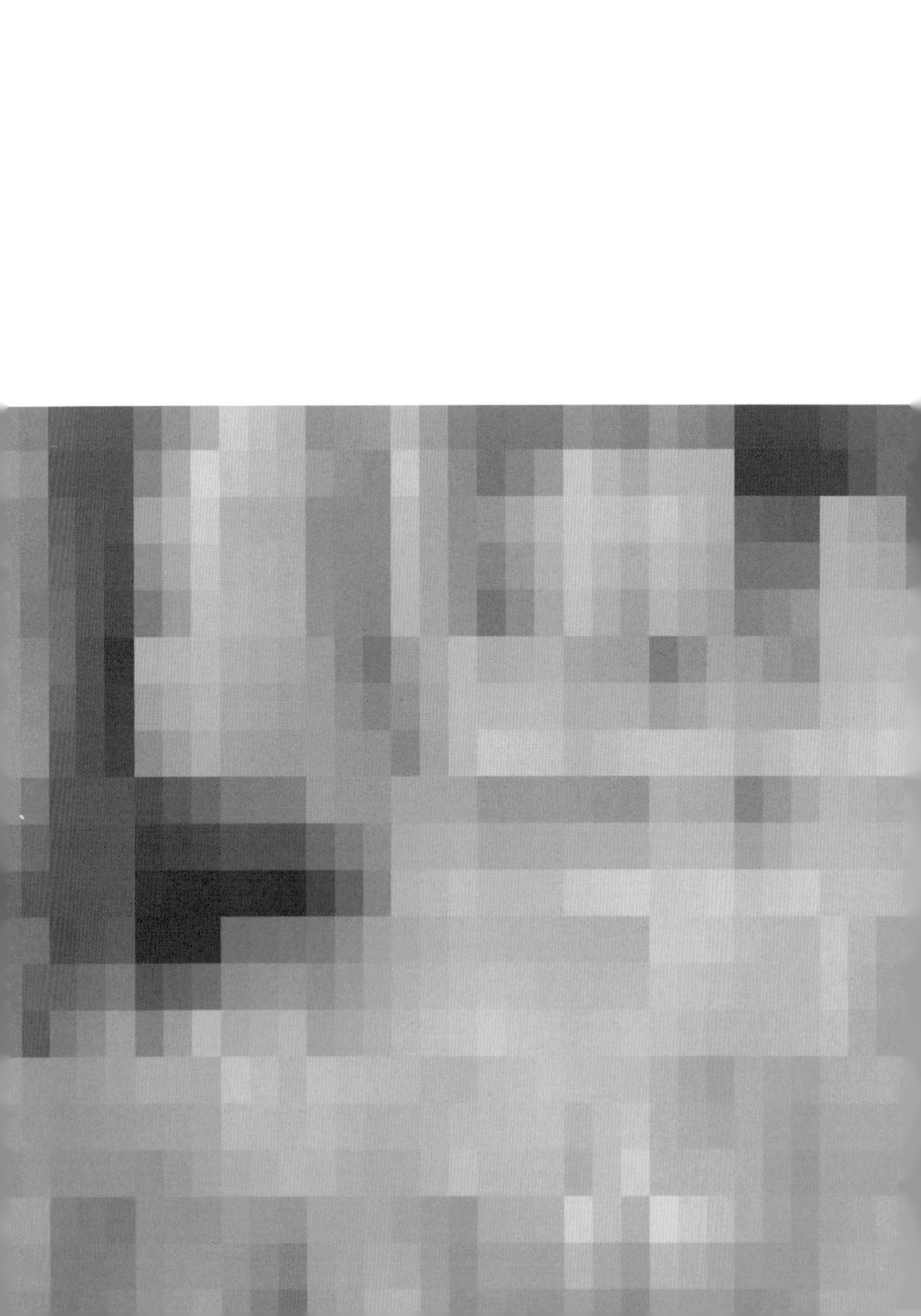

非经验主义的创作路径及民间美术的当代转型

——曾晓峰访谈录

曾晓峰

受访谈艺术家：曾晓峰

访 谈 者：陈群杰教授及云南大学 2011 级 MFA 油画专业全体同学

访谈记录：谭毅　周威全

访谈时间：2012 年 12 月 10 日

访谈地点：昆明西苑茶城 曾晓峰工作室

文字整理：谭毅

1
2
3

采访画家曾晓峰先生（左二）

云南大学美术系师生在曾晓峰先生（右六）工作室合影

云南大学美术系师生和曾晓峰先生（第二排右四）合影

陈群杰：曾老师是一个非常勤奋的艺术家，这种工作状态是非常重要、非常珍贵的。我们将占用接近一个下午的时间，和曾老师在一起聊一聊他的创作。可能同学们都已经在网络上零零碎碎地、片段式地看过曾老师的东西。今天来看了以后，你们可能会从曾老师的创作思路和创作方法中体会到一些新东西。你们可以向曾老师请教学习艺术、研究艺术的路径，他的路径在云南或者在中国都是特别的。在我们的观念里，总是要受很多学院教育之后才能有自己的艺术道路。但曾老师的作品是个例外。我1995年在央美进修时曾经和班里的同学说过，到了北京以后，我回望云南时，云南的当代艺术只有两个人站着，一个是曾老师，还有一个就是毛旭辉老师。他们都以自己特别的艺术方式、艺术思想、艺术作品在这个时代出现，并且都具有南方的、地域性的东西。曾老师过去对文学特别感兴趣，25岁才开始学画画。其实，现在我们很多同学没有到25岁，就已经画了十几年。曾老师早年时因为工作需要对云南民族、民间的东西做了许多考察，对他的艺术意识的形成产生了重要的影响。我们通常不在意这一块，对民俗、民间的东西只是观看，没有真正深入到核心里去思考。而曾老师却着重思考了这一块的特殊经验，并且思考了如何将这些东西吸纳到当代艺术之中。他思考的东西是非常全面的，并且极具综合性。所以同学们一进来会问"这是什么材料，那又是怎么画的？"，因为我们的概念里觉得要有那种画笔，要有那种归类的材料和规定的画笔。但是在曾老师的画中，不太能够看到这样的痕迹，同时，他又提供了一种新的图式效果，是很特别的。等会儿同学们可以就这些多展开一些提问。

学生：看您的画有一种庄严肃穆之感。抛开这个，记忆性的东西好像对您的画面也起到一定的作用。是这样吗？

曾晓峰：这属于潜意识、无意识的状态，不是故意的，在创作时自然而然地出现这些东西，我也说不清楚，不是有意的。

学生：您作品中有许多类似于文字的符号，是不是试图去表达这些东西？这些符号有没有具体的意义？

曾晓峰：用文字符号，可以造成一些气氛、氛围。这些文字有点像咒语，比如你读不懂的英语书，翻开英语书时，你知道这个里面是有东西的，却不知道这是什么东西，就这个状态。一般我会拿一本小说看，一边看小说一边写，它就会提示你写出另外一个字来，它就会不一样，会主观一些，是改造过的。如果是凭空地去书写，可能会概念化，慢慢地写下去，会无限地重复下去，达到没有线条的感觉。

学生：通过看小说获得灵感，然后把这些东西转译成视觉之物，是不是和您过去的生活经验有关呢？

曾晓峰：最初写这些字，是以前临摹壁画，经常看一些少数民族的文字。虽然看不懂，不过觉得它很有意思，就受到了启发。好多年以后才想到那个东西，把它搬到画面上去，像佛教的那些咒语，挺有意思的。看寺庙里的那些咒语，你会感觉有一种东西在影响你。

学生：刚才在工作室看到您的篆刻，有一个您名字的云章，您是用字母符号的形式表现出来的。在中国传统篆刻中，也有很多用符号来表现的章，但很少有用来表现姓名章，因为姓名章一般还是用文字的形式来表现。而您却用符号的形式来篆刻姓名章，请问您最初的想法是怎样的呢？

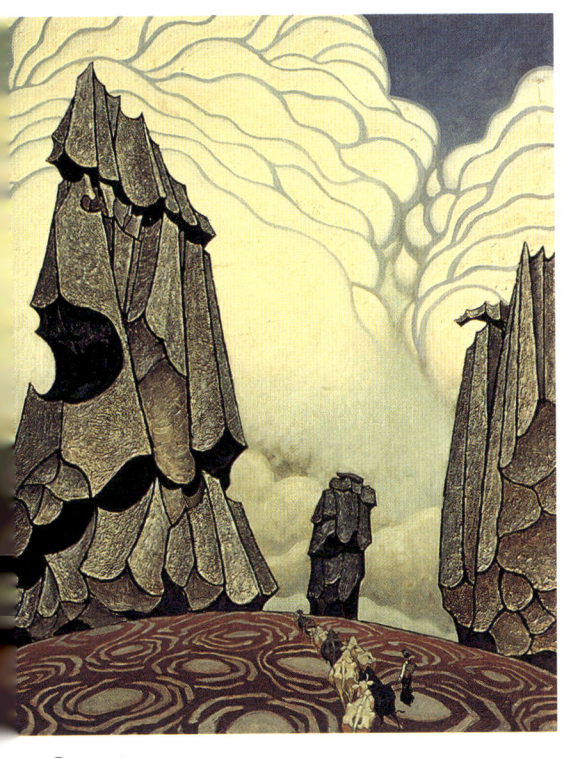

曾晓峰《在高山之巅》
布面油彩　170cm×150cm　1980年
（获全国第二届青年美展二等奖）

曾晓峰：就像人的脚印一样，它是一个记号，表示人到过这个地方。我的这个符号有点像宗教里的云，故意把它弄得解读不了，注入一种神秘性在里面，但又不是传统的符号。宗教符号中有很多非常神秘，包括彝族服装里面的很多符号，去博物馆就可以看到那些藏品。这些符号在以前看来应该是很通俗的，大家都知道，但我们现在来看就很神秘，不知道表达什么意思，往往变成了一种纯装饰性的图案。

学生：从概念上来讲是形而上的。语言和图像肯定是不能画等号的，只能借助语言来阐述图像。

曾晓峰：是的，视觉和语言是两个系统，不一样。语言上说得清楚的东西，绘画上说不清楚；视觉上表现得清楚的，语言又说不清楚。两条路不相干的。比如你用语言和一个从小失明的盲人去形容太阳，他没有视觉经验，太难，你怎么说都和那个太阳不一样，你说是一个发热的球，他会以为是个皮球一样的东西，你怎么说得清楚？但是你只需用眼睛扫一眼，你就知道整个气氛，这个感觉是可以知道的，但语言就说不清楚。

学生：我们有时候在创作时故意偏重语言、观念、现实主义的东西，或偏向其他非现实主义。在此过程中，曾老师觉得这里有个人化的东西吗？

曾晓峰：你的想法可能受到语言系统的干扰。你说的"现实主义"之类的都是语言系统的东西，和视觉没有关系。可能你需要超越这些东西，不要管你的东西是什么，只要把想法尽量地表现出来就行。每个人的敏感点确实是不一样的，对材料或内容的敏感度都不一样。

学生：把文字化的东西转化为视觉化的东西，是类似的转化吗？

曾晓峰：文字转图像，我没想过这东西。其实，视觉的是很潜意识的东西，你得多画，慢慢地就会进去。有一种说法，搞艺术需要多读理论书和批评家的文字，但其实读多了以后也有问题，对你形成干扰。比如说你一边走路一边在想你这只脚，走到多少角度或走多长，那你还怎么走路呢？你慢慢地要把画画这个状态，变得就像你走路那样，不要多想。其实每个人都是一部机器，它从出生开始，直到他成长、少年、青年、壮年往上走，到了20多岁，这个机器差不多已经定型了。他出来的产品，可能就是那个样子，不会有多少变化。如果你将其中一根零件改动，比如你听了某某人的一些话，或者看了某某人的作品，促使你改动了那个零件，可能出来的产品会好，质量会改善，但那已经不是你。我觉得最重要的是多画，慢慢找到你的感觉，最好不要随便改动你的零件。每个人情况不一样，你可能对这个东西敏感，而他对那个东西敏感，那是不一样的。如果你随便去调整，比如你受到一个什么教育，把那个零件改动，那这个产品有问题，肯定有问题。

学生：我觉得，您是把文学和哲学的东西最终融入到视觉的直观体验中，是

不是可以从这一方面去理解？

曾晓峰：这是一个潜移默化的过程，你可以大量阅读别的东西，就像你吃蔬菜一样，你不知道这棵蔬菜吃下去究竟起哪些作用，吃就可以了。语言系统可以解释很多东西，但是语言系统和视觉系统是融合不到一起的，它们是一个平行系统，文字的语言系统不是专门拿来解读图像系统的。美院出来的学生基本上都从艺术现场消失掉了，这是为什么？因为大多数人在学校里接受的是方法，而没有找到一个道理。艺术方法需要自己来找，而不是学校教给你的，所以很多人用学校告诉的方法到最后是走不通的。学校的那种方法如同一个拐杖引领你上路，而你应该丢掉它，然后寻找属于自己的方法，这样才能走得更远。

学生：曾老师，想问一下您画的头像眼睛都分得这么开，这个想法来源于哪里？

曾晓峰：我有时候是有意识地把它弄得和现实的东西不一样，可能更适合我内心想找的那个东西。如果弄得和人的比例一样的话，就和我的想法、感受不一样。我想把人存在的痛感、生存的痛感表现得更充分一点。所以有时候也可能把眼睛弄得挤在一起。当然这些都是很枝末的东西，不是本体的东西。

学生：在画人物时，您会将自己的形象加进去吗？刚看了您几幅作品，和您长得很像，有自己样子的素材在里面吗？

曾晓峰：有些是拿我自己的照片来改变的，所以人会有些像。主要是我不想把每个形象，搞得像现实里面的某个确定的、有个性的人，我对这个不感兴

趣。我想弄得像个标签,他就是一个人,不男、不女、不老、不少,比较概念化,不是一个那么有个性的人。

学生:您认为当今油画的可能性在哪儿?

曾晓峰:我觉得它算一个杂交,因为杂交的方式不一样,所以有无限的可能性。纯粹的油画像味精一样,各方面都走过、提炼过,所有的形式、表现手法,它已经看得见底了。任何一个高手来画油画,都脱不出这根线,要把油画布绷在框子上,这样一调色,都是在画,只是内容不一样。但是真正看画的人对内容又不感兴趣,主要看你的方法和观念,其中语言和方法特别重要。他不看你的故事,就像美国的一个画家画一个印第安人,你感兴趣吗?你不感兴趣。我们画一个少数民族,外国人也不感兴趣,和艺术没有关系。

学生:我读过陈丹青一篇文章,他直言不讳地批评了当代艺术。您也是中国当代艺术的参与者之一,而陈丹青说中国当代艺术暂时没有标志性的人物,您对此有怎样的看法?

曾晓峰:陈丹青的文章我也看过一些,他的视点比较高。他老在外面跑,在美国生活了十多年,视点比我们高一点,要求可能会高一点,所以才会这样说,他有他的道理。

学生:您的创作一定程度上受到云南民间美术的影响,那么您认为应该如何协调当代艺术与传统艺术的关系?

曾晓峰:最好不要以"当代艺术"与"传统艺术"这样的概念来分类。问题

是你要知道那根线,即美术史,线的两端你要有真正的认识。中间很容易认识,但整条线你都要知道。当你的脚步在线的前面推进了一步,已经很不错了。如果你没有这条线的概念,老在中间走,希望不太大。要在前面走,不要在线上走。

学生:那您觉得可以往综合材料上面走吗?

曾晓峰:我觉得可以。其实连"综合材料"这个概念都不要有,不要有界限,更不要陷入"综合材料"这个词里面。不要为了材料而搞材料,这样就不好弄了。不要看着材料,需要把这个概念忘掉。以前我在文化厅临摹少数民族的壁画,开始的时候没有意识到这个问题,过了很长时间后才意识到,这个可能对我有一定的作用。

学生:您是如何看待材料这个问题的?

曾晓峰:那是 1994 年,去美国看了几个展览,回来之后我基本上不画油画了,不画那种纯粹的油画。我觉得没有希望,不只是中国人没有希望,外国人也没有希望。因为它太纯了,就像中国画,老是毛笔、宣纸那样弄,觉得希望也不算大。它老在那根线上走,冲不出去,油画也是同样的。外国人对中国的油画之所以感兴趣,是它的内容,并对其进行炒作。画商感兴趣,但真正的画家对内容不会感兴趣。而真正的评论者是画家,不是画商。画家真正感兴趣的是这幅画的方式、手法、语言,对它的内容根本不会感兴趣。地球上的内容都没有什么新鲜的,特别是现在信息时代,任何一个地方发生的事情,在很短的时间大家就会知道了。所以任何一个地方发生的事情你都不会感兴趣,除非是一个政治家,搞政治的人才对此比较感兴趣。

学生：对于艺术创作,您感觉什么是最有可能性的?

曾晓峰：现在最有可能性的就是你的眼睛不要看外面,要看自己的内心。你对什么东西最敏感,就去找这个。不要有材料的概念,要看你自己,可能一下子找不到,但只要坚持做,一直做,可能突然有一天你觉得对这个很敏感,然后把它放大,我觉得这种做法的可能性最大。我并没有否定油画,因为人的语言是有缺陷的,不管怎么说都只说对了一部分,不可能说什么都特别正确。最近我才意识到这一点,因为以前总看到一些文章,觉得这个说得有道理,那个说得也对,但是和我们的视觉没有多大关系。因为理论家和画家是不一样的:他不是画家,没有画家对材料的这种感受,他只能从文字上去感受。

学生：您是怎样看待极简主义绘画的?我们应该怎么去认识这类绘画?

曾晓峰：这种几乎空白的绘画,提示了另外一种可能性,它的价值也在这里。不是说那幅画儿有多大价值,而是说它的观念有很大的价值。因为大家都在费力地画画,极简主义艺术家突然这样一弄,在美国得到提倡,但是放在中国,就不会有人理睬这种东西,因为中国不是一个倡导创造性的国家。不过,我觉得每个人都应该有一种创造意识。

陈群杰：其实从间断的交流中我们会发现,一些艺术家能够把自己的东西说得很清楚,头头是道,其实,曾老师是在提示我们努力回到原本的状态。当人类文明达到一定高度时,反而会阻碍我们对真正高度的攀爬,因为我们太会利用工具了。实际上这种工具也会有一种悖论,它会影响你、制约你。不

要在一种固定的经验中去工作、去思考,但是,曾老师也没有把经验作为敌人,他也在认真地阅读美术史、阅读经典,但他又会特别提醒自己遗忘掉这种东西,要有一种更加本质的、更加属于个人本质的东西。过去曾老师说过,人成长的过程实际上是学习的过程,也是遗忘的过程。这种经验一定是当你的生活经验和知识经验达到一个高度时会得到的,它会使很多年轻人刚开始学习的时候有点混乱,但是当你在遗忘的时候,就会在创作时给你提供很多空间。当你发现有些经验总是丢不掉时,它会渐渐地转化成你自己的东西,慢慢地形成一种知识体系,不仅属于某一个人,也属于某一个历史时期,构建了整个社会的丰富性。同时它又产生了一个悖论,这个知识经验又开始被别人遗忘,再发展出新的知识经验。从这个角度讲,一个艺术家的精神独立性是非常可贵的。

学生:曾老师,您相信从内心感受能迸发出一种语言吗?您绘画的独特方式是具备了怎样的素质才呈现出来的?

曾晓峰:如果找到你的敏感点,你就能呈现出来。这个敏感点很抽象,你只有不断地去实践、不断地画,慢慢地才能找到和别人不一样的东西。你的敏感点、你的天赋,这个别人不知道、我也不知道,只有你自己知道。

曾晓峰《和平的土地》木刻版画 1985年(前进中的中国青年美展三等奖)

学生：您能谈谈民间美术对您作品的影响吗？

曾晓峰：它不是形式上的，而是一种精神上的影响。说到这点，我想问你们画画的动机问题，就是为什么要画画。这个问题我觉得很重要，每个人的动机决定你能走多远。如果只是为了某种职业，一种偶然的爱好、很浅的爱好，很难走远。只有你的动机很强烈，有什么东西要通过这种方式表达出来，才可能走得更远，才可能有点成就，动机决定你的成就。自己问问自己，我的动机是什么，如果你只是为了工作，为了得到良好的教育，这些世俗想法可能会影响你往前走。往前走的愿路，就像佛教徒发愿，像藏族磕头去朝拜一步一步往前走，和他所发的愿有关系，决定他走到很远的地方。动机很重要，我观察很多画画的，最后他走到这一步，就是因为动机。

学生：曾老师能和我们分享一下您的画画动机吗？

曾晓峰：这个很难表达清楚，有时候好像很明确，有时很模糊。但我知道我

曾晓峰《夜》
套色木刻 240cm×116cm
1989年（第七届全国美展铜奖）

有个动机在里头,很难与人分享,很私密,就像咒语一样,说出来就不灵了,能说但是说不清楚。有些东西你无法用语言去表达,有些东西说出来感觉让人很好笑。

学生:曾老师,您的作品小稿做得很认真,制作时对材料的敏感性很强,是什么支撑您一直在继续,是刚才所说的不能说的动机吗?

曾晓峰:如果把小稿弄得和作品一样,那么你的工作就会很繁重。它应该是不断地延伸,不断地发现可能性,比稿子还要往前走。如果你像制造机器一样,把零件都画得很清楚,那你的后期工作就很无聊。我觉得是一种做事的习惯,因为我观察过一些工匠,比如木工、石工,他们做事很认真。我觉得每个人都应该学习这种精神,其实画家有一半就是工匠,只是他比工匠多了一点观念。不管自己的风格是什么样子,做事不能浮躁。

学生:记得以前您在一个访谈中说过:"一个大师说过一句话,一个人的创作最终要回到童年,因为童年的潜能是导致艺术家个人命运与艺术创作的一种基调,戏剧性、悲剧性是他无法规避的。"您怎么看这个问题?

曾晓峰:嗯,我记得,我知道你说的。从小,比如说十岁以前,你的生命的密码就已经规定了,是怎么形成的都不知道,有点神秘性,规定你的一生,但你不知道。不过,它在起作用。可能是你的生命线,可能是遗传,也可能是先天的东西在主导你,你摆脱不了,可能是你父母给你的,也可能是你从小生活的环境造成的。这是一个你解不开的密码,它左右你的一生。

学生:为什么您的作品《在高山之巅》和当年全国美展所倡导的主旋律还能

碰撞在一起？这是纯粹的偶然吗？

曾晓峰：我觉得全国美展这些东西你不用去想它，那些是别人的事情，和你没关系。如果你的敏感点刚好和全国美展提倡的一样，那是碰巧，没有必要刻意去做。那些都是陷阱，把你拉得离艺术越来越远。

陈群杰：曾老师当年画的《在高山之巅》能得奖，实际上是一种巧合，他在当时所思考的问题和20世纪80年代初中国艺术所处的阶段刚好有个交点。事实上，1980年之后，他的作品就没有所谓"主旋律"的东西在左右。1979—1980年那段时期，中国艺术界在谈"形式美"的问题时，中国美术创作还在苏俄美术主题性绘画的系统中。曾老师当时的这幅作品《在高山之巅》今天看来都是很形式化的作品，非常好。我当时在西师上学，看过那一年的获奖作品，其中就有曾老师的作品，我们云南的同学就觉得很牛。那时候刚好是高小华、程丛林他们创作伤痕美术作品时期，曾老师创作的《在高山之巅》实际上是很前卫的，所以你和曾老师谈主旋律的东西，估计他知道的还没有你知道的多。

学生：曾老师，今年的全国美展"拍砖"的比赞扬的多，您对此事有何看法？尽管它存在一些问题，但对我们年轻人来说，全国美展的影响力始终很大。那我们年轻人应该是朝着那个方向去做呢，还是画好自己的画就行了？

曾晓峰：我知道你的意思，因为"全国美展"这个名头，好像是代表中国，实际上已经不是了，它只代表一部分人。由于是政府的主流引导这条线，就不要抱有太多期望，可能抱的期望越大，"拍砖"的人才会越多。只有一部分人这样做，你就管你自己就行，它不能代表中国的情况。特别是有人讲美展就是对

评职称、写简历有点作用，获奖了就便于评职称，是功利上的，没有太多意义。

陈群杰：国外也有类似"全国美展"之类的展览，比如说"全美绘画比赛"。中国比较特殊，新中国成立以后到现在，其实很多中国艺术家都习惯在主流意识形态里思考问题。中国的意识形态对人的把握特别强大，每个人只能从公众的语言里去寻找个人的艺术语言。我说的"公众"不是普遍意义上的公众，而是意识形态，这种集体意识的公众性其实一直都有延续。20世纪80年代以后，在网络上慢慢出现一种现象就是"逆淘汰"，过去被全国美展淘汰，现在是艺术家淘汰全国美展，不参与。产生这种现象，也是对文化多元性的一种认可。80年代以前，作为一个艺术家一定要参加全国美展，这是当时艺术家的最最荣耀的事情。"文革"期间，几乎所有中国最优秀的艺术家都参与，但80年代以后一流的艺术家参加的就越来越少。到今天，一流艺术家不参加全国美展，二流艺术家参加一部分，三流艺术家是全国美展的主力军。

曾晓峰：准确地说，应该是以第7届"全国美展"为界，第8届以后一流艺术家参加的就少了。

曾晓峰《被遗忘的幻象》
布面油画 170cm×150cm
1989年（第七届全国美展铜奖）

曾晓峰《房子的变相·2》
布面油彩 180cm×150cm
1992年

陈群杰：对，对，所以这个也是一个思考的路径。

学生：曾老师，你在创作过程中有受过这些影响吗？比如说美展、风格流派、艺术市场之类的。

曾晓峰：会的，每个人都会，人人都会。因为年轻的时候会受到各种各样的影响，没有主心骨，判断力会差一点。

曾晓峰《捕虫·3》
布面丙烯 180cm×150cm
1993年

陈群杰：就像那天马云说过的那个故事，一个摄影师的作品，有人问他你拍的摄影作品那么好，你是怎么做到的，他就说了一句："1/60秒加上40年"，就是今天的结果。年轻的时候，我们总是问中年或是老年到现在的这种状态是怎么过来的，那么曾老师一直在强调对原有知识经验的一种背离，其实他是走过这一过程的。他是对知识经验学习研究过之后才背离，所以他曾经也受到各种各样的影响，因为影响之后才会产生更强烈的自我审视。我们在年轻的时候肯定是要学习的，虽然曾老师把学校描绘得那么没有创造力。人在学校里可以积累各种各样不同的经验，至于哪种经验会对你产生影响，其实是不重要的。但是你一定要有对各种经验的理解，一边对这些文化经验产生怀疑，一边又要不断地去研究它。如果你粗浅地去理解曾老师的话，可能会上当，其实他私下会看很多的书。

曾晓峰：首先我想纠正一点，我没有说学校没什么创造力。我说的是学生在

学校得到的是一种方法,没有得到一个道理,最危险的是这个。应该得到一个道理,把方法丢掉,慢慢地会好一点。学校是教你们方法,如果抱着这个方法走下去,对你是一个伤害。大部分人不知道这个道理,抱着这个方法走下去。这个方法肯定是过时的,才叫方法。它就是个拐杖,领你上路后把它丢掉,找到自己的敏感点,产生自己的方法。这是个过程,所有人都是这样走出来的,不会抱着这个拐杖走下去。

学生:西方人做当代艺术的时候,不是很关注道德问题,而中国人在创作时往往受道德的约束。

曾晓峰:西方人也关注,只要是人都会关注这个问题。可能一部分人觉得这个很重要,另一部分人觉得其他更重要,没有一定要怎么样。就像美国的一个艺术家把一个宗教雕塑泡在小便里去展出,受到了很多人的抨击,尤其是有宗教信仰的人认为他做得太过分了。

学生:您在创作中会关注艺术与道德的关系问题吗?

曾晓峰:也有,但是不具体,道德躲藏在后面,只是一种状况,不是一个很清楚的显现。如果太具体,容易没有深度和风俗化。如果把一个事物泛化,它反而有深度,但如果刻意去追求,却会很肤浅,这很奇怪。有时候会给艺术家贴上标签,人们会说这个艺术家是研究这个问题的,那个艺术家研究那个问题,就等于是融化掉,融化在空气里,没必要把事情说得很清楚。

学生:但在"泛化"中又怎么避免"晦涩"的问题呢?

曾晓峰："晦涩"是一个程度的问题，所有有深度的东西多少都有些晦涩的成分，因为如果完全不晦涩，也就没了深度。当然，"晦涩"和受众的理解也是有关系的，一个受普通教育的人感到的晦涩，往上走，他可能就感受不到了。

学生：对于艺术家、艺术批评家、赞助商以及公众之间的关系，您是如何看待的？

曾晓峰：角度不一样，所有人的角度拼合在一起就会构成一个完整的系统。每一个人都有偏执，每一种角色也必然有，各有偏执但各有道理。艺术家是一个角度，批评家是一个角度，画商又是另外一个角度。画其实代表了很多人，也代表了受众。你说的这个关系其实是三个角度拼合在一起的关系，即艺术家、批评家和画商，如果只从其中一个角度出发是不完整的。但这个完整需要时间来完成，可能需要一百年，或者更长时间。三个角度拼合在一起，大家共同说一个东西是好的，它可能才是真正好的。如果大家都是分开的，各说各的好，那对象不一定是好的。所以说角度是模糊的，受着各种各样的干扰，很不清楚，需要时间将三个角度融合在一起。艺术史上事件的好坏很多都是通过时间来证明的，但也有很多当时就认定是好的或坏的。批评家说好，有他的角度，但艺术家的角度也非常重要，我指的是艺术家这个群体。因为画家才有经验，他是一个工匠，知道作品的分量，而批评家不一定能认知和领会到这一点。批评家往往是从观念的角度来认识作品，而艺术家是从手艺和观念两个方面来看作品，比批评家多了一个方面。市场综合了很多人的气味，包括经济价值。画商的眼睛是很毒的，有时候会先于批评家和艺术家判断一件作品的价值，因为他有他的角度，但批评家和艺术家都没有。我说的是好的画商，不是那些乱七八糟、只为盈利的画商。其实，美术史上很多有价值的作品一开始都是画商发现的，他是从资源的稀缺性角度来看待的。

曾晓峰《安乐椅·2》 布面混合材料
200cm×150cm 1996年

曾晓峰《锯子 房子》 布面混合材料
180cm×200cm 1998年

而我刚才说过了，批评家的角度是观念，艺术家大多是手艺，他会觉得某些部位画得特别好，所以，只有综合三个角度才能形成一个完整的系统，缺了任何一个都不会完整。

最后，我再说一个问题——动机。每个人做事都有一定的动机。画画的人不要把谋生作为你的动机，把动机设得强大一点，不要太小，这样可能才会走得很远，以后慢慢地也会有效果。

陈群杰：曾老师说得是很明确的，本能的动机和受到影响的动机是不一样的。我觉得同学们越来越会问了，有些问题很有纵深的发展方向。曾老师的思考与经验慢慢地也会变成我们学习的参照。我们在采访艺术家时发现"类型"，"类型"本来就很有魅力，不要求一定有结果。艺术从来都没有结果，所以我们无须寻求一个结果来解决自己的问题，因为这个问题归根结底还是自己

的。只要知道可能性是很多的，如果能在你所接触到的"类型"中得到一种自己的体验与感悟，这个采访也可以称为是真正有价值的采访。从艺术家的动态、表情中，我们会发现每个艺术家都不一样，都有各自的特点。关于曾老师的艺术，我们花两个小时连皮毛都摸不到，只能在未来的学习中才会有更多的理解。这个理解也并不是指认同，你可能做着与他完全对立的事情，但是你对他可以表示理解。曾老师所做的当然也不是唯一的途径，只是途径之一。

第一次访谈

受访谈艺术家：曾晓峰
访 谈 者：陈群杰教授及云南大学 2011 级 MFA 油画专业全体同学
访谈记录：谭毅　周威全
访谈时间：2012 年 12 月 10 日
访谈地点：昆明西苑茶城 曾晓峰工作室
文字整理：谭毅

陈群杰：曾晓峰老师早期的艺术和民间艺术的联系很多，在他描绘灵魂状态的作品里也会感受到民间造型的特点。在云南的当代艺术史中，有些艺术家可能更多借用了社会学的研究方法来寻找自己的艺术方向；另一些艺术家寻找民族民间资源……所以有很多条线路。从民间艺术出发走到当代艺术之中，这对云南来说是一条比较重要的艺术道路。在这条路上，曾晓峰老师又是格外突出的。严格地说，曾老师没有进过大学，他对绘画的理解都来自自身。他从 20 世纪 70 年代就开始绘画创作，后来在云南画院工作，做了很多民族民间艺术的调查，比如对云南以及贵州等地区的民族民间艺术都做了大量调查、整理、研究工作。这对曾老师的影响是非常大的。

我最早认识曾老师是读本科的时候，20 世纪 80 年代有一个中国青年美展。我们当时很少能在这种美展上看到云南艺术家的作品，更少看到他们的作品在全国性的美展上处于比较领先的位置。那次看到了曾老师的《在高山之巅》，从这幅画说起，可能对大家会有更多的启发。我们都在圭山住了很长时间，这幅画也和圭山有关联，是对喀斯特地貌的一种典型的视觉印象。我们回忆历史，将它放到 80 年代，大家想一想，那时的中国是什么情况？那时才刚刚提到"形式主义"的概念，而在遥远的云南已经有相应的作品出现了。今天你们能否用这样一种方式去阅读圭山，用这种带有很强烈的形式感的、将一切事物都变得坚硬的、带有线性的方式去表达？这是最早的、在全国美展上获奖的关于圭山或石林地区的绘画作品。当然,当圭山或石林变成艺术作品的时候,重要的已经不是圭山或石林,而是艺术家对自然和生活的理解。这幅作品是曾老师的重要作品。

另外,还有一幅也是在全国美展上参展的作品。这是1984年的作品,画的是昆明附近彝族寻甸地区建新房、起大梁的场景。这两件作品从绘画艺术上说绝对是走在前列。当时很多艺术家还在画一些"伤痕"的作品,从"伤痕"慢慢走入"乡土"的状态。

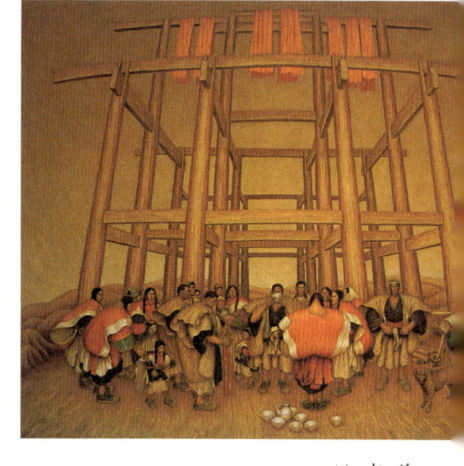

曾老师艺术上还有一条路径是他将民间绘画、陶器、壁画的元素带入个人绘画中,做了很多探索。1994年我到北京待了两年,在北京回过头来看云南,感觉站立的只有两个,即毛旭辉和曾晓峰老师。他们既有地域特征,也不断有新东西推出。曾老师在中央工艺美院,即今天的清华美院待过一年;后又在中央美院作了一年访问。曾老师第一次个展是1977年在中央美术学院陈列室举办的。作为一个云南艺术家到首都去展览是很难引起注意的,因为北京的信息量太大了。但曾老师那次展览却引起了周围很大的震动。这种震动来自"民间"的力量,来自艺术家对民间造型的理解和再运用的力量,所以,它使得中央美院或者说首都感到有一种非常异样的艺术形式出现,这是曾老师艺术的一个不小的影响。这些都能彰显出曾老师在艺术创作中的特质。他和很多人都不一样,和所有的潮流、运动都保持距离。这需要艺术家有强大的意志力,也需要他有一种绝对的信心,才可以在这个位置上来思考艺术的问题。一般来说,我们都很容易受到潮流的席卷,丧失个人的东西。从这一点来看,曾老师是特别令人敬佩的。

曾晓峰《盖房子》 布面油画 150cm×175cm 1984年

还有，曾老师是艺术方面的劳模。每天生活非常简单，以前他在画院工作，早晨起来到画院工作室画画，到了中午下去吃一顿方便的午餐，上来接着画，直到下班。回家后，看看电视当作休息，然后画素描、看书。你们如果了解的话，会知道曾老师的创作背后有大量的素描稿，非常完整和精彩。据说他每天可以用掉接近 100 支铅笔。他画画不削铅笔，削铅笔的工作交给门房的工人去做。他每天带走削好的铅笔，用完之后又交给工人继续削。我过去去找曾老师，不下 10 次，他从来不会说，我们坐下来聊天，他都是边画边和你聊。在 20 世纪 90 年代中期时，艺术界就在说他有 2000 多幅创作。这是什么概念？一般艺术家手上有 50 幅创作已经不错了。台湾《典藏》杂志的编辑到昆明来，说第一个要拜访的就是曾老师。拜访完了，他躺在我家沙发上，说太恐怖了，世界上他走过很多地方，像这么疯狂的艺术家，有这么多作品的艺术家，他第一次见。

怎么从民族、民间艺术出发，走到曾老师这一步，对今天的我来说，也不太清楚。这和我们的经验很不同。我们的经验往往是准备高考、参加高考，画石膏、静物、风景，都有摹本，都在写生。对曾老师来说，早期画过写生，后面就没有了。对我们来说，今天还在不断写生，我们的道路非常不一样。曾老师在画册后面写下了对艺术的理解，他将艺术方式分成了四个层次，谁来读一读？

曾晓峰：很像是在上课。

学生：第一层，用眼来完成作品，捕捉自然的外貌；第二层，用脑来建构作品，沉浸在结构、色彩、效果的技术问题中，遵循理性原则；第三层，用心和情感来画，用心体察万物，发散个人异彩；第四层，大师用灵魂贴近宇宙，深入集体意识的内核。作品是灵魂的符号，是人类集体精神的图像，其中包

含着极多的神秘，而这种神秘就是未来性。

曾晓峰：最近我有一个个展，这个月 7 号在民族博物馆开展，展期大概两个月。其中展示了 12 幅早期的版画，但那些版画不是纯粹的版画，是和油画结合在一起。

我和大家不太一样，我没有学院的经历。后来我到工艺美院、中央美院进修，都是很短暂的。早期我喜欢文学，我的方向是准备写东西。后来，中途很偶然地转到了绘画。我刚开始绘画的时候就在创作，70 年代我就画过几张作品，但我不知道我画的就叫当代艺术。我画了一些城管把小摊贩的工具毁掉的场面，我是从社会的角度关注这些东西。

云南现在很多人在画写生、画风景。我觉得似乎云南经历了三个运动：第一个运动是重彩画，云南是起源；第二个运动是版画；第三个运动是画风景。我感觉这是"运动"，很多人是被别人感染，卷进去的。可能有些人不认为这是"运动"。好像云南是一个"运动感"特别强的地方。在北京没有这种感觉，都是个人化地在做一些自己感兴趣的事，不会看到很多人在画风景，在做同一件事。特别是，大家都跑到圭山去画，这更奇怪，我觉得。以前我们画画的时候，大家都有逆反心理，如果我看到你在做一件事，我就不想做了，我就要去做另外一件事。

学生：对，在北京和重庆那边，就很少有集体去画风景的情形，都是各干各的。

曾晓峰：是的，看不到。这里的"风景运动"产量很高，而且是画一种样式的风景。陈老师画风景，就不一样，是他个人的感受，不在我刚才说的这个范围里。而我们看到的运动中的写生，分不清楚这个和那个画的，都一样，要看名字才知道是谁的作品。而且，现在好像特别流行用那种小点点来画写生。

曾晓峰《碑·2》手工皮纸
丙烯 碳笔 150cm×86cm×6cm
2001年

陈群杰：在某个地区、某个阶段，人们都想到了用这种方式去画，跟着某个问题去走，会不会把这个问题推向一个更深的深度？个人的力量和集体的力量肯定不一样。如果有十个人都这样去做，会不会引起更大的注意？

曾晓峰：我想，人们还是要有逆向思维能力，不被别人感染，我认为更重要、更好也更有前景。如果大家卷在一起，我认为没有光明，大家都一样。

学生：卷在一起，差异性的东西会缩小，像大锅饭。

曾晓峰：对。每个人做不一样的事，样态会很丰富。1994年我去美国的芝加哥大学看过他们讲课，课堂上分不清谁是学生谁是老师，学生讲得比老师还多。美国人很喜欢表现，他们想到什么就说什么，没有什么年纪大小的忌讳。我感觉研究生这个阶段，应该在思考问题，不只是注意技巧，问题更重要。技巧可以慢慢来，问题应该更早被我们意识到。技巧的探索是无限的，没有终点，而问题在这个过程中更关键。如果你找到这个问题，可以往前走得更快些。

学生：曾老师，您提到的问题，是不是说要思考应该怎么去画画，画面所表达的内容，等等？

曾晓峰：这也算是一个个人的问题。我画人，就想把它画得不像一张画，想把人的皮剥掉，看到里面的东西，不要让人看到这纯粹是一张人像。我希望看到这个人的内心，摘掉面具。

学生：是什么促使您对这个这么着迷，执意要剥掉表皮、看到内心？

曾晓峰：这是一种很自然的状态。开始的时候我们注意表面，随着年纪增长，会更注意内在的东西。你们是不是都在画风景？

陈群杰：这是他们的一门课。

曾晓峰：其实画风景本身并没有什么问题，如果你把风景当作一种中介来表达自己的想法，那是可以的。关键是你画的风景要和别人不一样。你画一个人、一匹马，或者画风景，都可以是独特的。

陈群杰：这也是曾老师一直以来的艺术态度。这对自己是一种很大的考验，你要付出的东西实在太多了。你不和潮流对接，那么很多事情会和你没有关系。

曾晓峰：我觉得画风景是很难的，你要和别人画得不一样，大概只能从语言上找到突破口。大家画一棵树，如果都是挤出一点油画颜料，用笔调着去画，可能区别很小。只有找到语言的突破口，你这样画，我那样画，才有可能不同。绘画的方式，这是最关键的。另外，材料也是很关键的。你到画材店买到一支铅笔或油画颜料，可能你本身就进入一个陷阱里了。因为你知道油画是怎么画的，这就糟糕了。你必须从另一个角度去看这个材料，不要把它作为油画颜料去运用，才可能出现一种新的语言方式。材料本身有一种惯性，

这很容易让人陷进去。要想从里面出来，只有用另外的方式去看待它、使用它，脱离传统的方式。现在很少能看到某个人用新的方式去运用材料，比如用新的方式去运用铅笔，都是在说怎么画素描、怎么画油画，这种思路不行。

学生：那么，您是如何避免这些陷阱的？

曾晓峰：重新审视材料，不要进入惯性。别人的经验，对你也会是一种负担。比如绷布、打底，然后开始作画……这种经验和感觉是别人的。你进入了别人的经验和语言系统，就很难突破。就像骑自行车，别人教你怎么骑，你会骑了，也进入了类似的陷阱，你骑自行车的方式和别人是一样的。如果你能倒着骑，可能就好一点。

学生：曾老师，您谈的这一点我很赞同。我看到国外的艺术家用盐来做艺术，还有用卫生纸来做雕塑。本来盐一般人只在做饭的时候采用，而卫生纸是用来擦嘴或上卫生间用的，但他们却用这些天天都见到的日常用品去做艺术，实在太厉害了。

曾晓峰：这就是一把双刃剑。我们可以通过学习一些经验性的方法很快达到某种效果，但这是别人的效果。我们可以节省很多时间，一下子就达到某个层次，但这是别人的层次，不是你的。民间艺术的可贵就在于它没有那个经验的系统，好像每个人都是模模糊糊开始起步，所以往往会实现一种新的效果。有时候经验系统是很可怕的，在这个系统里，人们会觉得你做得很好，比如你画了一个古典人像，别人会说你画得太好了。但如果把这个"好"放到美术史中去衡量，这种"好"就几乎不存在，别人在前面已经好过了。

学生：您在中央工艺美术学院进修的是什么？

曾晓峰：我在特种工艺系。

学生：那时还是强调工艺性、制作性，是吗？我看您早期非常注重工艺制作这一块，后来逐渐转到陶瓷、浮雕、木刻等。您的作品阴刻、阳刻，还有素描等等非常复杂。您是怎么选择和驾驭这些材料的？比如画这种素描的纸。

曾晓峰：是的。我那时很强调工艺性。画这种素描的纸的材料是云南特有的，边境地区少数民族做的那种手工纸。这种纸不会生虫。它有一种毒性，很有地方特点，也有一种灵魂的感觉。

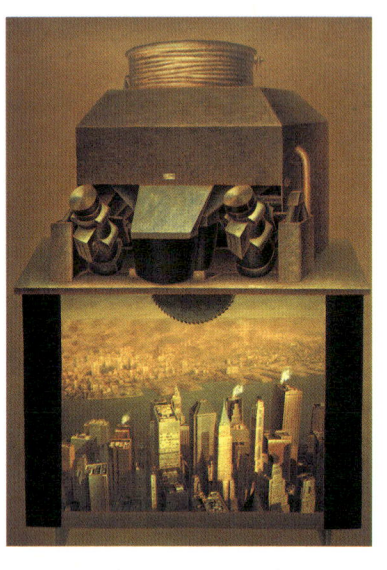

曾晓峰《机器·7》布面丙烯油彩 200cm×140cm 2004年

曾晓峰《众生相·3》木材、麻布、钢材、混合颜料 71cm×132cm×69cm 2009年

学生：画这样的画会不会让您"陷进去"呢？

曾晓峰：不会，这只是一个阶段，过段时间我就会去干别的。材料是非常关键的因素，你发现材料应用的新方式，就成功了一半。为什么现在西方画纯粹的油画的人越来越少？因为他们画出的油画远看没什么区别，只有近看时

会发现这个人的技法更细腻一点,更厉害一点。

学生:如果你自己喜欢的东西有别人做了,但自己确实喜欢,那怎么办呢?

曾晓峰:那你就去做吧,听其自然。这是一个缘分问题。某一天某一刻,你只能做这件事情,你不能超越这一天、这一刻去做其他事,不可能。

学生:我看您的画非常细致,是否先经过喷绘,然后再在画面上处理?

曾晓峰:没有。全是画的,丙烯、油画、碳铅笔,还有其他材料。画画其实是很简单的事情,你把材料搬到画面上去,搬的方式和别人不一样就行了。

学生:曾老师,虽然材料都一样,但心不一样,那么结果也应该不一样。

曾晓峰:你可能觉得不一样,但别人看来效果会是一样的,可能会有很小的区别,但太小了没有意义。如果从材料入手,那么第一步呈现出来的感觉就会是不一样的。比如,你用笔画,我用手抹,那肯定开始就不一样。

陈群杰:曾老师在强调有没有一种新的可能性。这种意识曾老师一直有,不要常规,但我还要保留一种个人特有的感觉。如果在这个过程中失去了自己,那才是一个真正的圈套,自己给自己的一个圈套,要在追求不同之中呈现自己的特质。

曾晓峰:我现在讨论的还是一个基本的技术问题。观念、想法是你们自己的,这是别人帮不了的。我现在谈的是浅层次的问题,当然也很关键。别人用扫

帚扫地，你不用扫帚而用其他材料，第一步的效果就不一样。以前用抹布擦玻璃，现在有了很多新工具，效果也大相径庭。你们有机会去和国外的职业艺术家交流，会发现他们最关心的就是我说的这些问题，做艺术的方式。你把自己的作品挂在墙上，他们关心的是你画的方式，而不是你画得好不好。当然，批评家关心的可能是别的东西。但职业艺术家关心的是新的语言，你是怎么把颜料搬到画布上去的，他们特别感兴趣。

学生：关心了材料之后，我们接着关心的大概就是表现手法了。

曾晓峰：材料和你说的表现手法是联系在一起的，就像一枚钱币的两面。你选择了一种材料，你随后的表现手法肯定和这个材料有关系。如果纯粹为弄材料而弄材料，我觉得是没意义的。材料要和观念连在一起，是为了表达观念，二者分不开，这才行。你看中央工艺美院学生的一些作品，很多时候就是做一些材料，这样的作品很枯燥。艺术家要使人把材料忘掉，才是最好的结果。最悲惨的就是人们只是看着你的材料。再比如我们看到一幅油画，如果太强调油画质感，让人太注意到它是一幅油画，那我觉得不好，应该让人忘掉那是一幅油画。

学生：看着您的作品，我感觉进入了另一个世界里。我想知道您是如何建构这个世界的？背后支撑你的理性构思是什么？

曾晓峰：这可能和自己的生活经历、关注的东西、读的书都有关系，我也很难说清楚。每一个个体都是很特殊的。

学生：我们也有自己的生活经历、自己喜欢交往的朋友和关注点等等，但好

像缺少您这种独特的立场。

曾晓峰：这可能任何人都帮不了忙。这就像感冒一样，要靠自己的身体能量慢慢好起来。

学生：您很早就开始研究民间的东西是吗？

曾晓峰：研究民间的东西是一种工作。我调到画院以后，他们有一个项目，要把少数民族的壁画临摹后到北京去展出。这纯粹是我的工作，开始我也不感兴趣，后来才发现里面有一些特殊的东西。

学生：您研究的那些民间的东西，和您所做的当代艺术有哪些联系呢？您的作品呈现的是您的全部自我吗？还是有一部分自我您还没有找到？

曾晓峰：是一种内在联系，表面的联系是没有的。中央美院有人将民间的剪纸做成他的作品，这就是一种表面的、相似性很高的联系。但我觉得这条路不好走，还是要转移到内心去，要在内在建立联系。当然，这种向内的自我寻找是没有尽头的。

学生：我看你的画作中有很多是大头像，有些角度是仰视的，有些是平视的，您给这些头像赋予了什么特殊的含义吗？

曾晓峰：我觉得没有任何特殊的含义，我只是把我感受和观察到的人表现出来。从我记事开始，整个中国就一直在动乱。我坐公交的时候，注意看人的面孔，都不太愉快，都很痛苦，我可以猜想他们的生活状态。我只是把我的

感受表现在他们脸上。我以前的一些东西都很复杂，比如那些机器，现在我想把那些复杂的东西简化成一张脸，把人的生存状态放在脸上。

学生：这些脸好像还是看得出来都是男的，您为什么不怎么画女人？

曾晓峰：男人表现出的情绪比较准确。女性的面孔，审美方面的因素太多、太光滑，不容易体现沧桑感。

学生：今后您画人是否会画得更中性一些？

曾晓峰：我会画得更抽象一些，不考虑人的性别。当然，其实男女也都不太重要。

学生：您画面上那些看不懂的字，代表什么意义？既然身处中国，为什么不直接写中文？

曾晓峰：它基本上是中文变出来的。它什么都像一点，它像中文、像日文、又像阿拉伯文或者英文，这样，各个国家的人来看都有一种文字感受。没有叙述什么东西，让人感到是一个咒语。

陈群杰：那你在写这些文字的时候，有没有想到什么含义？不然它们会越来越简单，成为一个东西。如果你要变换动作，一定会有一种促使你改变的动力。这个动力会不会是某种意义？

曾晓峰：如果只是靠想象写字，就会出现陈老师说的简单化和重复。我写字

的时候会看小说，受文字的启发，写出来的东西就丰富一些。但有时候我也会故意让文字看上去像英文或者阿拉伯文。写完字，书也看完了，一心两用。

陈群杰：我看到你的作品，比如眼前这幅《蜘蛛》，当然你可以去强调你个人的感觉，但我们还是要追问你的感觉是从哪儿来的，它和现实生活有没有关系，现实生活的经验有没有促使你在蜘蛛头顶和触角上做出一个喷火的状态来？这是一种感觉，但肯定也有一种隐喻在里面。

曾晓峰：你说得完全对。这幅画是在民族博物馆的工作室里画的。那里有很多蜘蛛，出了工作室就能看见，到处都是，所以对蜘蛛的感觉特别强烈。这个头是在医学院拍的，就是这样，变形很小，它是个怪胎，耳朵在脸上，泡在福尔马林溶液里。我把蜘蛛和婴儿的头结合在一起，就是这个效果。

陈群杰：这还有一种武器在里面。

曾晓峰：这个作品叫《蛊》。云南少数民族传说和金庸的小说里都有这个，将各种毒虫放在一起饲养，最后放出去害人。这有点影射恐怖主义。这是"9·11"以后画的作品。

学生：您的作品里充斥着武器之类的东西，是否跟西方的动荡局势的联想有关？

曾晓峰：有，这是一种潜意识中的画。其实文字是很有意思的。我这里有一段傣族的经文，刻在叶片上，然后用墨水染出来。大家可以传着看看。这种叶子叫贝叶经，闻起来还有股香味。香味是它本身的。叶子在水里煮过，它的质感就固定下来了。

学生：现在在材料方面，自己能想到的，别人似乎也都做过了。

曾晓峰：主要是自己要有这种敏感，寻求某种材料，来表达自己的观念，要找到这种接口。在材料和观念方面，结合得最好的是基弗。

陈群杰：在你的创作中，是否存在一个矛盾，艺术史中的经验、前人的经验传递给你，但你又带着强烈的逆反性要去抗拒？这个矛盾你怎么解决？你所谈的那种原动创作，不考虑太多，只从材料和感觉出发去创作，那么前面提到的艺术史和前人的经验对你还有用吗？

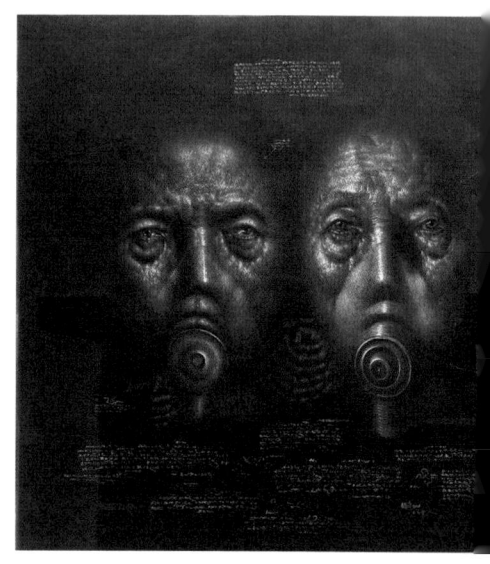

曾晓峰：有用。我们做一件事的时候要借助经验、工艺去做，但你又要反对这个工艺、经验才能延伸出去。如果你没有反对的意识的话，经验就会停在那里不动。只有反对它，你才能往前走。油画当然有传统和经验，如果你没有强烈的反叛意识，你就会停在那儿而不能突破，不能找到新的方式再往前走。

陈群杰：曾老师说的反叛来自对对手的全面了解，而不是建立在不了解基础上的简单的反叛。反叛是需要有资本的。

曾晓峰：经验的大本营就在学院，可能你们的感受更深。怎么画石膏模具，

曾晓峰《人像·13》布面混合颜料 150cm×150cm 2009年

怎么调色彩，都有一套完整的经验。如果你有反叛意识，那你就有希望了；否则，你的作品画来画去都是老样子，出不来。

陈群杰：曾老师的孩子也是一个画家，他走的路也很特别，他不会画石膏像。有一次我看到他画画，他没有我们那种"画"的概念，而是涂抹，顺手就来。我们会在小稿上折腾很多次，他不这样。惯性绘画中的概念在他那里会少很多。这也是很难说清的，没有经过常规训练，他怎么会画到这种型、这种感觉？这是从哪里来的？有没有艺术的本能或原始性？

学生：我有段时间没画人体，开学后画了一段时间，我对同学说我熟练了，但这可能离艺术越来越远，还是应该每次都画出陌生感。

曾晓峰：熟练是个人经验的延伸，你已经有了这个经验，不断地沿着这条路往前走，经验就变成惰性了。你只有不断突破，将它转化成陌生的状态，可能就好一点。

学生：看到不同的东西，不能总是用同一种手法去表达。

曾晓峰：你画人体是要表达什么观念？关键是这一点。如果想清楚这一点，你的画就会不一样。它可能就不是一个人体，而是你的观念，这可能会好一点。

学生：您画的脸为什么都是正面，而不是侧面？

曾晓峰：人的脸有很多角度，角度太多会很丰富，但反而不好。而且正面有两个眼睛，瞪着你，这样的眼睛很有意思。侧面的眼睛看不清楚。

陈群杰：曾老师总在强调灵魂、思想，要让人感受到它们，正面直逼的视角是最好的。有一种严肃的、直逼心灵的目光，用的又是一种极端写实的手法。而且要忽略变化，变化过多会让人在形式中分神。

学生：你的素描和王华祥之间有相似的地方，请问你们的区别是什么呢？

曾晓峰：你说的是表面上的相似，铅笔这种材料会造出表面的相似效果，但表达的观念不一样。我们说的东西，到后面完全不同。

陈群杰：这放到艺术史中会比较清晰。玩世现实主义对王华祥影响很大，他本身也参与了，因此在他的素描和油画中会呈现出泼皮的感觉。曾老师的结构和王华祥不同，虽然形态上都有一种逼人感。曾老师作品中对现实的思考深度是第一要素，而王华祥的作品更多的是在娱乐中的变形。很诡异的艺术家也有，他们和这个时代好像压根就没关系。

曾晓峰：单一材料很容易造成相似性，比如铅笔、油画、水彩等等。如果用综合的方式来做艺术，相似性就少多了。

陈群杰：你在书里也提到了，绘画不像过去那么单一，不再是一个地区很封闭地搞，而是处在一个开放的状态。这和现代艺术也是非常契合的。

曾晓峰：当代社会是一个丰富的社会，艺术的许多方面都在走向丰富。比如酒的味道都差不多，茅台和其他酒有一些很细微的差别而已。但如果将酒混在鸡汤或红烧肉等东西里，味道就很丰富了。为什么油画的出路很小，大家都意

识到了。当然，在中国搞油画的很多，那和市场有关系，油画可以卖，供人收藏。你到国外一看，纯粹画油画的很少，因为国外有各种基金会的支持，有博物馆制度，艺术家可以找到不一样的生活方式，不一定要去卖商业画。

学生：随着多元化的材料掺杂进去，油画语言的纯正性会不会丢失呢？需要一批人去维持油画的血统。

陈群杰：可以进入博物馆。博物馆是维持纯正性的最好场所。比如民间艺术，如果要花钱请人来学，学完后再让他们回去，那回去之后他们又会怎么样呢？民间艺术本来发生在生活里，人高兴了就在田间地头唱歌，但现在没有这种形式的歌唱了，那你保留这种艺术是很难的。有没有人不断地去画油画，很多时候是社会和人的选择，社会和人都在不断变化。油画可能会逐渐进入博物馆，纯正的油画形态严格地说，早就在博物馆里了。

曾晓峰：按照佛教的说法，世间的一切是无常的。它会产生，就会消失。世界上很多行业都消失了。凭我们的爱好和主观想法强求一些东西留下来，是不现实的。它不适合时代的发展和需要，就会消失，看它的缘分。人会有一种错觉，认为某种东西会永恒存在。可是，石头都会消失。地球也有毁灭的一天。

陈群杰：回头来看曾老师的作品，和他的生活是息息相关的。怪胎、机器的经验，都来自自己。他早年对民间艺术营养有大量的吸取，后来他的艺术形式产生了很大的变化，更加当代，但内在的东西仍然是民间的深沉的诡异感。他画机器的时候背后有一些城市的场景，也有一些指向，这和自己的生活也会发生一些联系。每个艺术家非常不一样，他们从哪儿开始，又会走到哪儿

去，这很有意思。每个艺术家的不同线路，对我们思考艺术，清理"我是谁"这样的问题，很有益。

曾晓峰：陈老师说的是一个很关键的问题。我们每个人都可以问一下自己：为什么要画画？有的人可能是不自然地受到某个环境的影响而选择绘画。但现在可以问问自己这个问题。你把自己问清楚之后，你的作品可能会产生一种深度。从宏观的角度看，画画是很无聊、很枯燥的。你为什么要做这件事？是什么支撑你来画这张画？你想说什么？我发现很多人画画没有这种追问。

陈群杰：虞华对这个问题就思考得很清楚，除了爱好之外，她想通过绘画表达什么。罗旭也是这样，他思考的目的性很强，他会集中地在某一段时间出大量的作品。这些人对为什么要画画，为什么要画这种画，问得很清楚。

曾晓峰：可能人们很容易找到画画的快乐，它是一种手工性的工作。你一进入这种程序，就会有快感，就可能忘掉绘画的动机，而变成技术上的重复劳动。而写作可能好一点，每写一个字，都在反映文字后面的东西。绘画可以不表达任何东西，只是一个手工产品。所以绘画的危险在这里，很容易变成匠人的重复劳动，而我们却认为自己在做艺术。

陈群杰：非常感谢曾老师。我也跟曾老师说过，希望他能关注学生，让他的艺术能为更多的青年学子所了解，这也是社会的一种互动与交流。曾老师期盼大学是一个超级开放的地方，但如果艺术家不能和学生直接交流，大学就不可能开放。

如果没有其他问题，那我们今天就到这里，耽误了曾老师很多时间，感谢曾老师！

曾晓峰《拍照·3》木板、纸本、混合颜料 122cm×244cm 2015年

曾晓峰

  1952年生于云南昆明。1986年结业于中央工艺美术学院。1987年结业于中央美术学院。云南油画学会副会长。云南美术馆一级美术师。个展："记忆的仓库——曾晓峰作品展"/昆明当代美术馆/昆明，2018年；"秉烛者——曾晓峰80年代版画展"/云南民族博物馆/昆明，2012年；"曾晓峰作品展"/中央美术学院画廊/北京，1987年。出版：《曾晓峰》湖南美术出版社，2007年；《中国现代艺术品评丛书——曾晓峰》广西美术出版社，2000年；《云南画院画家作品选——曾晓峰》云南美术出版社，2011年。收藏：云南美术馆、中国美术馆、上海美术馆、美仓美术馆、云南民族博物馆、云南省档案馆及美国亚太博物馆。

李 季

当代艺术家的创造方式与工作状态
—— 李季访谈录

受访谈艺术家：李季

访 谈 者：陈群杰教授、谭毅老师及云南大学 2012 级 MFA
油画专业全体同学

访谈记录：裴梓烨　马晓颖

访谈时间：2012 年 12 月

访谈地点：李季工作室

文字整理：谭毅

124　解题之魅
　　作为油画教学现场的艺术家访谈

1. 李季教授（左）谈艺术创作
2. 陈群杰教授（左二）介绍李季教授的绘画

陈群杰：同学们都进行了自我介绍，现在让王乐同学介绍一下李季老师，之后我会根据大家所讲的再补充些。刚才李老师的作品你们也看了，有什么问题，一会儿直接问李老师。今天的交流，希望同学们主动一些，与艺术家直接接触，而不是被动地听取经验。

学生：我是 2004 年来这边读书的，2006 年才见到李季老师的原作。那个时候武俊老师给我们上课，带我们去李老师在创库的工作室，那时候看到的是《女人与宠物》这个系列，这批以"动物"为主题的画。后来，我认识了您的一个研究生，我问她学什么专业，她说是"新媒体"，我一下就懵了，我说李老师不是画油画的吗，怎么教起新媒体了。这段时间我才知道李老师还搞摄影，不断地对您有更新的认识。别的再具体的可能我就说不清了。

陈群杰：我今天看见李老师的这本摄影集也很惊讶，他在绘画之外还做了许多别的事情，他在美术界应该算是一个相对全面的、知识量很丰富的艺术家。如果同学们对 20 世纪 90 年代中国当代艺术比较了解，就会发现李季老师从 90 年代到今天，在艺术史中的位置以及所追求的东西呈现得都比较清晰。

　　李季老师是 1979 年从四川美院附中毕业，本科在四川美院版画系就读，毕业之后就到云南艺术学院来教书，1990 年又到中央美院研修了两年的版画。早年的作品中还是有很多四川美术的特点，比如民族和地域的特征比较明显；从中央美院回来后，也许是和都市发生了许多联系，李季老师的作品发生了很大的转变。

　　90 年代的中国当代艺术中，很重要的一个艺术现象是"新生代"的出现，这在当时的中国搞得很火，尤其是在北京。当时，中央美院一批年轻的教师举办了一些展览，展览的名字用的就是"新生代"。批评家尹吉男和栗宪庭在"西山会议"上分别提出了"新生代"和"玩世现实主义"的概念，总结了 90 年代初这一批新的艺术家所展现的与"85 新潮"不一样的东西。"85 新潮"美术运动其实是一个向西方学习的过程,更重要的是他们追寻宏大的抽象精神。而 90 年代的"玩世现实主义"恰好与之相反,追寻那种破碎感、具体感、片段感,典型的艺术家有刘小东、方力钧、喻红等。他们是一批 20 世纪 60 年代出生的,比 85 时期这批人小 5—10 岁的艺术家。

所以我认为,别说是人在北京,就算李季老师不到北京,也会被这股风潮影响。李季老师从一开始那种非常传统的概念化的创作思想,一下子变成对当下情景描绘得非常多,这一点也一直延续到他现在的作品中。一开始注重表达社会特殊群体的女性,之后从单个人像中生发出"宠物"的概念,再后来是以动物为主的环保题材。所有的这些作品都与李老师所受过的教育以及知识积累有紧密联系。以前也有评论家写过李老师,认为家庭教育对他的影响很大,他的爸爸是云南大学最有名的物理教授之一,妈妈也是云南大学的生物教授。对于科学的关注,可能是李老师会关注动物和动物间的联系,尝试绘画之外的多种艺术表现手法等的诱因。

20 世纪 90 年代末可能是李老师作品爆发的时期,作品关注的都是身边的人和事。其实还是现实主义的思路,不过其中包含了许多隐喻,作品对于细节描绘的兴趣是不断的。他并不是一个特别观念的艺术家,如果是很观念的艺术家,那么对于绘画的技法,可能会完全忽略。刚才同学们在参观工作室的时候,也发现了许多作品有名画的影子,如《草地午餐》《晚钟》等。这也引发了我们的思考,为什么要把相对古老的画面翻出来,对应去描绘当下的世界,这对于创作有没有用,有什么用。同学们可以结合自己的创作,针对这个问题,与李老师进行交流。我就简单介绍这么多,接下来由同学们自由提问。

学生:李老师,您好!我之前看过一篇关于您的评论文章,说您作品中的女

郎与动物之间有一种暧昧关系，那些动物都可以取代男性了。那您的作品是不是也在有意描绘性别的东西？

李季：这个肯定是有的，但只是一方面。绘画不是一个简单的概念，不是描绘、还原一个直观的东西，它里面也包含隐喻、比喻和象征性的东西。文章是批评家写出来的，他是从他的观看和思考角度来阅读作品的，与艺术家本人肯定有距离，带有一定的误读。但我认为这种误读是必要的，要是一件作品出来，所有人都去问艺术家，他看到的是不是你想表达的，你说不是，他就认为没意义了，那么这件作品也就没意义了。

学生：我只是私下在想，你的作品是不是和女性主义也有联系？

李季：其实没有。不过，在20世纪90年代，我刚开始创作这批画的时候，很多观众都以为画的作者是一位女艺术家。后来，许多人来找我，看见我本人，跟我聊起这个事情，我觉得挺有意思。其实，我本人并没有偏向哪种性别，我的立场是中性的。

陈群杰：你看的这篇文章是谁写的？

学生：没看作者，只看了内容。就是最近对女性艺术很感兴趣。

陈群杰：以后同学们看评论文章，还是要看看什么观点是谁提出来的，这很重要。

李季：我觉得这样的上课方式很有意思，云南艺术学院也应该借鉴一下。要

不然，学生很缺乏交流，对身边的许多艺术家，包括作品和创作思路都不了解，这是挺可惜的。昆明是一个艺术家以及重要艺术家比较集中的城市了，来这边读书就要利用这种资源，多与艺术家交流。

学生：李老师，您的摄影作品和绘画作品有没有共同的视角？您拍照片时会不会想着绘画作品中的某个侧重点去抓拍一些东西，或者在摄影中找到对绘画有启发的素材，再将其表现在画面上？

李季：如果作为素材，我会专门去拍摄，但是我摄影集里的照片，就和素材没关系。但所有这些都和绘画有关系，都关注城市、城市中的各种人，关注消费、繁华与没落的地段等身边的日常生活。其实我一开始弄摄影纯粹是个人喜好，都没打算展出，是私人的。但是后来我的一些朋友看见了很喜欢，就约着我去上海摄影双年展参加展览。帮我的这本摄影集写序的作家跟我说，这些作品终归要给人看的，不可能永远都像日记一样留在自己手上。

学生：李老师，看您的画中有一些云南的动物，像滇金丝猴之类的，您是不是考虑到一个艺术家及其作品的地域性问题？

李季：对，滇金丝猴是云南特有的，但是我强调的是 90 年代背景下的中国，从一个物质比较贫乏的社会，在不到十年的时间里，突然变成拜金主义的社会。其实，我的绘画里描绘的是整个中国人精神面貌的转变，跟地域性没有什么联系，因为我画的那些人也不是少数民族。

接着说关于摄影的问题。摄影一直是我的爱好，我在云南艺术学院带研究生的方向就是当代摄影研究。为什么会去教摄影呢，因为在我们学校，油画是一个大专业，整个美术学院人数最多的就是油画，老师也多，学生也多，

李季《望月之二》丝网版画 43cm×57cm 1989年

摄影在我们学院是比较边缘的。定研究生方向的时候学校就跟我商量，让我带一个以前没有的方向。如果都教油画，学校的发展方向就很窄，于是我就接受了这个挑战。这确实是个挑战，一开始学院里什么条件都没有，后来增设了一些比较常规的设施。但是要搞当代摄影研究，就必须有个像样点的摄影工作室，包括应该有专门给研究生使用的电脑，如果都像上公共课一样，许多设备可能很快就坏了。设施不完善一直是开这门课的大问题，使许多学生想完成一件完整或特殊一点的作品都不可能。

学生：李老师，您无论参加展览、出国访问还是旅游，都有很多出国的机会。很多欧美国家的一些大型展览上几乎见不到油画了，而且你带研究生的另一个方向是新媒体，但您本人为什么还是坚持油画创作？

李季：我的创作与我的教学应该算是分开的，是不能完全共享的。我如果带油画方向的学生，那他们可以来我的工作室，和我一起干活、创作，但是我现在带的是影像方面的学生，这也是个问题。谈到你说的那个，在国外很多人放弃绘画这种媒介，采用别的新媒介。其实每个时代都有自己的媒介，只不过影像是今天特有的。在没有电视和电影的时代，绘画特别重要，连插图都是版画，所有的图像资料都是绘画，没有影像的图片。现在完全改变了，像我们小时候看的连环画，还有全世界著名小说里的插图都逐渐消失了，就算有插图，大部分都是图片，这是时代造成的。

以前，摄影不被认为是艺术的一种，只有绘画是一流的媒介，摄影只能是二流的。为什么呢？因为摄影强调了"纪实"，没有强调主观性。现在的许多摄影家也不再从事"纪实"的工作，反过来使摄影这种媒介成为自己创作的手段。像我们熟悉的美国摄影家辛迪·切尔门，实际上是用照相机作为一种媒介，就像我们学油画的用油画颜料和画布作为媒介，只不过胶卷、数码相机之类的在今天我们这个时代被运用得更多、更为我们所熟悉。在新的媒介时代，肯定会形成某种趋势，这是时代在发展。你们问问普通人一年看画展多少次，数月数年可能都不会去看一次画展，可是人们每天都要看电视，或者每周都要看电影，这是我们的媒介发生变化的表现。再说中国人本来就没有看画展的习惯，文化上也没有这样的传统，严格意义上说中国就没有美术馆。美术馆最大的功能是传播文化，应该有长期恒定的收藏，无论任何时候去，A 厅应该都在展出馆藏作品。好的美术馆记录了对文化有贡献的各种作品及其艺术家，你可以看到一个城市、甚至是一个国家文化的发展。然后 B 厅、C 厅会有新的展览，介绍别样多元的思想、文化。西方人有很多每月或每年都会去美术馆看展览，但是在中国，和艺术没关系的人，也许到死都没看过一次画展。

陈群杰：是的，我觉得小裴刚才提的这个问题挺有意思。不过，你看这个问题还可以更理性些，那并不是说绘画没有了，因为"艺术死亡"早就被讨论过了。其实它死不掉，只能说媒介变得越来越丰富。不可能所有的人都把古老的东西丢掉，把某种具有深厚传统的媒介丢掉，去接受完全新鲜的媒介。随着科学的发展、文化的变化，肯定会产生许多新的方式。其实就这个问题而言，你应该追问李老师，作为一个个体的艺术家，为什么会用多种方式来表达。你看像我和毛旭辉老师，好像一直只做一件事情，而李老师为什么会弄四种、五种不同的方式，他对自己是怎么理解的。

李季：我想，是兴趣吧。像毛旭辉老师这样的大艺术家，对一个事情的持久度比我好。我是对很多事物都感兴趣，所以做一段时间这个，又做一段时间那个。我最早是学版画的，那些印刷的机器对于我来说很新鲜，我觉得离开学院可能就学不到这些了，画画我可以利用私下时间来弄。但我真正学了版画之后才发现我真心喜欢的还是油画，版画的工艺性太强了，不像油画手工感很强、更加随意，对于版画的兴趣也慢慢没了。后来到了北京，受到当代文化思潮的冲击，激发了我很多。说起北京的"新生代"，"新生代"这个词真是很好的借用，是中央美院的批评家尹吉男提出来的。在生物学上把物种的演化分为原生代、中生代和新生代，新生代指的就是我们这个时代，中生代指的是有恐龙生存的时代，原生代就是恐龙出现之前，原始初级生物存在的时代。这三个"代"之间的跨度是几千万甚至上亿年。

学生：李老师，那您既然是一位表达方式并不单一的艺术家，是否可以理解为您的兴趣决定了您的创作方式，而不是创作着重点决定创作方式？

李季：兴趣是始终存在的，无论我创作什么作品。之前和你们学校的管郁达老师聊天，我们也在探讨创作多条线路的问题。他认为我是影像、绘画、摄影三条线在并行，绘画里又有动物和人物题材在并行。也许旁观者的分析会更清楚些，我自己也没想那么多，就是兴趣来了就动手。

学生：我看您之前的《女郎与动物》系列的画，好像有一个女模特经常出现，是一个女孩代表一个阶段吗？

李季：是，某个时候我觉得某个女孩子特别符合我画面的需要，我就会多画画她。到了另外一个阶段我又觉得别人更适合，又会请用别的新面孔。

学生：那您为什么对动物也特别感兴趣？

李季：我从小就特别喜欢动物，应该是天生的吧。跟你们讲讲一些往事，我小时候喜欢看连环画，看见连环画上有许多很好的东西，就问大人那是怎么弄到书上去的，印上去的还是画上去的。大人也回答不出来，他们也没有这方面的知识，就告诉我应该是印上去的，不是画的。我要问的是，究竟源头是从哪儿来的，但是大人也没告诉我印之前也是需要画的。我问过很多人，一有好看的图片就去问，当时觉得有些人很厉害，一看就知道哪些是画的，哪些是照片。我就想照片和图画不一样，那是不是绘画只有一种，我问这些东西的目的就是想把我看见的那些马、羊、狗、猫等等，自己记录下来。以前的云南大学很漂亮，现在本部那边的北院，以前就像个伊甸园，种的全是各种果树，里面养着马啊、牛啊，我就经常拿着一本小的记事本、一支圆珠笔，趴在草地上，照着真的马来画，马要是动了，我也换个姿势接着又画。那个时候都

李季《女郎 No.8》 布面油画 146cm×114cm 1997年

李季《宠物 No.6》 布面油画 160cm×125cm 1999年

不知道那就是写生,也没人告诉我写生是什么。

陈群杰:什么叫绘画、什么叫美术、为什么画,都不清楚,就是接近于本能的一种兴趣。

李季:对,那就是最本质的东西。后来袁晓岑先生看到我画的那些小画,他就收我做弟子,实际上我是他的第一个弟子。后来我大学毕业的时候去看他,根本不敢把自己的画拿给他看,人家是一位画国画、画孔雀的老先生。到了90年代更不敢,我的任何展览都不敢请他来看,太反叛了,他看了肯定会气死的。

学生:刚才您用古生物学的概念说到"新生代"是今天,"中生代"是恐龙的时代,"原生代"是恐龙出现之前的时代。不过,我看您的画里,恐龙、猪、狗、车子都有,是不是代表一种古今的对话?还是说,画一些古今交错的东西是因为好玩?

李季:我在尝试将电影元素融入绘画,你看到的这张是画《侏罗纪公园》的。我画了一个系列,画册里还有画《金刚》《泰坦尼克号》的。现在看到的这张,是电影开始时,人开着车来到湖边,看见恐龙从水里出来,我把它们的角色变了,把车上的人换成我一直所描绘的那些动物。我倒是没有考虑古今交流,只是对电影的重新描绘很感兴趣。但是这些作品只是一段时间的一种尝试,也没画几张。其中,我最喜欢的是改编《金刚》的那一张,把中国的熊猫放到帝国大厦上去对抗那些飞机。有人问我是不是觉得美国和中国的贸易战打得挺激烈,我说也有这个意思吧,你们觉得是就是。

学生：我看还有画动物环保题材的，关于动物猎杀什么的。那您是不是在画电影题材的时候会想到社会问题，在画社会问题的时候又会联想到电影，经常将梦想和现实交织在一起？

李季：这些是最新的作品，但实际上我在动手之前不会考虑太多。比如说熊猫，是最能代表中国的动物，也是全世界人都非常感兴趣的动物。它被搬到画面上之后，被人说成是中国与西方之间的贸易大战也好，或者是崛起的中国也好，我自己在画面上并没有给它贴那么多标签，是批评家赋予了它许多意义。

学生：李老师，我看您前面的作品都是表现室内环境，但是后来的作品怎么全部都变成室外环境了？

李季：是我自己想画一些纯自然的东西。我很喜欢动物，拿着相机，到世界各地去拍各种各样的动物。实际上，我早就想画野生动物题材的画了，可是一直脱不开身。许多展览向我邀作品都是要《女郎与动物》系列的，包括现在还有这种需求。七八年前我就想转变了，可是没有可能。

陈群杰：这种情况是许多成名艺术家都会碰到的，很苦恼的事情。艺术创作并不是孤立的，你做了一件事，社会大众也认可了，就会希望艺术家把你这套东西不断地提供出来。我看李老师的作品，早期的有一种摄影独有的俯拍效果的痕迹，而且整个环境是很合理的空间。慢慢地，又会把一些具体的空间变得很抽象，甚至把画面变得很平面。之后李老师的画里又出现了许多很著名的建筑，比如说中国的紫禁城、英国的大本钟、美国的帝国大厦。我就想问，艺术家怎么意识到自己要进行这些转换的？怎么会想到用这些东西来进行创作，比如标志国际大都市的建筑？

李季《最后的大自然》 布面丙烯 220cm×250cm 2009—2010 年

李季：其实是跟我自身的状态有关。作为中国人、中国的艺术家，带着中国的艺术作品到全世界去巡游，在那样的背景下，我画了一批"宠物世界游"

的画，即某个宠物站在某个著名景点前，拍一张纪念照。

陈群杰：别人也画过类似的题材，张晓刚也画过天安门，胡晓刚也画过"到此一游"。是不是当一个艺术家进入所谓的国际化，和西方的交流多了，也在寻找和西方（或者域外）一种可交流、可阅读的可能性？

李季：张晓刚用天安门，是因为它有着政治上的象征。还有做行为艺术的苍鑫，他选的地方都是世界各地地标性的建筑，如英国大本钟、悉尼歌剧院、中国长城等。当时我画"宠物世界游"的时候，也考虑过背景的可识别性。

学生：李老师，您说一直有人想跟您要之前那批作品，您都脱不开身。您要是之前坚持了自己，不被他们拖住，现在会不会不一样了？您有没有后悔？

李季：其实无论什么时候，我的想法和做法都是并行的。现在，老的画我也没完全放弃，只是我很想做新的尝试，一直没有足够的时间。当然，就像你说的，那个时候硬脱开来，拒绝很多活动，也许新的系列会不一样。但究竟是好还是不好，我也不知道。

陈群杰：这是艺术家最难决策的事情。艺术家不能把自己孤立地来对待，看得那么纯粹，有时候和这个社会交流也很重要。交流有好有坏，有得有失，分寸不是那么好把握的。

学生：李老师，您在画宠物和女郎之前是画什么的啊，不可能一开始就画这个吧？我看画册中有一段采访，说您到了巴黎看见美国的一个画家画宠物，您很震惊，说这些动物我也很喜欢，可是我没这么画，所以回来之后才开始

画动物的。通过一些激发，找到自己的兴趣点，我认为找到这种途径是很难的。所以我想知道李老师在没找到之前是怎么画画的，在这个过程中有什么心理变化？

李季：你看的那本书应该是法国人写的，由于编著者不太擅长中文表达，所以书中的内容与我本人的想法还是很有差距的。他们采访我之后，我看到书中的很多内容，都不知道是在写我，我自己都看不懂，这里面有误读。在访谈聊天的时候，有许多东西都对不上，那本书上的介绍不是太准确。

陈群杰：其实有时候写文章的人，完全是自己在做自己的事情，经常不尊重创作者的"原意"。但是我认为这也很有意思，批评家没有必要都要读出艺术家的原意。批评家如果有价值，他会有他新的解读方式。新的解读方式有时也会触动艺术家的新思路，他们之间是一种互动关系。所以不能说批评文章写得好就一定是把某个艺术家的"灵魂"都写出来了。艺术中不断有误读，才会使艺术更加丰富。

李季：我也是持这种观点，文化历史就是一个不断被误读的过程，没有误读

李季《粉红色的房间》布面油画 162cm×130cm 2000年

就没有意思了。所谓误读，在一定范围内是可以接受的，如果他说的观点我完全不能接受，也是行不通的。但是他说的观点我觉得是有意思的，只是我原来的想法和他不太一样，这也是绘画里会延伸出来的想法，不一定要跟我完全一致。别人反馈给我的信息，也是构成绘画意义的点。没有纯粹的独立存在，今天我们在一起就已经相互影响了。

陈群杰：还有，画家在画画的时候不要认为你就是主宰，可以任意地控制你的画。其实，在你创作了一个形态之后，这个形态会不断地影响你，也会和你产生互动，不是说那个画是没有生命的，不会影响你。其实你在塑造一种形体、色彩关系，它会更新你对它们的理解，没有绝对不变的理解。德国学派所提倡的"随兴而型"，随着自己的兴趣去造型的思路，实际上就强调了互动，而不是说艺术家就是绝对的掌控。也许在这个过程中，一些东西会偶然出现，又会导致你从另外一个思路去思考。

李季：对，没有绝对。你是社会中的人，有社会属性，没有办法去做一个所谓的"纯粹"的艺术家，做不到的。我所指的不是不按自己意愿去实现个人价值观，而是有些人想把自己关到山洞里，像修行一样。

陈群杰：什么"面壁十年"啊，面壁十年之后你出来，可能路都找不到了，谁在哪你都不清楚了。

李季：这就是为什么20世纪在通讯、资讯不发达的时候，艺术家们都要到中心去。如果把做艺术家想象得那么简单，那什么地方都不用去了。为什么毕加索及同时代的艺术家都涌向当时的巴黎，就像现在的许多人都要去北京？当然现在交通很方便，我们可以随时去随时回，但是绝对不可能完全不

动。艺术家要去到"中心"才能找到参照点,才能找到自己的位置,才能知道怎么修正自己的绘画道路。

陈群杰:我也经常到欧洲走动。我发现,虽然那些欧洲国家都挨得很近,但是像法国的绘画、德国的绘画,都还保留着本民族特有的审美心理,而且保存得那么好。李老师有没有想过自己作品的地域性或归属感,还是要超越地域性,在一个所谓的国际化平台上,到一种没有根的文化形态里去?

李季:我这样的艺术家或画家,今天显然是不可能在纽约生存的。纽约现在是世界艺术的大都会,是中心,按照我们现在所画的东西来看,跟他们太不搭调了。我们这种作品的地域性太强了,别管你说你在中国是"先锋艺术家",在他们看来,你的作品就像土特产一样。但这种东西我也不想回避它,这也是我的优势和亮点。但是你要真的到纽约去,他们会觉得你的作品面太窄了,而且表现的东西太民族性了。所以我们看见在纽约生存的艺术家在中国办一个展览,你总觉得这个作品是韩国的也可以,是日本的也可以,是南斯拉夫的也可以,甚至是印度的都可以,他们的作品有国际化的共性。有一些艺术家走的是那条线路的,像同样从云南出去的刘建华。如果像我这样在云南如此地坚持,在大都会就太寂寞,你用来交流的东西就太有限了。

对于国际艺术,它每天都在翻新来适应世界变化的节奏,那种节奏就是不想重复看到什么东西,就想看到你每次的作品都有不同的表达。所以我们属于比较"传统"意义上的艺术家,并不是国际化的。同学们不要过多地去考虑地域性的问题,也不要把地域性想得那么狭小。地域性是人自然而然会带上的。南方的艺术家跟北方的艺术家肯定不一样,画出来的作品肯定也不一样。

学生：您刚才说的，那些"国际化"的艺术家，不管是哪个国家的，他会有一些共同的特质。您说的这种特质是不是就是不断地更新观念、不断地有新的想法呢？

李季：是，总体上是。你发现在国际上比较活跃的艺术家，他们选择绘画的很少，为什么呢？因为绘画相对来说是滞后的一种方式，没什么效率。在国际化的平台上，需要有效率，没效率他撑不住的。

陈群杰：成功太慢。

李季：对，他速度就太慢了。画家是一个很传统的角色，他首先不会选择这个，会选择要么装饰，要么影像。我说的影像当然是新影像，或者是更特殊的综合媒介，不是什么技术摄影。现在你看一个西方的大展览，你看到的大部分是这样的作品，其实我看了以后刚开始很感兴趣，到后来就不感兴趣了。为什么不感兴趣呢？因为觉得跟自己没有太大关系。那些艺术家研究的东西，跟自己交流的空间比较少。最后一看到绘画就很感兴趣，为什么呢，因为自己还是一个画家，画家还是对那个东西敏感，一看到就很自然地融入画面中，虽然这个比例会越来越少。像有一次看卡塞尔文献展，在里边找，看到一两张绘画作品，站在那儿看了很久，其他的看一会儿就看不动了。它需要我具备更多的背景知识以及对那个艺术家了解的程度，你看现场时没法马上知道他在说什么。

陈群杰：但是今年的卡塞尔文献展中，中国几个年轻艺术家的作品也非常具有中国的特色。他们的中国特色更多的是中国符号，比如说一些领导人，或者一些重要建筑。西方人选择艺术家的时候，他们看到的是地域色彩。与此

同时，这些艺术家的作品中也有一种可读的东西，或者叫做当代的东西，即他们强调拼装、平面化，这也是地域性的体现。

而德国的艺术家就不同，今年的展览就莫兰迪的八张作品搁在里面。所以，每一个国家选择艺术家的时候，还是有一定相同点的。艺术家怎么做，有一种是主动地去思考自己的文化角色，或者文化身份的问题；还有一种是在创作过程中，自然而然地呈现出来的。比如，我们讲到中国艺术时，会讲到"西南"这个概念。"西南"到底是什么东西呢？由什么艺术家来构成，又由什么艺术家的什么艺术品来构成？如果想到"北方艺术"，也存在着类似的问题。当然，还有一些艺术家试图超越这个。我个人觉得，其实你永远会被历史选择，把你搁在那个位置上。就像我们今天看基弗的作品，他的作品具有现代主义绘画的特征，在阅读上有很多共通性。但是，我又觉得，它们显然是德国人画的，我们绝对不会想到一个浪漫主义的法国人去画这种画，不可能。那么大、那么具有破坏力的作品，在破坏的同时又有一种新的建构。

学生：我还想问一下，如果像您所说的，油画出效果很慢，在这种国际展览中也不是主角。但是，您还是没有放弃这种架上绘画。您认为架上绘画有什么地方是不可替代的？就是它究竟有什么用摄影，或者其他的艺术媒介不能替代的重要性，让你不能放弃它？

李季：在今天，一个艺术家是否仍然去做架上绘画，这一点是因人而异的。毕竟，有很多艺术家今天也放弃了油画。我之所以没有放弃，是因为我对它还有兴趣，我对它的兴趣可能还大于用其他的媒介进行创作。我觉得画画对我来说一直没有变过，它永远是我第一感兴趣的事情，所以始终舍不得放弃。

学生：主要是手感这种乐趣？

李季《宠物系列》 布面油画 162cm×130cm 2001年（左图）

李季《宠物系列》 布面油画 146cm×114cm 2004年（右图）

李季：当然，包含画画时的感觉，这种感觉就是画画深入进去之后，给人带来的那种快乐。但这种感觉也是因人而异的。所以我们不能说坚持画油画是好还是不好，你自己觉得好就行了。对于别人来说，放弃油画也自有他的道理。因为从事别的艺术，在创作中也会有乐趣、快感，只是我没有体会到。所以我喜欢这种方式，可能只是由于我习惯了这种方式。别的领域的创作方式，对我来说，还了解得不够，我不能说它就没有乐趣。它同样有乐趣，不然就不会有那么多的人去做它。

学生：李老师，您刚才提到您的绘画被人误读。那么，您对自己的画中女人和动物之间的关系是怎么认识的？

李季：实际上对我来说，这两个东西放到一块是因为兴趣。就是很早喜欢画人物，选择画女郎，更早的时候喜欢画动物。我就想，能不能把这两个结合在一起？可以说，这样做的原始动机并不是那么深思熟虑的。

陈群杰：鲁虹在写关于李老师这个系列作品的文章时，称他对女性的表现侧重于表现"特殊人群"，比如表现妓女、二奶等等，更多的是从社会学的角度去理解这种绘画。这样的理解当然是可行的。但艺术家在创作的时候，也许就像李老师说的，只是对两种感兴趣的东西进行组合。当然，要说这个是一种无意的组合，在我看来倒也未必。为什么要把这两种东西搁在一起？为什么有时候会把整个女人的头和脚切掉，保留一个完整的动物在里面，有时候又会把它颠倒过来，呈现一个完整的局部景物？艺术家有时候阐述自己的言语也是矛盾的，也会自己误读自己。我个人认为，把它们搁在一起是有更深层的缘由的。

李季：这个要从它的源头说起了，如果不说源头，就很难说清楚。最早把它们放一起，只是一个开始，没有太多的社会信息在里面。我当时在找很多的相似性，包括动物的表情和人的表情，我就是在这种状态下开始的。后来逐渐地，他们说，你这个系列感觉比光画女人要好。我也觉得是这样，这才慢慢地越来越多地进行这种创作。

陈群杰：这就是艺术批评的价值所在。有时候艺术家在很本能地工作，也没有太多的含义。但是，在慢慢与批评的互动过程中，艺术家会受到影响，会不自觉地做某种尝试。

李季：实际上一开始画这个人和动物时，考虑得非常简单，就是表情。后来觉得并置在一块特别有意义，就画了三四张。展览的时候就把它们放在一块，那时候我记得一个展览叫做"都市人格"，王林老师策划的，那个展览就是

"宠物和人"系列的开始。但那个时候标明得没有那么清晰,到底是什么样的人、什么形态的人、哪种阶层的人,都没有那么清晰。

陈群杰:还有一个我感兴趣的是,你的本科专业是版画,而油画有一个深厚的历史,那么你在转化创作方式时,有没有考虑油画传统的问题?

李季:因为在做版画之前,我的兴趣还是在油画上。我刚才讲过为什么去学版画,后来又学的是油画。对油画特别有兴趣,所以我的版画创作不多,在北京、重庆创作了一些,后来在云南基本上就停下来了。还是觉得画油画好玩一点、过瘾一点。版画有个最大的问题就是制作性太强,它把你的所有想法都抹掉了,要整天疲于应付怎么去印好、印得质量高。

陈群杰:版画没有油画这么直接。中国大概有很多版画家出身的人在从事油画时,因为习惯了版画的平面感,会不会更易于进入一种"当代"的状态?因为这种平面性恰好契合了印象主义之后对"构成"的追求。

李季:可能会,我只能回答可能。首先,应当反思你们见过他的版画作品没有。其实,你们见到更多的是他的油画作品的衍生品,对吧?而不是他的真正意义上的版画。所以,就不能把他定位成"版画家",包括对我的定位也不能称为"版画家",我对版画没什么贡献,这是第一。第二,我的版画创作史太短,称不上"家",只能说熟悉这个东西,知道版画是怎么回事,做过版画创作,而且做过不同版种的,铜板的、石板的、丝网的,唯独不做木刻的。因为那时候觉得木刻在哪里都可以刻,但另外那些都是在学院里可以做的,出来都学不到的。

陈群杰：需要设备。

李季：郭伟，也不是版画家，周春芽也不是版画家。如果他做版画已经很有成就，之后又转入油画创作，那么其中会有值得去研究的东西。不过，我觉得都不典型，不好去探讨这个。学过版画的人，绘画中会不会带有它的特质，我觉得是可能的。

学生：您觉得您是否受到版画的影响？

李季：我觉得是有的。其实在学版画之前对油画很熟悉，我画了很多年，只不过不像学院里，完全四年都去磨炼这个东西。其实在西方的教学中，他们强调学生在学校里应该了解不同的媒介，最后找到适合的方式。

学生：您在中央美院的两年是不是研究版画？

李季：对，我在专门做石版画。

学生：您在中央美院学习结束后是不是就立刻离开，从事油画了？

李季：没有离开，大概是隔了一年左右吧。但是，那个时候就开始画油画了，不过画得不多，真正画得多的时候是2004年以后。

陈群杰：我记得是1996年，在省博物馆举办了一个展览，展出了你的一张画，好像是跟做梦有关的一个头像，我感觉那个时候其实已经有很大的改变。

李季：对，实际上那时绘画里传统的东西多一点，还做出了很多肌理。

陈群杰：这就是人的变形，把人画得很扭曲，和自然形态产生很大的距离，这种倾向从那张画之后开始产生的。

李季：那个阶段处于过渡时期。很可惜，那张画不见了，它被覆盖了。为什么会出现这个问题，那天和王老师还在讨论这个问题。

陈群杰：覆盖了以后还在吗？

李季：覆盖了以后就卖了。听说卖得很便宜。之所以会覆盖，是因为没有钱，买不起这么多画布，对这张画不满意，想画新的就把它盖住了，太可惜了。

陈群杰：你早年有一张自画像，上面的签字是你的吗？我看不像你签的，像是你父亲给你弄的。

李季：素描是吗？

陈群杰：素描。

李季：不是签字，是当时父亲留给我做纪念，告诉我是什么时间段。

学生：您画面上的这个女人，一看就让人很敏感，感到画中存在一种力量。这种力量是源自哪里？它很吸引人，这又是从哪里来的？

李季：你说的是这种体裁，还是呈现方式？这个敏感对不同的人来说会有差别，有的人对它很敏感，有的人可能不会很敏感。我想这幅画如果放在 1995 年，就太敏感了，这个可能不让随便展出。现在好像还好，你们看到的这个是我早期的，后来画得头很大的画，在展出的时候把旅协的秘书长吓到了，吃了速效救心丸。

陈群杰：在这个班里，周威全画关于性的画特别多，本来今天也可以带着自己的画来，让李老师看一下最好。

李季：还有一点，刚刚讲的这种敏感在今天来说，可能大家已经熟悉了这种模式。现在这些画拿出去都引不起太多的敏感，大家已习惯了。但那个时候是很敏感的，现在都画不到这个份上，把那个美学老师都吓到吃速效救心丸，这个画面传达的像你说的那种力量感比现在强烈得多。比较可惜的是我现在手上没这个画，其实应该留下以前的，我是每个系列有那么几张，一个时期有那么几张。如果想转换，自然就转换了，所以就没留下什么。如果要做一个回顾展，还真不知道要怎么做呢。

学生：我发现您每一个时间段都会去搜集大量的信息，不管是通过影像、图片或者书籍等，包括关注当今社会的现状。您是怎么处理自己的绘画和这些社会性的、信息化的材料或资料之间的关系呢？

李季：我需要这些资料。实在没有就自己摆出来，拍个照片。

陈群杰：我印象里有一次过来，看到你画的是很多的女性用品，包括各种小衣服，是不是买来以后觉得合适的，再摆开来画？这种创作方法是现实主义很传统的一种方式。摆一个动作,在苏俄美术里,就是做一个动作,《伏尔加纤夫》就是雇几个人来站着画。

学生:那么您怎么看待写生这个问题?

李季:我觉得写生可能是研究另外一种感觉,注重对体量的塑造。而我的绘画受图像的影响比较大,还是有区别的。

陈群杰:你自己画不画写生?

李季:以前画,现在不画。

陈群杰:以前是什么时候?

李季:上学的时候,那时候班里人全都在写生,我想我们这代人都这样。现在更年轻的一代人可能不一样吧,我的学生在读书的时候也不太写生。我去上课时,看见他们用手机拍了一张模特的照片,然后说,老师,5天以后交这个作业。我说,你不在课堂上画?他说,我已经拍下来了。我说,我要的就是你现场写生的东西,不要你拍的东西。他说,其实基本上也就是一回事;我说,不是一回事儿。最后,我就将依据照片画的和写生的作业做比较,告诉他们为什么不一样。后来,发现有些人喜欢那个依图片进行创作的方式,还有学生说,李老师,我看你的好像也是这样的。我说,我那是没办法,而且在不断地探索过程中,发现自己需要的是图像的东西。我在回避那种传统的写生感觉,那种感觉会把我带到另外一个路子上。

陈群杰：你现在画的恰巧又是需要大量的现场来完成的。

李季：它表明了一个立场，因为我们的最后一位大师弗洛伊德在这种路子上做得很成功了，目前来说能够超越他是很难的。刘小东早期受他影响比较多。

陈群杰：后来刘小东又向费谢尔转化。

李季：对，后来又受费谢尔的影响。

陈群杰：那你最早的时候有没有现在这种即时的想法？

李季：我觉得早期的那张头很大的画有那种感觉，是很近距离的，相机上那个头是有点变形的感觉。

陈群杰：近距离也是"九十年代艺术"很重要的特征。在中国，像央美的王华祥也是版画出生，他提出近距离的创作要求，所以他画写生是顶着这样画，让你觉得特别难受，形体充满了整个视线，突破了我们惯常的做法。所以有时候如果我们综合地看待一个艺术家，会发现他的某些特有方式和他的知识经验有很大关联。随着艺术家慢慢地成熟，实际上他也在总结、认识自我，去探索应当运用什么方式去呈现自己的思想，逐渐形成自己的风格，这也是每个成功艺术家所共有的特征。

李季：艺术家有他的一贯性，就像刚刚陈老师提到的，刘小东实际上一直以来都沿用这种方式。我最早看他的一个个展时发现，画中出现的很多是学校的模特。他把写生变成了创作，他是把那种感觉延伸了，把它画成背景了，

把一群人搬到了大楼。好像早期的第一步是，在画室里把那些人画在一块，组合起来。然后，把他们放大，画成背景，很有现场感。

陈群杰：刘小东曾经出过一个画册，从第一个展览到最后一个展览，把他所有的那些出处都呈现出来了，作品和照片都摆在一起。但是最近的作品，他更多的是强调一种效果，已经有接近观念艺术的某些特质。他的画面有时候是十几个人在那儿打牌，背后飞机那些都是现场。他在北京办了一次"金城小子"个展，很棒，现场就是农民生活的那个圈子、他的老家，都是他的熟人和朋友。在室外，他用脚手架搭起来，做一个棚子，他就在棚子里画，就这样现场完成了四米六米的画。

学生：云南的画家像何生老师、武俊老师，都运用这种方式。

李季：何生他不是云南人，他是在四川出生的，成长在云南。他从1990年到2007年，可能画了很多这种类型的。但他比我写实，比我更像一个影像。因为他就是直接根据一张照片来画，我不是。我可能是需要一个照片的某个动作，其他的东西都是另外的，并非来自同一张。他可能完全是同一个照片，把它复制出来。后来他就完全放弃了，画的东西跟这个一点关系都没有。后来他用油画布来画中国画，画中国的花鸟，水墨。何生跟我不同的地方是，照片对我来说其实是一个参考，我没有把画画得特别像那个照片，但何生的就有点像。因为何生需要把油画画得具有影像效果，形成一种新面貌，比较像里希特的那种处理方式，直接从影像里获得那种视觉效果。当然，这种流派很多，最早像美国的克罗斯，超级写实主义，也是借用照片，但都不一样。

李季《姊妹花 No.1》
布面油画 150cm×200cm
2005年

李季《宠物系列》
布面油画 200cm×250cm
2008年

学生：李老师，当您画完小稿再画大稿时，会不会失去画小稿时的感觉？

李季：肯定会失去很多，但是我的目的不是要画得跟小稿一样。

学生：我做大画的时候会尽量保持这种感觉。

李季：那你就没有必要去做一幅大画了，因为你要完全跟小稿一样，大稿不一定有小稿那么生动，不一定有小稿保持那么好。但是，大稿有大稿的好处，它可能在某些方面有一些冲突，但它会失去小稿最生动的东西。不过两个东西完全没有方法相比，一个是一个小时或半个小时画出来的，一个是一个月或者一个半月画出来的。

学生：那您是更喜欢小稿还是大稿？

李季：如果我是要完全保持小稿的感觉，也有一种方法，就是直接把小稿投影在画布上，一点不改，把一个很感性的东西放大，画得很快速。我自己倒是觉得，小稿只是使思路清晰，把要画的大概布局稳定住。你看到的这个画是比较忠实于小稿的，有的根本不忠实，画到后面就完全变了，包括布局，所以不是每张都跟小稿一样，有的小稿跟我后来的成品完全不同，像两张画，这种对比挺有意义的。

学生：那展览的时候也是两张一起展？

李季：没有这种机会。

学生：我还看到李老师喜欢收集之前的海报，都挂了三张，您最喜欢哪一张呢？为什么要收集这些？

李季：最喜欢的，我也搞不清。实际上，我以前也比较喜欢，觉得画室里应该有一些东西，不完全跟喜欢有关系。画室里挂点什么，有氛围、有气场，好像谈不到有多喜欢。

陈群杰：按常规画画，我们总是会同时一起进行。我想问一下，李季老师在画的时候是从局部开始吗？一次完成，还是反复地来调整这个画？

李季：有些材料特殊一点，像丙烯，我比较喜欢画一遍再来画。因为丙烯画一遍画不出来，特别难处理，它的颜色可以糟在一起；但油画，我喜欢局部慢慢画，最后一遍画完，不过还是会做一点调整，不是全部重新画，有时候只画背景，有时候只画人的某一种境况，看需要。

陈群杰：您每天一般工作几个小时？

李季：这个很惭愧，以前身体状况比较好，大概是每天一个下午，两点钟到

六点钟。但现在很长时间没来画画了,在家里画小画,身体不好,站不住。我画画的习惯就是不会坐着画,只会站着画。

学生:那李老师,您对画的尺寸有什么特定的要求吗?

李季:我觉得是根据题材来定,有些题材需要画大的时候就画大,有些题材想画小的时候就画小,也没有什么特别的。

学生:我感觉现在好像是越大越好?

李季:我倒不觉得越大越好。有些画也不适合画大,但画大是一个挑战。画一幅大画在体能上要比画一幅小画要求高很多。画小画有时候可以把握得更好一些,我个人稍微偏爱画大画,所以总体上来说,我大一点的画比小画稍微多一点。

陈群杰:这个画幅的大小和展出有没有什么关系?比如,到条件好一点的展厅展出,适应美术馆的那种规格和尺寸。

李季:在这个问题上我可能做得不太好。因为比较好的展览空间让你展出,要么是特别小的画,要么是特别大的画,我刚好是不大不小的比较多,偏中间,从展示的角度来说可能不是太理想。其实,我每次都意识到这个问题,要么很小,要么特别大。

陈群杰:作为艺术家需要考虑的事情挺多的。

李季：特别要说的是，要为自己做一个个展的话，可能这个尺寸要很讲究。因为你首先知道了在什么地方做，对这个展厅有一个全面的了解以后，才会知道怎么去布置它，怎么去画它。很多艺术家做展览、做个展之前，大概都知道这个展厅大概是多大，然后再去完成自己的画作。很少有画好了一批画，再把它拿到一个展厅里去的。

陈群杰：还有一个就是，我们在创作的时候，都在强调唯一性，或者是独特性。但是，我觉得我们反反复复画了那么多之后，实际上看起来会很重复，因为都在画同一种东西，只不过变一个角度、换一种颜色而已。那么，这种重复，它的价值在哪里？曾经有过一种观点，"重复是力量"，你是怎么理解这个问题的？

李季：我觉得，像我这种绘画，"重复是力量"好像谈不上。其实，我每一张画的变化还是挺大的，从画第一张女郎到最近的画，好像也不太有那种视觉上的重复。但是像王广义的那种波普题材的画，从绘画的技巧上来说是一成不变的，就像刷光漆一样，把它在视觉上涂出来，那个可能需要很多重复。我想，"重复是力量"指艺术家重复的是观念。但是我的绘画还达不到那种水准，第一个是我的绘画差异比较大，变化比较大；第二个是我的作品比较"低产"。

陈群杰：没有什么恒定的东西？

李季：没有，有时候我一年只能画十多张，还是拼命地画出来的，因为有些尺寸大一点。但有的艺术家可以画 40 张。

陈群杰：对，我觉得很奇怪的。

李季：如果请助手，他又把握不了我这种感觉，画个动物都画不了。所以变成公式来画这个也有问题，虽然产量高了。后来我还跟很多朋友谈到这个问题，说那时候很困惑。我画不出那么多画来，意味着要放弃很多展览，不能参加。新做一个个展计划，画不出来，人家就对你的诚信表示怀疑，以后就把这个展览取消了。我已经三次失去希望了，其中有一次是香港，还有一次是上海，都是画不出来。后来人家就直接说，唉，你现在是生产力和生产关系处理得最不好的，是个旧画家。什么叫"旧画家"呢？就是说你的生产力和生产关系调整得不好。"新画家"是要做一个"车间主任"，而不要做一个"手艺工人"。"手艺工人"天天在车床面前嗡嗡嗡地做，那样的话你做到死也做不出那么多的产品。

陈群杰：什么叫"车间主任"？车间主任就是只做第一道工序和最后一道工序，中间所有都不搞。所以，有很多助手帮你的忙，你把一个小稿画完以后，交到第二条流水线，然后跑到把关的最后出口去签名就完了。

学生：这样子做出来的东西就像产品？

李季：有些作品需要像产品一样来做，才能满足需求。关键是你这个"车间主任"一定要把质量保住。

学生：这个现象跟市场有很大关系。如果不考虑市场，我觉得艺术不应该是这么做的。

李季：怎么说呢，你知道杰夫·昆斯有多少助手吗？他有 70 个。他是美国的大师，做装置、雕塑、绘画，他的绘画非常写实。用我们的标准来说，我们这种是比较表现的，他那个不一样。他有 4 米大的写实作品，巨大的一个生日蛋糕，你感觉就是一遍一遍地像用投影仪画出来的。像那样的画，他起的作用就是构思、把关，把质量做好。

那么，这个是对当代艺术家的要求，如果用那种尺度去要求一个现代主义时期的或者一个印象派时期的艺术家，肯定就有问题。就像你说的，艺术大部分成了生产了。问题是，今天的社会里就要求这个，而且是很重要的一个因素。如果你不能适应这种成功艺术家的生产方式，就会被淘汰。

学生：他讲究的是那种图像的大构图吗？

李季：他不但有图像，还有装置、雕塑。

学生：如果只是从绘画上来说呢？

李季：实际上，他的作品做到那种程度，去应对那么多的活动，就要拿得出作品。当今世界是信息化的时代，翻开一个艺术家的简历，像杰夫·昆斯这样的艺术家，一年有 71 张。所以相比之下，我们就是生产力很落后的艺术家。

学生：如果说我找 70 个助手做出来的东西，陈老师能够承认的话，我已经是非常成功的艺术家了。

陈群杰：我觉得这是商业社会带来的一个最大变化。

李季：我原来对这个很批判，后来发现自己有问题。因为我发现自己做不了这个事，根本就不具备这个能力。我自己的画离调整到可以生产的这种程度，还差得远。就是说，我不能适应这种画法。这种画法就相当于你要做麦当劳的分店，人家来每一家麦当劳，口味如果不一样，就会有人说，这个没有标准吗？你的食品怎么会这家有点偏甜，那家有点偏辣，另外一家有点偏咸，还有一家有点偏清淡呢？因为每一张画都会有点不一样，我喜欢这种特质，但是能不能适应当代的要求，这是个问题，也是我的问题。当然，我在很短的时间里有点跟不上，但是过了这段时间，也不需要跟上这个。因为只有很少的艺术家能够跟上这个，在中国也是。

他们也许找到了这种生产方式，就需要一千多平方米的、甚至三千平方米的工作室，我们也许就一百、两百平米，很有意思。所以，在艺术道路上你会碰到这种问题，明明画得好好的，却发现你跟不上这个时代的节奏。你需要从长远的角度来看，根据你的发展需要，因为会不停地有展览，而且有好的展览你也不能放弃。但你画不出这么多画来，就会很苦恼，睡不着觉。当拼死画也不可能画完时，除非你改变生产方式，请助手。请助手呢，你就必须要把这个问题解决，就是不再去谈这个助手画得好不好，只谈他能不能完成你规定的任务。助手也不需要画得太好，因为他不是在上面做实验，是要永远达到你规定的那个水平线，超出也不行，低了也不行。

学生：李老师，如果您解决了这个问题了，那么这样的艺术也许就不是您想要的吧？

李季：也可能吧，但是现在不是很多大师也做得很好的嘛，我也看不出他们有太大的问题。因为今天这个时代是这样要求艺术家的，毕竟不是19世纪，所以我们不能永远用19世纪艺术家的那种范例来要求今天的艺术家，用一种尺度来衡量今天的艺术家。今天肯定有今天的尺度。

当然，这个问题我觉得特别有意思。我们在很多对话中，包括跟学生，谈这个问题谈得比较少。但是，我觉得你们在这个时候，应该了解当代艺术家是怎样去应对成功的，我说的当然是非常成功的。有的人就没有能力应对，弗洛伊德就是一个，让他一年参加 70 个展览是不可能的，因为他是一个旧画家，按老的方式创作。

学生：这么说来，我们这一代的压力很大啊！

李季：但是成长的道路是一样的，未来的大画家的状况跟你们现在是一样的。他只不过是在艺术的实践过程中迅速地调整，找到了自己的路去适应。在这种环境下，要求你是全能的，既要有社交能力，又要回到画室一分钟马上投入工作，不要过渡，基本上不需要过多的调整。现在社会上很多人都有这种能力。

学生：李老师，您作为一个当代艺术家，思维那么开阔，以后是否考虑会往装置这方面发展呢？

李季：考虑过，你说的也是我最近考虑的问题。如果我最后再做一个展览，我到底该怎么呈现呢？别人看我已经运用很多方式做艺术了，能不能呈现一种完全不同的方式呢？我也在考虑，到底是跟影像结合还是做装置。但是我要做的话，也许会跟影像作品结合。如果要作为一种呈现方式出彩，可能必须要有一种全新的面貌，不然会老是停留在一个位置上。

学生：因为架上绘画的表现是平面的，挂在那里让观者阅读。但是装置会展

示在另外一个空间中，与观者产生互动。

李季：是，我也在想这个问题。但是，用立体的还是用别的方式，还是要看我究竟做哪种更适合。自己也在思索这个，做一些尝试，但也许还是平面，只不过是影像。因为我一直走的，像别人说的，两个并行的方向，好多人都说我虽然影像、照片那部分展出的不多，但是看多了作品以后，觉得是一个并行的系列，只不过那个没有展示。

学生：早年您学过摄影？

李季：没有，都是兴趣所致，兴趣比学什么都管用，自己主动去学习。

陈群杰：西方人对很多东西持开放的态度，在他们的概念里，不太会把专业作为自己求生的方式。他们对知识的学习比较广泛，一个对社会科学做出很多贡献的人，同时会对自然科学很快打开思路。而在中国，一直以来，至少是几十年以来，一直强调专业性的教育，禁锢了人的思维。早早地使学生知道我是学油画的，而且是学油画里哪一种的。就像高考的时候就知道50、60岁以后会做什么事。这样来看，李老师多条线路发展，就很有意思，在云南的美术界里也是比较特别的一个。你有时候跟其他艺术家交流，会发现他可能画画会非常好，但是另一些方面非常无知，而且还会表现出很天真的感觉。

李季：说到西方，我的一些好朋友，他们的年龄和你们差不多大，或者比你们小一点，到西方去留学、去读研或者读其他。他们在留学回来之后，给我们看他们做的一些东西，我就发现我们最大的不同是，他们学摄影的人做的

东西都很广,接触材料、研究材料。就是说我们进行技能培养的课程比较少。技能类课程主要是让学生接触更多的领域,当有一天,需要用某种媒介进行创作时,就会发挥很大的作用,思路和眼界就会开阔一些。

陈群杰:中国的高等教育传授的更多的是一些职业技能,没有真正上升到文化教育的层面,这一点是很严重的。比如说学艺术的人可能对数学就一无所知,但在西方很奇怪,踢足球的可能是一个医生,而且踢得很精彩。中国职业足球手可能踢得好一点,但对其他方面一无所知。那么,从这一点看,作为人基本的知识要求,中国确实很滞后。所以,在西方,你会发现有时候会和一个搞自然科学的很谈得来,在中国就很难,因为在中国文理科是分开的。

李季:实际上,我觉得任何一个学科到了很高的境界都是相通的。进入艺术学院后,"国油版雕"听得特别多,那个时候已经被贴了标签。我画的两个少数民族的那张画,是我第一次去参加中国的油画展,以前参加的都是版画展。1992年又在北京参加了中国油画的年展。当时我觉得特别好玩,我们那个系的很多老师(包括老一点的艺术家)会说,版画都不会整,怎么就会画油画了,才画了一张油画就参加了中国的专业油画展。我说,瞎猫碰到死老鼠。他们觉得一个学版画的人怎么可以跑到油画圈里来混,就像我现在去参加摄影专业展,很多摄影家就问我,你不是当代画家吗,怎么又跑来玩摄影了。我说,就好玩嘛。后来我就想,他们把这些东西都贴了标签,像摄影的布列松这些大师,当年也都是画家。其实这些没有什么,绝对不要给自己贴标签。

陈群杰:今天的访谈我们谈论了一些很大的问题,也谈论了一些很细的问题。李季老师从自己的创作出发,和我们分享了许多他这些年来的心得,涉

及当代艺术家的工作状态、工作方式,以及从事艺术时的多种路径选择的问题,还有像如何超越"标签式"的定位和边界的问题。时候不早了,我们也占用了李季老师太多的时间。非常感谢李季老师的分享!希望下次还能这样交流!

李季

1963 年生于云南昆明。1987 年毕业于四川美术学院版画系。1990 年结业于中央美术学院版画系。云南艺术学院教授。个展:2017 年,"从宠物到动物——李季个展",全摄影画廊,上海,中国;2007 年,"欲望之花",程昕东国际当代艺术空间,北京,中国;"李季作品展"Gallery Frank Schlag and Cie,埃森,德国;2002 年,"宠物",程昕东国际当代艺术工作室 北京,中国;2001 年,"肉色·动物",海上山画廊,香港,中国;2000 年,"肉色·动物",海上山画廊,上海,中国。

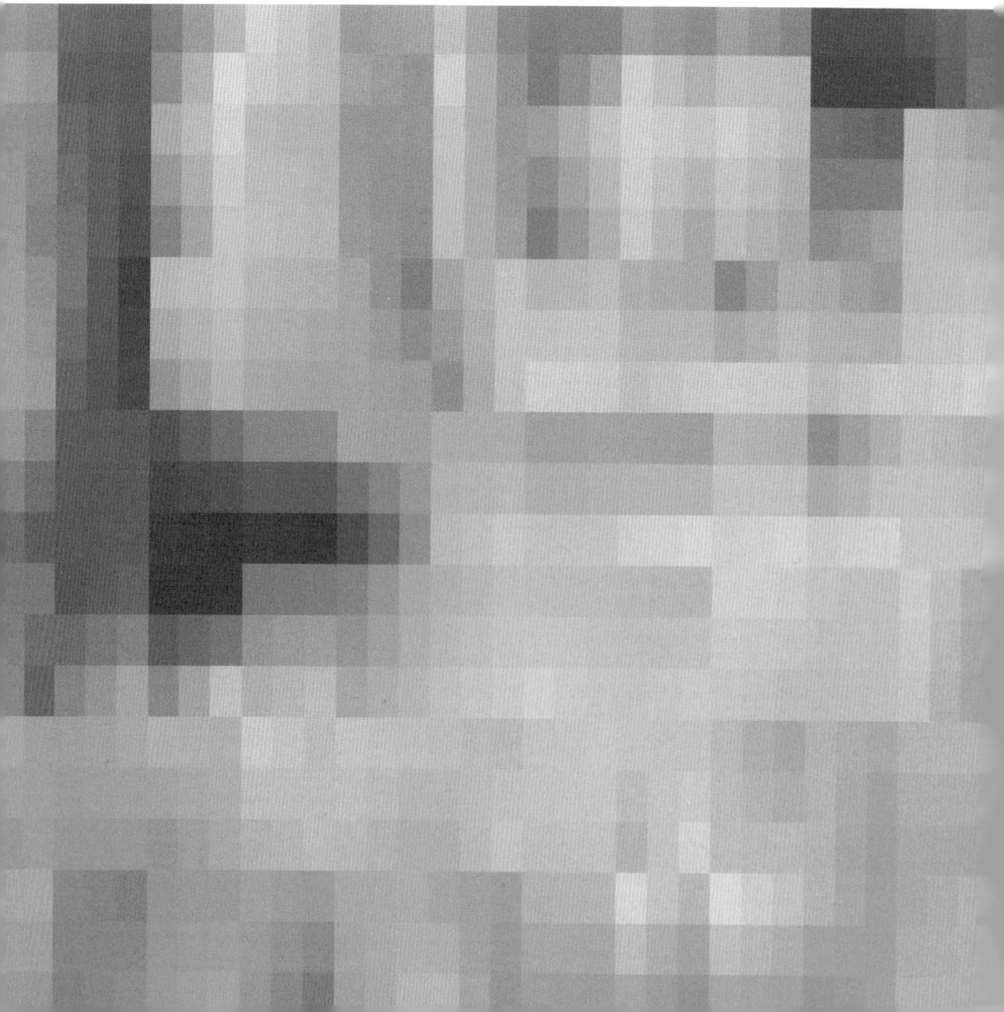

油画创作中的『微差』与『咬合』
——杨一江访谈录

杨一江

受访谈艺术家：杨一江

访 谈 者：陈群杰教授及云南大学 2012 级 MFA
　　　　　 油画专业全体同学

访谈记录：罗元园　沈科　鲁东杰

访谈时间：2013 年 12 月 14 日

访谈地点：云南艺术学院 杨一江工作室

文字整理：谭毅

164　解题之魅
　　作为油画教学现场的艺术家访谈

1
2
3

杨一江教授（前排右三）谈绘画

在杨一江教授（左一）工作室

陈群杰教授与杨一江教授交谈

杨一江：同学们好！大家都是几年级的？

学生：研二。

杨一江：今天陈老师让我在这边候着，我不敢不候。对于云南的艺术家，大家也基本上了解了一遍。唐志冈老师和我的方向比较自由，像高翔和曹悦的方向主要是油画写意，陈流老师的方向跟壁画有点接近，邓安克老师是以风景创作为主，张炜是以游戏题材为主，李季老师的版画方向偏观念一点。整体来看，油画好像逐渐离开观念，呈现出以绘画性为主的创作倾向。现在的油画没有什么潮流，画什么题材都行，创作空间是无限大的。大家可以先看看工作室里的作品，有什么想法，互相交流一下。

学生：杨老师，我刚才看了一圈工作室，发现工作室和工作室之间是有差异的。但每个工作室里的人，好像画得有点类似。那么，您认为在一个工作室中，应该如何解决学生个性的问题？

杨一江：我想应该这样来看待这个问题。你要从美术学院来讲，譬如慕尼黑的美术学院和列宾美术学院，还有安迪·沃霍尔在纽约赞助的那个美术学院，这三个美术学院肯定是不一样的。而且，每个美术学院里会有相似的东西。我的工作室同样是如此，肯定是有某种相似的东西，但这个绝对只是暂时的。等他们毕业了以后，他们会觉得这样学下去挺没劲的。比如，陈老师带你们来云南艺术学院，你们暂时是同路的、在一块的，但下午下课之后你们还是会各走各的，是不是？就是这种道理，只是上课这段时间大家坐在一起。

　　大家不要拘束，你们和每个老师交流时，他们讲得可能都会不太一样，各有各的看法。你们也可以就同样的问题再提问一次。

学生：能讲讲您的创作理念吗？我们以前也在网上查了一些您的资料，就是作画周期很长。

杨一江：作画周期是吧？在我们上大学之前，那时候画风都一样，都是画风景，最长两三个小时，最短十来分钟，画一幅画的速度基本上是差不多的，都那么快，都那么慢。然后到了大学以后，有的继续快。我呢，是大学的时候受到一个叫罗贻的老师的影响。他是在捷克斯洛伐克留学的，那时候，中国和苏联闹翻了，闹翻了就往捷克派留学生，他就是往那边派的。他的一个最重要的理念就是要多看少画，他说惠斯勒一个上午画了五十几笔，你们一个上午画几笔？五千笔可能都不止。我自己觉得也还是有必要的。因为比如你画一个人体，或者一个肖像，或者任何一个什么东西，你可能还要两天就画完了，画到了百分之九十几——这时如果你觉得还有必要调整，你就会一直调整它；如果没有必要，两天以后就可以结束了。很多画家画得很慢，从我们知道的达·芬奇一直到弗洛伊德，都很慢。还有美国照相写实主义艺术家克罗斯，他觉得细节重要得不得了，他肯定是画得很慢。我觉得是这样的，不是说每个人都要画得慢或画得快，作画的速度、周期都是挺个人的事情，就像你要买什么衣服，都是由自己来决定。

学生：明白了。那么这样会不会和商业有冲突，因为作品量太少了。

杨一江：有冲突是吧？那就要看你觉得什么东西重要了。如果你觉得卖得很好就行，那就用不着考虑其他东西。你要觉得卖得好以后，但还有一点遗憾，那你就要有个取舍。要不然，你更遗憾的是觉得虽然卖出去了但是没画好，那么就少卖一点，多画一画。

我有一个老师在美国，他就卖得特别好，在美国全美美展上拿了好几次一等奖。其实在中国出去的画家当中，可能他是数一数二的拿奖多的人，卖得也特别好，基本上画室里没有画。然后卖得越好就想画得越快，画得快一样卖得很好。他画了几年以后说，哎，不行，有时候还是要慢一点。有一段时间他就停了几年没有卖画，老是给我来 E-mail，讨论了好多事情。原来他最早卖得好的是画云南画派的那种小女孩之类的，后来画风景也卖得一样好，然后又画一些外国人，比如对照着照片什么来画，把它们进行组合，也卖得一样好。但是现在他慢下来了，一年不画几张画，可能也就两三张，其实现在比我还慢，我一年肯定也有四五张吧。

陈群杰：要不让他们看一下你的作品？

杨一江：这里有一些我以前画的风景，是在 1994 年读研期间画的。这张人体，是在读研之前画的，用来准备研究生考试的。这张小头像用了 15 分钟就画完了，这个画得也特别快。

陈群杰：1994 年，你是在哪里？

杨一江：这是在塔什库尔干。

陈群杰：杨老师原来是中央民族大学刘秉江老师的硕士研究生，刘老师对新疆的人物或者风情画得特别多，这也是他的长项。这是你当时的素描吗？

杨一江：对。

陈群杰：其实我们也会觉得这种素描还是很丰富的，有的画得比较严谨，有的画得比较放松。在我印象里，恰巧1994年我和张志明老师两个到北京去进修，我在1994到1996年经常去杨老师的工作室或者他的宿舍里，可以了解很多他对绘画的思考。他的桌面上、墙面上贴了很多小纸，譬如说我还记得写着"回归绘画"。作为一个艺术家，他一直在坚持曾经的艺术理想。这件作品是在什么时候创作的？

杨一江《撒尼人》 纸本铅笔 35cm×28cm 1979年

杨一江：这个是本科三年级上学期还是二年级下学期，记不太清楚了。

陈群杰：你本科是在中央民大读的。

杨一江：其实是下课了在宿舍里聊天，看着衣服晒在那儿挺好的，所以才画的。

陈群杰：小速写。

杨一江：对，就画了这个。这个当时是第七届美展上唯一的一件抽象画，然后被靳尚谊批评了一把。靳尚谊说，现在我们国家的全国美展也出现了抽象画，不过也是拾人牙慧。后来，我就看图录，想知道他到底说的是哪一张画，看来看去就是这一张，说的就是这一张，只有这一张是抽象画。

陈群杰：我个人觉得这张画好像是云南省的唯一一个抽象作品入选全国美展的，到今天还是。由此可见，一个艺术家所研究和涉足的领域其实是比较宽的，而且背后有丰富的知识储备作支撑。

学生：这是从具体实物抽象出来的吗？

杨一江：不是。我从本科开始时喜欢塞尚，这也跟导师有一定关系，从塞尚过渡到毕加索，毕加索过渡到德库宁，看德库宁的东西特别多。看了他，我就画了一批这样的画，其实是学习他的语法。当时大概画了三四张，后来画了一张小的，比较精一点，现在还不知道扔哪里去了。那时我就问我们的老师，我这个送美展行不行，老师就说你的画小嘛，人家就觉得你态度不认真，还是要画大。

学生：具体有多大？

杨一江：这个好像是一米八，或者一米八五。

学生：是不是当时的美展，非特邀画家的画作不能超过两米？

杨一江：那个时候我还不清楚。

陈群杰：是有这个规定。但是一米八的话，在当时已经是很大的画了。

杨一江：这个有点像毕加索，其实是一步一步试验过来的，美术史给我启发很大。这个是 2009 年的作品，这个模特不也到云南大学去了吗？

陈群杰：对。上一个模特就是这个，张老师给他们研一上课就是请这位模特。

杨一江：张老师也画过这一张，我们在一块儿画的。

陈群杰：传说中，你画一幅这样的画是要用一个学期甚至还会多一点，而且每天都在画。学生们会觉得比较困惑，为什么要画那么长的时间呢，当然杨老师刚才已经做了一个说明。

杨一江：这个传说有点夸张。一般一个学期肯定是画得差不多了，也不是每天都画的。一幅画，一个学期就可以结束，只不过我还要看它要不要调整，要从哪方面调整。就是说，你一个星期结束也行，画了两学期、三学期结束也行，我之所以不敢那么做是怕这些小哥们画崩溃掉。

陈群杰：你说的崩溃是什么？

杨一江：太没意思了，这个画简直是太无聊了，无聊透顶了。

陈群杰：有些学生会觉得很过瘾啊，还没够，还没咬合够。

杨一江：这个是学陈丹青，因为我们上课的时候他摆过一组，当时我就说来画一张陈丹青老师的创作，结果没画好。自己再回来画一张，觉得再这样画下去可能会越画越像，就停了。

陈群杰：杨老师是陈丹青的博士，所以有一段时间是这样。其实我觉得这张

画画得蛮好的，这个图片太亮了一点，原作好像比这个更稳一点。

杨一江：就是越画越像，我觉得再画下去就会非常像，像丹青老师。

陈群杰：那你觉得像丹青老师好不好？不好是吧？

杨一江：不但不好，我觉得已经有点对他不尊重了。

陈群杰：但是也有一个问题，如果你不说谁的画，我到你的工作室会发现，都是（杨）一江的画，只是这张画得更多一点，那张画得少一点，会有这种感觉。

杨一江：会的，会的。

陈群杰：这个也是，我们可以看出一个艺术家的丰富性。其实在云南的美术界，我觉得杨老师是非常不可多得的研究型的画家。他非常讲究学问，并不是一个冲动的、疯疯癫癫的画家。我觉得在大学里有这种老师特别棒。他对每一个问题都追进去，去问它的关联、它的关系式是什么，所以，我们刚才也可以看到他说了早期对塞尚、毕加索这些艺术家的学习和研究。他就不太像一个所谓的"土生土长"的云南艺术家，所以，这也是为什么要来采访杨老师，看看他的作品。

我个人关心的问题其实是"学院主义在中国的发展"。90年代以前它都是中国的艺术主流，90年代以后，它的位置有一些转换和改变，这是所有的学院风格的艺术家或者在学院工作的艺术家要面临的共同问题。其实杨老师在这个过程中做了很多努力，我们可以看到他今天画的人体写生或者头像写生，和 90 年代以前或者七八十年代中国高校里的主流艺术是非常不一样的，撇开了苏俄艺术的影响以及与中国的意识形态结合的艺术形式。我个人认为这是一种比较纯正的艺术史的研究，把艺术史作为一种背景。就这一点来看，我觉得中国的学院主义艺术一直都有蓬勃的生机，这个生机就在于他们在学院里保存了文化的经典性，这是极其重要的一个贡献。同时，他们也在固有的或者已有的文化成果中继续向前走。所以，我个人关心的是杨老师在绘画中怎么处理我们通常说的"学院主义"。

"学院主义"这个名词在 90 年代之前是一个中性词，或者是个褒义词。但是，90 年代以后甚至到 2000 年左右，"学院主义"变成了一个贬义词，感觉是一个僵死的、没有活力的东西。不过，这也是一种偏见。我觉得杨老师参与了学院主义在当代的转型过程。因为从杨老师的履历里，你们也可以看出他没有那种江湖生活的经验，从学校读完本科以后，工作了很短的时间就又读了硕士研究生，完了以后再回到学校，然后又考取了博士研究生，博士研究生毕业后又回来，还在学校里画画和教书，同时也在学校搞行政工作。据我所知，云南艺术学院美术方面的科研、研究生工作基本上都是他在掌管。大家看了东西以后要有一些反应，尽可能提出一些自己的问题。

学生：90 年末，在您的作品中"可口可乐"还是作为一个符号存在。您当时和现在是如何理解这样的符号性的东西的呢？

杨一江：那时我有一个比较模糊的想法，大家都在讲"深刻"，但在中国艺术中"深刻"往往和"丑陋"联系在一起。那么，我就想我能不能往"浅层"发展，发现我们旁边的这些朋友都挺漂亮、也都挺生动。我觉得周围这些都挺好的，带有一点享乐主义，我就想表现这些表层的东西，模模糊糊没什么理论支持，就觉得好玩。这批画全是画的朋友，也画些模特。画出来以后观

众的反应出乎我的想象，用现在的词就叫"娱乐至死"，他们说挺现代的。

陈群杰：如果你们留意的话也可以看出，从 20 世纪 90 年代初期直到 90 年代末，是中国新生代艺术比较流行的时期。那时候人们厌倦了对沉重的思考，厌倦了带有理想主义精神的艺术。当时提倡"不看高处看低处"。什么叫"看低处"？就是看现实生活中身边熟悉的人。为什么中国会产生刘小东这样的艺术家？是那个时代造就了他。从这条线路来看，也可以看出一个学院艺术家和整个艺术史的发展是非常密切的，每个艺术家都很难超越他生活的时代。

从造型语言上看，杨老师对造型的修养和要求一直以来都挺高的，对每个细小的造型都非常小心翼翼。我相信他的画中理性一定大于感性很多。每个艺术家都不太一样，有的艺术家就是表达瞬间的感受，表现占主导。

学生：杨老师，您经常强调的"微差"到底是指什么？

杨一江："微差"主要是指色彩上的微妙差别。比方说这三个白，都是白，但是三个白不一样。你也可以说形体上的差别，不过说起来会相当复杂。比如，这两只手是圆的，前臂是圆的，但是由于方向不同，圆当中又有不一样。说起来很简单，处理起来就复杂。

《巡逻1》
纸本油画 70cm×53cm
1987 年

学生：这和结构有关系吗？

杨一江：同一个结构，型可以是方的、可以是圆的、可以是片的，三个不同的型表现同一个结构。型和结构是两个概念。色彩的差异和型的差异是一样的，都讲微差。比如这两个型其实很像，但是里面会有些差异，它宽一点、它斜一点，等等。

陈群杰：我个人在想，"微差"本来是个常识性的东西，但是你为什么要去谈微差这个问题？不过，你知道了微差也不是说你就可以画出微差来。所以，杨老师在他的教学里提出这个，他可能会让学生的眼睛更刁钻，辨别能力会更强。你隐隐约约知道，但画的过程当中未必会清楚。如果你画的过程中还清楚的话，搞不好一周的作业要画到三周。

学生：还有那个密度？

杨一江：从量上来说，同样一个面积里有多少变化。从质上来说，可能就要进入一个感觉的层面了。比如说，一个模特坐在这儿，我们选几个色彩很好的人，如苏里科夫、弗洛伊德、德加，假如这几个人都来了，你们也在，和他们一起画画。譬如一个灰的床垫、一个绿的布、一个墙的灰，这三个颜色大家都画对了，苏里科夫也画对了。你可能画了两千笔，苏里科夫可能画了一千九百笔，笔触可能没你多，但他那种色彩的感觉比你要强，会更美些。他的色彩咬合能力更好，更明白如何处理冷暖关系。

学生：杨老师，您怎么理解一张画"好不好"？就是指它画得"好不好看"？

杨一江：可以这样说，但"好看"并不是"漂亮"，这是两个概念，我觉得它指的是一个作品的深度。如果这个画家有深度的话，他随便画，比如画这个烂石榴，他会画得很深刻。你画得不深刻，就算你画《最后的晚餐》也不行，就是这种感觉。而且，这个深度不是理论上去解释它有多么重要，你哪怕一句都不解释，我一看就知道。很多作品都是这样的。

学生："咬合"就是指色彩和色彩之间的衔接吗？

杨一江：衔接是个过渡问题。咬合不是衔接，是几个色彩的关系有没有"劲道"。这是在看画中才能讲得清楚。有些颜色没有非常大的差异，但让你感觉非常给力，是相互衬托吧。比如你是我的托，我是你的托，咱们互相不消解，而是互相支持。

学生：像您在找这种形体塑造的微差中，是从实物上找的还是主观改造的？

杨一江：没有主观改造。主观改造会有一个问题，你主观一张可以，主观十张你就开始重复了，你主观到一百张的话就全部重复。你必须按照它那个关系来找，你才会一张张找下去，没有一张会重复，一定要看着照片找或者看着实物找。

陈群杰：我们同学老是觉得画不完。但要把画画完其实还是挺不容易的事情。

杨一江：其实我觉得很多学生就是头一周会觉得可以画完，他铺完以后随便抠一下，就画完了，应该是这样。按照我们现在的教学方式，任何大的东西

杨一江《塔吉克人》 布面油画
30cm×20cm 1994 年

杨一江《祝你生日快乐》 布面油画
162cm×130cm 1999 年

铺出来以后抠一下就完了，你要再往下画就是你的事情了。你很偏执，要怎么样，那是你自己的事情了。我觉得这个速度大家都差不多，就是大的铺出来，该收拾的收拾一下。

学生：这些（作品）是选一些看到的图片进行拼贴的？

杨一江：对，结构是自己搭配的。

学生：画这些作品不追求背后的含义吗？

杨一江：追求啊，"消费"嘛。那时候选美在中国刚刚开始，女孩不躲在家里了，要靓出来。现在大家看惯了，网上都有，但我们那时候确实是刚开始。那时候，我确认题材不重要。那个时候我刚回来（云南），画了这个系列的

作品。别说那时候,现在大家也挺强调这个。系列作品中都有一个观念的东西,这一点现在我还是很强调。

学生:我感觉您 2000 年以后的一些作品特别有陈丹青的影子。而一个成熟的艺术家需要找到自己的语言。您是怎么去抛掉陈丹青老师的影响的?

杨一江:我现在还有他的影子吗?

学生:现在看那头像感觉更有弗洛伊德的影子。

杨一江:对。我告诉你,你要是觉得你什么时候要成熟,反而你会要不到它,我就是这样的人。我老要不到这种成熟。有的人他没想要这个成熟,但他马上成熟了,像劳特雷克这样的人,十几岁已经不像任何人了。我是一个老觉得什么时候"自己"才能出现的人,不单我,说老实话,99.9% 的人都是这样,有些人可能一辈子都成熟不了。我必须要一个拐杖,一旦有一天,陈老师的那些优点我吸收了,而且不像他,弗洛伊德的优点我吸收了,而且不像他的时候,就可以喘口气了。那时候,可能终于觉得有点自己的样子了。

学生:学画的时候,这种状态在每个人身上都会有,但我们要做一个"纯艺术家"的话,怎么把这个"拐杖"拿掉?

杨一江:比方你和画廊签约,或者你有一个计划,要什么时候出产,你就会这样考虑。

学生:意思是杨老师现在还没考虑是吧?

杨一江：是，我是一直顺着问题走的人。要是有问题，我就会去面对这个问题。但如果你要出产品，要代表一个地方，要代表中国参加一个展览，这时候你会想着不要和英国重复了，不要和俄罗斯重复了；比方一个集体，要出场的话，就要考虑不要和另外的一个重复。但我不愿意到那种节点上去，我只想有什么问题没弄懂，我再理一理。所以，我觉得怎么做是你的处境让你怎么做。又比方说，一个国家课题你拿下来了，为什么中国的色彩没俄罗斯好，这个时候你面对的不是你自己，而是你的处境决定了你的面貌。

你们看到的这张画其实比陈丹青还要过分，都不留笔触，让每个地方不要僵硬，要这个不要那个，都要藏进去，不要跳出来。他（陈丹青）说的一句话就是，你不要揪着别人的耳朵告诉他，你要怎么样怎么样，你要藏进去。我就听他这句话，尽量把画的东西藏起来。

学生：你说的"藏"是边缘线的问题，还是说其中的结构？

杨一江：就是说你把东西都含在里面嘛，是整个东西，而不是一块块地发出来。

学生：我可不可以理解成圆润？

杨一江：也可以，但不能简单化。它不是一个圆柱体或一个氢气球，必须要有变化，所以叫藏在里面。其实我的画像陈丹青也是像一段时间，因为像着像着你会觉得，你自己还是那个德性啊，还会回来。虽然有些问题你要学、要想，但是，就像党中央一个文件下来，这个单位执行起来会有这个单位的特点，另外的单位执行起来会是另外的样子，所以说你无论学谁还是会有你的痕迹。但是一旦你有这么一天，这个痕迹能够很明确、很主动地把它抓出

教学访谈

来时,可能就是你说的艺术家要的东西。

学生:杨老师,您画作品的时间拉得比较长,你怎么去维持最初的那个兴奋点?杨老师刚才也说学生会画得崩溃,很痛苦。

杨一江:是这样,我觉得在大学的时候这个兴奋点确实挺猛的。面对一个东西,包括面对一个解剖的石膏,它会有一个动作让你特别兴奋。但是,现在我没有这种感觉了,可能没有你们的这种感觉。比方,门那边一组静物,就是洗手池什么,已经养成一个看关系的习惯了。现在是这样,觉得这关系挺好,可以画。没有说一个人坐在这里,长得有多好看、长得有多难看,我觉得我已经麻木了,只是想这关系好像可以画一画。

我自认为和弗洛伊德的观察方法属于一个方向。差异肯定是有的,但这个差异我不知道在什么地方,所以我画了一张他画过的照片,是顺着问题走。我就觉得我太碎了,他不是这样的。他没有多画一个面,我跟东杰他们讲,我说三面五调,弗洛伊德没有多画一个面,我试图多画。但是,他就在那几个面捣鼓,捣鼓他那个密度。我现在很少画风景了,以前画的多。

学生:杨老师,您在画人的时候,认为这个形体是跟模特一模一样的吗?

杨一江 《有人唱歌》
布面油画 180cm×150cm
2004年

杨一江《背部》 布面油画 90cm×80cm 2011年

杨一江：这么说吧，比如，我们大家看他们几个，其实大家看的样子基本差不多，不信你用文字写出来，肯定差不多。只是我想让这个关系确切，再确切，然后走着走着就这样了。现在他很少让我觉得激动不激动，我都画他多少次了，没有任何激动可言。

学生：您一直反复强调"微差"，我感觉画多了，它局部的硬线条会不会变软？您又是怎么处理的？

杨一江：我也想让它重新硬起来，不是随手处理的，否则可能会不耐看。我说个例子，比方像柯罗，他画一个建筑很硬，但它是非常丰富的。其实我也想那么硬一些，哪怕朝丰富里作的时候作圆了我也没办法。我希望是个过程，到最后一定是比较硬的，但却是很自然的。它不是随手的，或者更肤浅地用尺子画。可能这个也是要看看画说，我确实没有做到很硬的那种感觉，但我试图做得又生动、又硬朗。

学生：我问这个问题是考虑到各个物体强度不一样，如果手法上用不同方法会不会更好？

杨一江：这肯定是个思路，很多大师也是用很多手法。比方他画衣服是一个，画底是一个，画披肩是一个，画肉是一个，画头发是一个。但另外一个思路是，你找出这种关系的特点。如果能像这样，我希望是一个解决的路子。

学生：杨老师，您在画画过程中，既要画那么长时间，又要保持绘画的笔触生动，这种关系怎么协调？有时候我感觉那个笔触很好，但又不符合自己认为的关系，那怎么解决？

杨一江：服从整体。无所谓的东西就拿掉。

学生：但如果完全都那样，那整体会不会完全变样？

杨一江：完全变样？它不会变成像王沂东那样。因为你观察形体的方式和王沂东不一样，和冷军也不一样，跟洛佩兹也不一样。像维米尔这些艺术家的

182 解题之魅
作为油画教学现场的艺术家访谈

杨一江《青皮》布面油画 30cm×24cm 2013年（左图）

杨一江《蜷坐》布面油画 60cm×50cm 2017年（右图）

杨一江《侧卧》布面油画 50cm×60cm 2014年

作品，我都不太喜欢，因为它的形体不动。这种安静和我的性格有点冲突，我喜欢动的，比如劳特雷克、塞尚这些艺术家。这些艺术家看的形体是动的，那么笔触画上去也会是动的，不会是洛佩兹、维米尔这种。你说的那些很生动的笔触，因为你在撞物，在撞这些安静的物体时会消失掉。像王沂东、安格尔他们肯定是消失掉，但是德拉克洛瓦、塞尚这些不会消失掉。为什么？看的方式不一样。你看劳特雷克，画得再细也不会怎么样。

学生：密度和色彩咬合的这种呈现方式，多数是在笔触和笔触的结合处出现吗？

杨一江：也不一定。我举个特别极端的例子，像苏里科夫画水彩，其实没什么笔触，它是氲在一起，但它咬合得非常好。你感觉是灰调子，感觉非常丰富，不一定非要笔触。

学生：按您的表述，如果一个单元的多少是密度，那么想要强调二次单元或者子单元关系的生动性，您会如何处理？

杨一江：我觉得这是个经验问题。你没有画过那么长时间、那么细的作品，才会这样说。如果你画过，你会觉得子单元你要强调一样可以强调。子单元和子单元扯平或者一个局部放大以后，次序都不会乱掉的，主要是看你有没有画过很长时间。你画过就会觉得这个问题不存在。

学生：杨老师，您说的密度问题能从另一方面理解成一种厚薄关系吗？

杨一江：不是的，它只是关系，就是色彩关系，它不是肌理关系。

学生：古典绘画讲究暗部透一点、薄一点，亮部厚一点。我看东杰的画，暗部画的遍数挺多，好像没那么透。

杨一江：对，他其实还是一个关系，不是厚薄。比如弗洛伊德，他的很多画很厚的，暗部也很透明，它是个关系问题。其实，从关系着眼，他就会画出一张画来，与其说是一个技术问题，毋宁说是一种认识和感觉的问题。因为都画关系，有时候画得很难看，说是在画关系。没错，他在画关系，但是他的关系不好看。不是漂亮，是关系不好看。说到底是感觉的问题，也是一个感悟的问题。

杨一江《眠》 布面油画 36cm×36cm 2017年

学生：老师，我可不可以认为"咬合"就是主观色彩的一种审美高度吗？

杨一江：有这种意思。但"咬合"这个词呢，需要看你怎么选择。你肯定要有选择，但这种选择是你自己做出的还是上帝给你的，这个不一样。我们做出的这个选择是大自然中的一个，并不是一个独立的选择。具体的效果还得看作品的呈现。我们不要拘泥于用词，把那个事情说清楚就行。作品的深度，你不用讲来讲去，我们一看就知道了。

陈群杰：非常感谢杨一江老师耐心、细致地解答同学们的问题。今天的访谈过程中，我发现同学们抓住了杨老师的两个关键词"微差"和"咬合"来进行提问，这个抓得很准。杨老师的回答也很深入。我相信大家今天都很有收获。同学们回去后，能不能把这种微差和咬合的精神消化和吸收到自己的创作中，这需要时间，也需要造化和感悟力。好了，我们回去吧，就不打扰杨老师工作了。让我们再次以掌声感谢杨老师！

杨一江

1958年生于云南。1982年中央民族学院毕业。1995年中央民族大学毕业，获硕士学位。2004年清华大学毕业，获博士学位。云南艺术学院教授。云南油画学会副会长。云南省美协油画艺术委员会副主任。个展：《杨一江近作展》TCG/诺地卡，昆明，2000年；《杨一江油画、素描作品展》Aliekirche Flüelen/瑞士，苏黎世，1994年。出版：《误读手记》，中国文联出版社，2001年；《"方言""语境"与地方油画》中国社会科学出版社，2004年。

马 云

学院主义绘画经验及其转型
——马云访谈录

受访谈艺术家：马云

访 谈 者：陈群杰教授及云南大学 2013 级 MFA
油画专业全体同学

访谈记录：吴思思　马志龙　龚如迅　张晓峰

访谈时间：2014 年 11 月 19 日

访谈地点：天润康城小区 马云工作室

文字整理：谭毅

188　解题之魅
　　作为油画教学现场的艺术家访谈

1. 马云副教授（左四）谈创作
2. 陈群杰教授（左四）介绍马云副教授
3. 云南大学美术系师生与马云副教授（右七）合影

陈群杰：经过这些天的采访，我相信你们一定会发现云南画家是并不同质的——各种类型、各种状态的画家都有很多。当我们把自己的视野打开以后，会发现很多以前不能想象的东西，综合起来就构成了云南绘画的艺术生态。对这个生态进行田野调查性质的了解，这种方法会带来很多启发，对老师和同学们都是一个很有意思的一件事。

我简单介绍一下马云老师的情况。他就生活在昆明这个城市里，但平时很难见到他。马云老师1980年从中央民族大学油画系毕业，师从刘秉江先生。1980年回到昆明以后，我们之间很少有来往。1991年时有一个"十青年"画展，那次我看到马云的一组作品，画的都是土豆，一堆土豆。其实，1990年以后中国艺术已经发生了许多变化。这些变化更多的受西方思潮的影响。艺术家以靠近西方的方式去观察、去思考绘画。但是，在"十青年"画展中，按我个人的理解，马云老师还是保留着对经典性的追求。他在画中寻求对生活味道的表达。在那次展览里，很多青年艺术家搞得比较先锋和靠近潮流，但马老师还是保留着这种状态。从1980年毕业以来，他就一直在云南艺术学院教书，至今34年。这么多年在大学里从事教学工作，加上4年本科的学习，我想马老师对中国的学院绘画和艺术有深入的了解。一个在昆明生活的艺术家，对于传统或者是西方的媒介和绘画方式进行综合思考，并呈现一种非常个人化的画面气质。他在云南是一个特殊的个案。北京的、省外的艺术家通常会认为，云南的艺术家可能对自然风景更感兴趣。而在马老师的作品里，风景是不重要的。我们看到的，更多是艺术家的人文追求。马老师不同时期的画中，我们可以看到历史变化的轨迹。马老师开始画画时，也是在"苏派"体系下长大的，基本是在中国高等美术教育的正统框架中成长起来的艺术家。1991年以后，中国的高校美术教育有了很大的变化。在1995年之后，有许多学者认为中国高校中产生了另外一种"新学院主义"，他们在过去的"写实具象"的框架下，往四面八方进行扩展。这种扩展产生了许多艺术样式。我想在云南的"新学院主义"中,马老师是做得非常到位的。他保留了很多传统中精神性的东西,但他的画却一点都不古典,这让我觉得特别有意思。如何在今天以一个中国艺术家的身份对传统和当代、民间与学院之间的关系和互动进行思考,马老师是一个很好的例子,这也可以成为同学们创作时参照的维度。

我们现在看到的这些作品,只是马云老师作品中很小的一部分。马老师2011年在云南省图书馆举行了一次个人展览,从中可以看到他在这20多年时间里的艺术探索。云南的展览他参加的很少,基本都是在省外参加展览。2011年看他的个展时,我对他说,那么多年不见,你的画变得这么有分量。而很多人还在追着跟着潮流在跑,没有自己的道路和方向,跑得很累。有的人他不跑,而是踏踏实实地弄自己的东西。深入下去,你会发现它会是另外一种维度的扩展。2011年那次展览给我留下了深刻的印象,展览中,马云老师用了很多中国式的条屏、对联式的挂画,我觉得气氛特别好。这种感觉就印证了我六年前在欧洲时最深刻的感触,就是要确立自己的艺术方式,确立自己的艺术身份。一位艺术家到了国外,他会问自己究竟是谁,我是怎么来的,我的艺术要往哪里去。当你问这个问题的时候,你会考虑在创作时自己应该以一个什么样的方式去做艺术。这个问题给我个人的感受是很深的。在云南的艺术家中,有部分人就对这种文化的深度进行了思考,马云老师是其中之一。他的思考深入到个人的生活状态中。我们可以看看这里陈列的他搜集来的一些东西。当然,我想如果你们有机会到他的住处,可能会发现更有意思的东西。对一个艺术家的认识不仅仅是看一些展览和一些作品,更要了解他的生活状态和工作状态才行,你要是了解他,你会把握得更准确。

我们知道,受历史条件局限,20世纪40年代出生的一代艺术家在学院里都是遵循"苏派"的教学模式,在绘画的形体把握方面做得特别多。但是20世纪五六十年代出生的艺术家中,出现了更多个人化的思考。比较典型的例子有中央美院的刘小东,从附小到本科完全接受了中央美院的教学模式。但是刘小东有拓展,产生了新的成绩。我们现在可以讨论一下"学院主义"这个问题。我们常常听到或看到某个人说"学院主义"或"学院派",当他们说的时候,这个词包含了许多贬义。其实,如果正确理解的话,"学院主义"是中国现当代艺术的一个基本框架甚至是核心的东西。今天大多数最有影响的当代艺术家都有学院背景,同时,他们的艺术探索也大多是建立在对自身所受的学院教育的反思之上的。另外,"学院"这个词并不是一个完全统一和同质化的概念,因为同样从学院出身,但艺术家所走的道路是完全不同的。因此,从"学院"这个框架中可以产生许多的变化,使得这个词可以包含很多非常不同的艺术探索方式,经常是极具个体化的方式。那种将"学院"等同于官方式的、意识形态性质的"集体心灵"的做法,是很不严肃的。比如,从刘小东的画中,以及从我们今天看到的马云老师的作品中,就能看到很多个人性的思考和处理方式。马云老师很少进行传统意义上的那种严谨、深入、精确的刻画,但是他那种缓缓的、着重于对生活意味的呈现方式,在视觉感受上很有质感,也非常到位。这已经不是传统意义上的写实绘画了,而是学院主义的一种新的拓展。同学们可以就此向马老师提问,同马老师进行交流。

学生:中国现在绝大多数学院的美术教育,一直延续着苏联的教学模式。马老师,您从教这么多年,您怎么看待中国的学院美术教育?

马云:我经常对学生说,我之所以那么长的时间还能在学院里待下去,是因为我在学院里教书时从来不涉及"艺术"。如果你想要涉及"艺术",就会觉得在学院里待着很难受。实际上,我在给学生上课时,那么长的时间里实际跟学生说的是技术上的问题。只谈技术,不涉及艺术,那就很轻松了。我曾经看美国人写的书《艺术能教吗?》,他的结论是"No"。他举了很多的例

子，从古希腊开始就有学院的建制到现在。那么，如果艺术家完全听从学院这一套教学方式，能出多少大师呢？几乎是凤毛麟角。所以，这个问题很清楚——艺术的问题要靠自己。我觉得艺术学院是方便你们学习的场所，但你们不要看得太重。很多东西，涉及艺术的东西，终究是个人的问题。它与一般教育、跟学院基本上没有什么关系，这套东西如果能决定你生命的话那就太可笑了。决定你的是你自己的探索，你自己的成长经验，你自己的困惑和问题等等很复杂的因素。所以，我觉得目前中国的美术教育总体上不需要太当真。你如果相信这一套的话，那你肯定是盲目的。我们肯定要有知识，但知识对打开你的艺术之门没有什么太大的帮助。

当然，我们也要看到，像陈老师说的，我读本科时是20世经80年代，那时的美术教育比现在更传统一些，现在毕竟还是有一些丰富的、多元的东西进入到学院美术教育之中。以前是更封闭的。我们那个时候只知道苏派，如果你相信那种教育的话，你肯定完蛋。我可能要好一点，因为在北京。我的老师刘秉江、罗毅、秦圆圆和丁绍光，那个时候他们的思潮就前卫，对苏派是持否定态度的。1980年，我上课印象最深的一件事，是我的老师罗毅上色彩课，他根本就不讲苏派的，他讲的是东欧那一派的，因为他是留学捷克，又去过德国，所以他那套方法全是东欧那一派的，跟苏联不一样。那时能接触到那种较新的知识，就会改变你的艺术轨迹。你一下子就能感觉到，这些和你以前接受的那一套完全不一样。另一道门开启了，按中国人说法就是"格物致知"。对事物这一"格"你知道了，那一"格"还没有通，然后再去通那一"格"。人生都是这个样子，永远没有全通的时候，你以为通了，实际上不通，需要再通。我们接受的色彩教育跟学院、苏联那一套完全不一样。你觉得很新鲜，然后拼命学。那时候是懵的，一年级谁懂啊！二年级上学期在北京有一个毕加索个展，挤满了人。你想想，那时候看毕加索，完全是看天书嘛，看不懂，就拼命看，老师逼着你做笔记，只要有什么感觉就写

教学访谈

什么。那时候吸收新东西的欲望很强烈。我的老师把他的画册打开让我看,什么美国抽象表现主义,还有克利的画,最保守的就是塞尚。然后就拿列宾的《伊凡杀子》让我们分析,要我们讨论这张画是什么意思。大家都知道《伊凡杀子》是文学情节,文学告诉你有这个事件,但文学叙事跟绘画之间是什么关系呢?在文学中,故事情节很重要,要清楚那个头是谁打的,是撞的或是外来物砸的。但我的老师说,在绘画中,叙事或文学性并不重要。他的说法很高明,一下子让你知道更高明的绘画是什么。我们是一步步走过来的。所以,我们今天对学院美术教育也要从多方面来看。从总体上它肯定是有一些问题的,那些陈旧的方式我们不用当真。但从局部来说,学院里面也可能有一些不一样的老师和观念,因此,可能存在的教育方式有很多。当我们接触到这些异类或不一样的东西时,你会对那些标准、正统的说法有怀疑,就会开始反思艺术究竟应该如何进行。

马云 《瑶山印象之四》
布面油画 80cm×100cm
1986 年

学生:马老师,我们接受这种学院教育,对我们从事创作和与绘画有关的工作有多大的帮助呢?

马云:多大不敢说,这是未知的,但肯定会有帮助。我相信一点,当你认定了一个终极的东西,你内心热爱这个东西,你在哪里都能学到一些东西。我们要看到,学院只不过四年,而你的人生起码要活 40 年吧!这四年算什么,

四年只是那么大一块海绵，你吸那么一点。过十年你会抛弃其中一些东西，但留下了什么是说不准的。如果十年不够弄清楚自己的道路，20年总能够清楚吧？20年还不清楚就30年，30年再不清楚你就是个傻子。所以说，人生就是一个很自然的过程，但是你要自觉。你要弄清楚自己干的事情。除非你功利性很强，比如，你短期内要实现什么样的目标，参加什么展览，要拿到什么。这种态度很功利，它能用来实现短期的目标，但长期的话那就很危险。比如，莫兰迪是一个很出色的大师，他在年轻时也很困惑，差不多20多岁的时候，他决定不画画有一年时间。他很痛苦地在那里挣扎，但他的老师很好，引领着他。莫兰迪深受老师的影响，对色彩和抽象的把握，很年轻时就很有感觉。你看他终身都坚定地遵循着那种感觉，之前他也是犹豫的。他比我们强多了。他没有经历动乱，没有战争，没有物质欲望的膨胀。他只有一个信念。他衣食无忧，尽管是很微薄的遗产。他只信那个东西，他周围成长的历史没有断过，他的线索是正常的。莫兰迪这种画家有过艺术上的怀疑，但是他的动机从来都是纯真的、彻底的。他的艺术动机没有改变过。现在我们的教育缺的就是这个东西，缺的是让学生在学校的四年里建立起对艺术的信仰，或者说建立起艺术信仰的基础。信仰很重要。因为我觉得中国人现在活得很痛苦——经济那么发达，但是他的信仰是缺失的。而且，做艺术的人如果心中没有一个很坚定的东西，他绝对是很痛苦的。

学生：老师，您认为中国学院教育没有培养起学生对艺术的坚定的信仰？

马云：这个问题，应该说全球都存在。你能不能在年轻的时候，在这种迷茫的状态下，仍对艺术有一种希望？如果有，那就很好。我们2008年的时候到瑞士交流，我在埃罗亚学院待了20天。我在那个学院上油画课。他们觉得中国人来教油画很奇怪。院长说我就要请你来教一些不同的感觉。我到那

个地方很不适应，国外和我们中国不一样。去的时候他们会给你一个教学大纲。在中国你照这个教学大纲执行就可以，但是在瑞士不行。因为，一方面你上课的题目、几天、几点，全部贴在教室的门上，但具体讲什么却完全没有任何规定。当时我就愣了，我教什么啊！他们说那就是你的问题了，具体的教学计划完全是你自己的，跟学校没有关系。这和中国的体制完全不一样。国外的美术学院根本不写生。我问："你们有没有教具？"他们说："没有。"我回答："那怎么上课？"他们说："那就是你的问题了。"头痛啊！我想，那就先画静物算了。我就出去买了几个苹果，连衬布也没有，就现拿学生的衣服当衬布。我就让他们画，学生问："就画这个？"我说："就画这个。"学生说："不会画。"他们从来都没有接受过中国这种教育。他们的美术很奇怪，进去全部是抽象教育，他们没有对客观事物进行写实、再现的观念。素描那种抽象几何的理念，在那边根本没有。我进去也听了一堂他们的美术课，听不懂。结构那种东西他们全都不讲，他们完全没有写实的观念，完全没有。我就在想，这世界到底是谁先进，谁落后，你说不清楚。我就对学生说就这样画，学生说不会画，让我画一下。我就画给他们看。他们那个颜料太贵了，大支的要 60 瑞士法郎，大约是 500 元人民币一支。小支大约八九十元。那么他们在其他的课上学什么呢？老师主要教的，都是怎么调色，全是用那种矿物质的自制材料。他们的课上就教如何制作颜料和调色，这确实很先进。他们的课都是观念课、色彩课和材料课，教你怎么制作颜色，粉质的、油质的，各种各样的色彩的制作。但是我去学，学不会，几分钟内你怎么学得会！他们那个学校很专业，教了很多这方面的东西，比如粉色的性质是什么，教你怎么调配。这个很有用吧？比我们中国教的东西有用吧？我们的学院声称自己是"艺术学院"，最后学生却什么也没学到，只学了一点过时的技术；国外的学校教的主要是当代的各种技术，结果学生却可以自由地形成自己的艺术。因为当代的技术你学到了，艺术史的问题就好办了。我觉得他们那种教育比我们的要先进很多。

陈群杰：马老师刚才的观点很有意思。艺术不可教，技术可以教。我们现在恰恰是相反的。我们天天讲"艺术"，认为"技术"没意思、"技术"很低级。

马云：国外的美术学院告诉你这个技术怎么弄，这个材料怎么运用。你要想做出"厚"的效果怎么做，你要"薄"又怎么做，很有意思。那些学生干的事情也很好玩，除了设计方案，还可以去学吹、焊、组装。只要你设计出来，下面就有学生帮你做出来。我们这里谁教你这个啊！

我在瑞典上课时，就画小的静物画，学生一看大概有点明白了。我启发他们，苹果不要看成是苹果，要看见一个物体的颜色。苹果只是一个物体的形状吗？当然不是。有了这个观念的转变，他们就有了感觉了。从这件事情上，我现在觉得中国的学院美术教育最大的问题，还是没有新鲜的东西告诉学生。对今天中国的许多学院来说，当代西方那种美术教育根本就是匪夷所思。国外的人画素描就几根线条，要么就是一片漆黑。你进入的是另外的一个系统。色彩更是抽象的系统。他们完全抛弃事物的"实感"去看这个世界，这样也挺好。你完全抛弃了，你的感官世界就削弱了。这在我们的教育中根本受不了。

马云《翠湖》（三联）
布面油画 180cm×230cm
2001年

学生：马老师，我觉得您的画有中国院体画的影响。您觉得院体画和西方的抽象画和西方的传统油画相比，这三种造型方式对世界的感受和理解有什么不同？

马云：首先，我们要承认我们学的就是西方的。你必须要承认，你的工具、颜料全是西方的而不是中国的。你得先接受这一事实。如果你还要遮遮掩掩地通过这个颜料、这支笔来画出"中国"的味道，那是很糟糕的事情。但同时，还有另一个事实。是什么呢？你是一个中国人，你看世界的方式必然和中国传统有关。你作为中国人，骨子里仍然有中国传统的东西。中国人拿起西方的工具，所表达出来的东西是和西方人不一样的。绝对是这样。

学生：我觉得，马老师画面的这种意境就像是在一个庭院的那种气息，或者说一种宫廷的意味，您是如何传递出来的呢？

陈群杰：其实你可以反过来问自己：为什么会有这种气息呢？为什么他的画不像西方那些人画的，反而像我们骨子里的那一种东西，也就是老在做减法。他的画面老是在做减法。我觉得是这样。他没有像西方人那样在不断地做加法，不断增加它的复杂性。

学生：其实像中国画里面那样，比如说院体画。

马云：你说的这个，我觉得很有意思。你看我的画联想到院体画，我感觉有这层意思在里面。因为我的画是从院体画延续过来的。但我是回到了宋以前的花鸟画传统，我认为那个有意思。它很纯粹地把我引领进绘画的语境里。所以你有这样的感觉是对的。回归传统不是表面上的口号，回去也不是说照

搬原来的画法，而是貌离神合的殊途同归。

学生：我觉得，您可能在方法上学习了巴尔丢斯，但是画面的气息是中国传统绘画的一种气息。仔细看，你画面中的那些线还是很讲究的。

马云：肯定的，我是一个中国人嘛！巴尔丢斯作为一个西方画家，他画的任何东西也是传统的，是属于西方绘画范畴的。那种几何的结构，那种空间，那种色彩，那种隐喻的头像，那种抽象隐喻的叙事感很强烈。那种象征主义的色彩，实际上我们中国人身上没有那种东西。

学生：巴尔丢斯，包括怀斯，还有佛教的那些因素对老师的画有什么影响吗？

马云：这是综合的一种影响。你要说直接的影响也有，我早年学习过巴尔丢斯的构图和色彩表现方法。但我很快就发现自己和他有很大的区别。我很服这个画家，我曾经去过他的家里专门拜访，但是他已经过世了。那天他女儿在，我只能在院子里转了一下。

学生：马老师，我看过朱晓云老师写的一篇关于您的文章。文章提到您画的东西中有一种"寻根"的写实情结。她讨论的是您本科从中央民族大学毕业以后办的一个作品展览。我想问的是，您是如何看待这种"寻根情结"的？

马云：生活在云南时间长了，就觉得云南这个地方跟其他地方不一样。我也走过很多地方，比如西北。西北的风物人情也很牛，但是跟云南还不一样。怎么不一样呢？就是你到某个地方，走完了回来以后那种感觉很强烈。比如说你去拉萨，你受不受得了呢？海拔那么高，生理上首先你受不了，那种光是那么刺眼。而昆明不一样，光虽然也很强烈，但是你受得了。就是这种不同、这种差异，会给你不一样的东西。

陈群杰：虽然马老师谈到云南对他的影响，但这种地域性在他身上的体现和其他画家很不相同。马老师的艺术创作其实和多数云南画家的路径是非常不一样的，他不跟随潮流。但他的创作是非常用心的，而且有深度。最近几年的画作，他不会从那种很形式化的东西里、从观念里去折腾，但你会发现，它就是有味道。

马云：像我们这种长期生活在云南的人，对云南的感受有一种纵深感。这个地方是你很熟悉的、很快乐的一个地方。我们那次去红河，也就是我画"窗"的这个地方，从来没有在别处接触到那么强烈的感受。神秘的苗族就在红河县，由于历史原因他们只住在那个山头，形成了那种很封闭的状态。你到了那里，会感觉到那种极其特殊状态下的人物造型。朱晓云说的"寻根"有这个因素在里面。你是云南人，你的根在这里。你的生活状态很熟悉，但也有很陌生的一面。我觉得是这样。当然也有一些走观念路线的艺术家，那也可以走得通，比如张晓刚。

学生：马老师，您怎么看"观念"在艺术中的位置？

马云：所有的艺术中都有观念。只是说在观念之间有高明和不高明的区分。完全脱离观念的艺术是没有的。但如果一味、纯粹地去展示观念，将它当成艺术中唯一重要的东西，或者不与其他要素进行恰当结合的方式去呈现观念，那艺术就死掉了。

学生：但也有人说您的画拒绝观念、重视感觉。我想问这个"感觉"到底是怎样的一种感觉呢？

马轲：中国有很多当代艺术家，由于认定了某一种东西，他就只画这个东西，十几年都画这个。这就是观念化的艺术的一种做法，把观念变成标志性的符号，让别人方便识别的符号。他拒绝生命中的很多丰富的感受。我曾经说过，对于画来说，只要有感受我都能接纳，大概就是这个意思。但很多人喜欢把自己局限起来，比如说方力钧，他早期就画大头像，他就认定了那个大头像就是中国人的形象。这是很观念的东西。但是他的画也很好。又比如说像大毛（毛旭辉），他就认定了剪刀，他也非常观念，有一种象征性在里面。你也不能说那个观念不好。它象征了 80 年代的某种暴力。但是如果作为一种艺术的话，坚守某一个观念，我觉得生命中就会失去很多东西。这个世界不可能说就只有一把剪刀对不对？作为一个艺术家，忠于这个剪刀那就很牛了，只要你坚守下去，就可能走出一条属于自己的路。就看你怎么选择了。但我选择的方式不一样，就是我天性拒绝单一化的东西，我希望接纳一种更符合我对生命的理解的艺术方式。

学生：有人说您的作品是对"抽象之物"的一种思考。您是如何看待这个"抽象之物"及其背后的东西呢？

马轲：这个问题太深刻了！应该这样说，最好的艺术它都是抽象的，它的本质是抽象的。就像巴尔丢斯说的，我们可以表达可见之物，也可以表达不可见之物。比如，一个神像——神是看不见的，但为什么还能造出神像来？神是个抽象的东西。但如果你全抽象的话，就没有像了；因此我们造出一个人形的像，来体现神这种不可见之物。我觉得高明的艺术它完成的就是这个

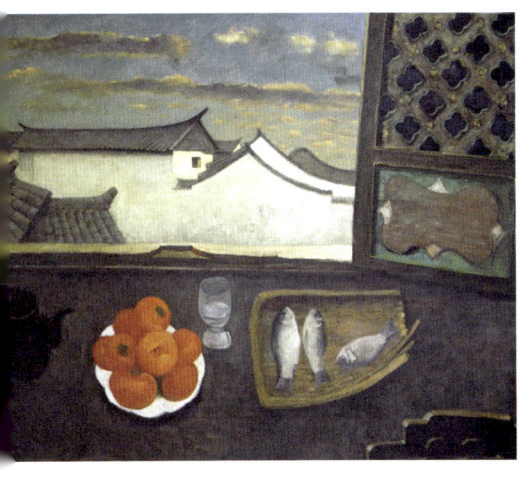

马云《火烧云》
布面油画 180cm×150cm
2003年

东西，用可见之物来显示不可见之物。就像弗洛伊德，人人都能看得见他画的是人体，但是和其他画家笔下的人体相比，无论是苏联还是中国的写生人体，它就是抽象的人体。你一看到他画的东西为什么会激动？就是因为它有一种抽象的力量在后面，他的用笔、造型是被这种抽象之力牵引和带动的。它跟一般的写实完全不一样，他把人体抽象出来了，但是他的抽象必须通过一个真实的东西来进行。我觉得像巴尔丢斯、弗洛伊德这种是真正的大师。他们的画不是全部抽象，而是一个概念的形象，通过某种形象性的可见之物把它刻画出来，最后又从形和色当中把它抽象出来。我觉得这个才是抽象。你的感受越强，你的抽象能力就越强；但如果你没有这种感受能力或感受很弱的时候，你的抽象就完全是没有力量的。我看过一篇散文《七十二次拜访》，英国女王喜欢一位画家画的女王肖像，但这幅肖像是用抽象的方式画出的。女王得到这幅画后如获至宝，拿到了白金汉宫珍藏，所有的佣人都觉得太难看了，怎么能这样丑化呢？女王叹了口气说："你们不懂，这种笔触、这种颜色真的太牛了！"像女王这种人也可以欣赏抽象，她并不只是欣赏画得像她的那种肖像。就像弗洛伊德谈在伦敦举办的伦勃朗展览一样，里面全都是伦勃朗的自画像。他们把弗洛伊德请去布展，然后让他谈谈效果怎样，他唯一的感慨就是"他为什么画得这么好！"这是大师评大师。艺术家正常的一个反应是这样，他并不是说里面有什么什么观念。艺术只有一个标准，就是好和不好的标准，不要只是谈"有没有观念性"或"看不看得懂"。好的东西，不管是观念性的还是具象的，都是好的。就像弗洛伊德对伦勃朗唯一的感觉就是为什么他画得这么好。

学生：马老师这话使我想起了我们北方有个王毅刚老师，他说，你站在一幅画面前你不要想太多，你感觉到你喜欢它或者不喜欢它那就行了。

马云：对，我第一次去卢浮宫的时候，看完以后我就回想自己印象最深的是哪几个馆。然后第二次再去的时候，我什么地方都没去，就直奔伦勃朗的那个馆。我很喜欢伦勃朗，我就在那儿看，当时有一个你一看就觉得是文艺青年的小伙子，很高的个子，头发扎成一个揪揪，他就站在伦勃朗画的基督那幅画前，他的眼里充满了那种憧憬。我后来瞟了眼那幅画，觉得真的是画得很好。我就走了，快要闭馆的时候我发现这小伙子还在那儿，看了四五个小时。

学生：马老师，您画面的色彩、构成很有特点。看您的画感觉画面透露出一种"静"的气质。关于这个问题，您是怎么考虑的？

马云：这个问题太复杂了。因为我是从很喧嚣的那个时代走过来，也画过那种非常零乱、非常可怕的画，慢慢地积累沉淀。你说到的这个"静"，我想这跟个人的喜好有关。比如，我喜欢那种安宁、静穆、纯粹的艺术品，像雕塑、石碑，等等。它们很简洁，很鲜明，说起来很简单，但做起来很难。我觉得我做得也不是太好，仍然是在尝试和实验。

学生：马老师，您在作画之前的选材上有没有什么特别的考虑？

马云：在选材时，有时候我会很模糊。我觉得是一种正在实验的东西，具体

它有什么深刻的含义要等它完全呈现之后才知道。如果硬要说的话，我觉得我要营造很专注、很肃穆的那样一种氛围，稍微有种宗教感。

学生：看您画上的狗，感觉就是从现实往宗教靠拢，有些好像又是从抽象往现实靠。我个人的感觉，就是在现实和非现实、宗教和非宗教之间。您怎么在画面中去把握这个度呢？

马云：我跟你一样，就是这样去认识，你这个想法我也在思考。我比你们创作的时间要长，经验也要多些，我的经验告诉我，当你真正投入艺术创作中的时候，是很模糊的状态，它不是很清楚。就算你某一刻清楚了，然后马上又会困惑。在这两者之间的矛盾一直伴随着你，所以我不太欣赏那种完全清楚的创作，就是一提起笔来就能兑现。我不太欣赏这种感觉。你们要多分析那些能够保持在模糊之中的大师，比如我很喜欢莫兰迪，连他画的瓶子、罐子最后都成为一种教堂，给人一种纯粹宗教的感受。他选择的物象太平常了，但他就是能够把握到现实和神秘之间的那个度。

学生：他怎么把握到那种度呢？

马云：这就是本质，这就是大师，我们只能憧憬。又比如说，弗洛伊德在画人体，只有他画的最棒，为什么？他能把一个你知道的人体画得你完全没见过的样子。你知道的人体你肯定会觉得很乏味，就像摄影作品拍的一般都很乏味，除非你改变看的方式。像弗洛伊德的作品，你看一张、再看一张，都是不一样的体验。

学生：马老师，您是怎么看待自然世界和艺术世界之间的关系呢？

204　解题之魅
　　　作为油画教学现场的艺术家访谈

马云《罗汉》（三联） 布面油画 180cm×320cm 2004年

马云《少妇与宠物》（三联） 布面油画 180cm×320cm 2008年

马云：我觉得是这样的，艺术世界就是非自然的世界。杰出的艺术家，他的世界是从自然转译过来的，如果不从自然世界出来就会是一个很奇怪的世界。艺术世界是人发明的，而人本来就生于自然、源于自然。但是人和自然又不一样，因为他可以思考，可以看整个自然世界的状态，能够为自然添加一些不是自然的东西。如果自然也能思考，它会怎么看待自己？这我真的不清楚。人会思考、会创造，所以人就分成了很多种类型，有人搞科学，有人搞宗教，有人搞艺术。艺术是人思考的一种方式，通过艺术我们在思考这个世界。如果你是物理学家，你看世界的方式就完全变了，看到的世界会很不一样。但是艺术这种看待世界的方式是不可或缺的，就像巴尔蒂斯曾经说的：当代艺术就好比当你面对一口泉水，如果你拒绝它，那么你就缺少一种养分。

学生：马老师，在您的很多画中会出现狗和猫，为什么您会选择这些形象呢？

马云：因为我觉得，要画人的话你要解决很多问题，很难画得有意思。当然我可以画人，但是这不是我追求的一个方向。狗和猫的颜色和造型相对来说要简单一些，我也是 2014 年和 2013 年才开始涉及这个主题。原来我也不是画这些的，狗和猫只是目前的一个阶段。

学生：因为这个东西在画面中的出现是十分重要的，特别的醒目。

马云：对，这条狗的造型感很容易把握，我希望通过这种造型表达我的一种感受。如果你不画狗只画景，就会觉得特别的单一，狗毕竟会有一种灵动的生命在里面。石头它就没有，光画石头就会显得很乏味。

学生：这幅画里边的这些鱼，还有这个山石与树叶，都有一种国画的感觉，狗的参与使整幅画面有特别强的构成感，就像山水画中的虚实表现那样。这样一种构成方式是经过很多考虑吗？

马云：对，不可能是无意的。我画中这种图像的演变直接是从传统来的。比如说竹子，我的画法实际上就是重彩的方式，不过我用油画把它平涂了。我的资料来源也是传统。我不会去想象，因为很难想象。当然整体是我想象出来的，但是具体的这些资料都有一个历史。比如说，我们看一个作家或画家时，你不要只看他干了什么，一定要看他之前发生了什么，之后又是什么，你才会清楚。你要看到我之前的画和我之后的画，这样才能够清楚地对画家定位并理解他的画法。

学生：老师，我想问问您在构图方面会不会自己预设一个阅读方式？从左至右或者从右至左？

马云：会。

学生：我注意到您每幅画的边都会留一条框，这是意味着一个空间的结束还是开始呢？您是想结束这个空间，还是想要别人预想另外一个空间？我会想象可能有一个建筑物在旁边靠着。

马云：有这个意思，这是画面的一个节奏感。这里我借鉴了一点中国画的"开合"理念，就是一边是开、一边是合的，大概是这种意思。这样，在节奏上也有一种空间的搭配，每张画都有。这个是一个实验性的东西。我发现

你们都看得很认真啊，把我很多的小技巧都看出来了。

学生：来之前在网上看到您的画感觉是很平整的，但是现在看了原作，感觉有很多肌理感。

马云：对，我的画面不平。我原来也画过很薄很薄的那种画，我这里有本资料，里面的这些是我 1999 年画的。

学生：您画画的时候加了什么材料吗？

马云：加了塑形膏。

学生：我们自己做底料的时候，钛白粉加多了会不会脱落？

马云：会啊，比例兑不好会很麻烦。

学生：我如果想做一个很厚的底，是不是得用塑形膏？

马云：对，现在有这么丰富的材料为什么不用呢？本来我也很抵触，后来用了，发现还可以。

学生：老师您是不是特别喜欢那种厚的方法？

马云：对，我很喜欢，有肌质的东西我特别喜欢。

学生：前边那个阶段画得很薄，会不会厚着厚着又回到薄呢？

马云：很难说。不过这种可能性很小，随着经验的拓展可能会有薄有厚，这种是有可能的，但是纯粹地回归到薄上来，这种可能性很小。你看，像弗洛伊德，他真正的艺术语言是和生命的经验与成长是分不开的。他早年画得很薄，中年也很薄，可到了晚年，他的笔都变了，市面上是没有的，是定做的那种粗鬃做成的笔，这样来达到他要的力度。我觉得这种才是真正的艺术家，他最后发明了一个方法，每个真正有造化的艺术家，他都会有自己的一个画法。

学生：老师您怎么看待弗洛伊德画的平面化的耶稣？

马云《灰色的石头》
布面油画 210cm×90cm
2009年

马云：我觉得他还是被西方传统的那一套左右着。你看着它很单纯，实际上并不单纯。他画的人，他所理解的人性的感受和我们理解的完全不一样。就像一些心理学家分析他时，说他所画的都是一些死人。因为他把活人画得那么残酷、那么真实，完全不美化。但是按我们欣赏的角度去看，那种恰恰才是真实的。所以我觉得他可能不是你所说的平面化，而是西方人文里对人性

的一种看法。

学生：我想问个比较私密的问题，您画画一般都是"一、二、三"怎样一个步骤呢？

马云：呵呵，这个不是"一、二、三"这么简单，就像天气一样随时在变化。你感觉到位了也就差不多了，但是这种感觉到位的状态却很难说。你问陈老师，他画的时候有没有很明确地知道自己感觉到位了？就是有时候你画得没感觉了你才会停笔，可能过段时间你感觉又来了，你又会再动几笔。实际上要完成一幅画很困难，有时候你不得不放弃，因为你没感觉。你有感觉的时候你绝对还在画。比如说中国古人的那种创作方式，讲究"点到为止"。这个太难了！这只有大师才能做到。意犹未尽，意尽了艺术就死去了，就真的画不下去了。所以像去年我就一年没有感觉。一年画了70幅那么大的画，一年画70幅已经很多了。

学生：画这些画时都还有用各种资料吗？

马云：没了，后期再用资料那种想象就难以发挥了。完全靠记忆这种感觉可能会更好。

陈群杰：今天我们谈了很多关于艺术的构成问题，也就是考察艺术家怎么从自然或者生活的一个感受中转化为一种绘画的状态。每个人转译自然、解读自然的方式有微妙的区别。我们一边要考虑我的出处是从哪儿来的，我们不能凭空想，要么诉诸现实生活里的视觉经验，要么需要进行历史文化的那种思考。这两种东西搅在一起后，每个人的判断会不一样。这就会对我们提出一个问题，那就是：艺术有没有标准呢？我们觉得谁画得好，是不是有一个标准，这个标准能不能其他人也在用？今天下午的这个讨论，基本上是在否定这个观点，艺术的多元可能性在每个人的身上都会发生。所以刚才你们很具体地问马老师这个构图、这个东西是怎么来的，但其实它是一种感觉。艺术创作有一种模糊性，它区别于自然科学的很重要的一点就是这种模糊性。平时我们艺术家会常说感觉、感觉，那么批评家也会逼问你，那个感觉到底是什么？你得说清楚。这时候我们扮演的角色也有一点点问题：如果你是一个批评家你肯定得追进去，但是你作为一个艺术家的时候你肯定要保留那种模糊性。如果你把自己的状态真说清楚了，那我觉得肯定是有问题的。但我们在学习或者是研究的过程中，都在努力地去尽量把它搞清楚，而不只是诉诸"感觉"，因为感觉确实有时候不靠谱。但是没有感觉，你又不能创作。所以研究者和艺术家这两种角色很不一样，这两种人一起存在是必要的，也能互相补充。

　　为什么今天我们把主题定为"学院主义绘画及其转型"呢？你如果退一退，退到20世纪三四十年代出生的那批学院里的老艺术家的画中，今天像马老师这种画就属于太另类、太极端了，是老艺术家们不可能接受的东西。但是在今天，这种就是学院里的活生生长出来的一种画法。马老师所呈现的一种东西，他给我们的提示，是那些传统的东西究竟该如何以一种有效的方式保留在当代的创作中。从学术上讲，你可以进行判断和思考，你可以抛弃传统也可以保留传统。保留和抛弃是两种选择，绝对会造成两种结果。作为学院中的艺术家，第一要务就是保存经典，只有在保存经典的前提下才能生长出新的东西。要懂得历史，现代中国人的习惯就是打倒一切、树立新东西。

　　其次，我们要看看在学院里面当一个独立的艺术家是如何做到独立的。独立的艺术家，首先不是和外界较劲，而是和自己较劲。我们都知道画画是一件艰难的事情，要真正跟自己去较劲是更艰难的。我们说"造型"这个词，我们在学院里学了这么多年,我们有没有这种意识,我们要不要把它变成一个真实的词。什么叫造型?就是艺术家把自然里的形微微的变一点、拉一点、缩一点,一下感觉就出来了。所以,像马老师画的狗,这种感觉就把我们常规的聚焦方式完全打破了,他把中心变得模糊了,或者把型的视觉感受经验重新肯定了。其实我们用照片去看时肯定是错的,画得太长,变形太大,但是它产生了另外一种视觉反应。马老师刚才用了另外一个词叫"转译",把自然转化、翻译过来。翻译成什么?翻译就意味着另外一种形态出现,它不是第一个形态的再现,是新的形态的出现。这意味着对旧的形态的某种遗忘状态,我觉得这种感觉特别好,就是我们平时讲的艺术家要有一种遗忘的状态,这就是对形和某些东西进行遗忘的状态。其实,不是每个人都有这种感觉。但是我们有时候也很不清楚这种感觉。我们说的那种"手头上很有感觉",就是指手上随便一抹上去,那种感觉就出来了。有时候要有一种理性上的分析,但更好的还是要有"手头上"的感觉。需要慢慢积淀,尽力于个人经验的表达,这是一个基本点,如果你超越这个,你到最后会发现你找不到根。你会发现你不知道你是什么。我们有时候会问,绘画是要表达什么,其实这的确是比较模糊的,如果你能那么清晰地讲出来,说明这幅画就没有什么味道了。绘画的味道就在这里,有更多模糊的东西在里面。

马云:我上课经常跟学生说,不应该叫"艺术学院",要叫"造型学院",因为深入理解了"艺术"这个词,你才知道其本意是什么。但是,现在没有人这样去看,好像都在讲艺术怎样。问题是"艺术是什么",而且面对所有的人,我更愿意叫他是画家,不愿意叫艺术家。他的职业、他的工作是这样。我很喜欢杜尚的一句话,他说:"我们为什么要讲艺术?"很多人就曲解了,不知道他的本意是什么。实际上"艺术"这个词最早来源于梵语,梵语中的意思是"做"。所以我们现在很多画家就忽略了"做"的功夫。做是需要功夫的。就像一个工人，他干了 50 年，他就做得很好，做出来的东西就是艺术品，可以这样去理解。所以一个艺术家他首先是做得好，并不是他艺术多么好。就像民间艺人一样，做了几十年他肯定有艺术的。你做都做不好哪有艺术？所以现在很多基本的东西，都取决于你怎么做。

陈群杰：我们有时候感到痛苦，就是艺术和现实的这种关系怎么去调整，特别难。就像我们看姚建华老师，他发自内心地说，他最好的作品还是六七十年代画的。我们八年前第一次看他的作品，他拿出来，从他的眼神看，那绝对是初恋情人。绝对是他内心的东西，但是，随着社会变化，他也觉得后来画的水彩就是因为有钱挣。他说他就是被这个毁了，画得非常冷漠，但是，这个有人要。这批人七八十年代就从艺术界消失了，如朱隶、沙璘、姚建华等。西方现代艺术进入中国，恢复高考以后好像一下子断开了，这很怪。

马老师：他们后来完全没有感觉了，因为他们没有守住一些东西。他们的来源其实都是受外光印象派那种写生方法影响，加上苏联马克西莫夫的那一套。为什么他们不能坚守？如果他们能坚守还是很了不得的。他们不像刘自鸣的那代人，刘自鸣那代人是非常坚定的。

陈群杰：这种现象是我曾经思考的问题。

马云：你可以看看这些画家的家庭背景。

陈群杰："小风景"画得很好的那一批人，像姚建华老师，等等，他们家庭出身特别不好，"文革"期间受打击的特别多。高考恢复以后，他们是不可以高考的，你有水平却不可以去上大学。他们还有一个背景，就是画画是业

余的,没有经过正规训练,这批人一下就消失了。过去云艺比较好的画风景的老师,像苏新宏,他当时就跟着姚建华、沙璘去画。我曾经做过9个人的家庭背景的调查,包括陈崇平都是一样。他们也在说那个时候给他们打击很大,不能到大学里去。所以,很多人就消失了。大学重新招生以后,还有西方现当代艺术的进入,他们一下子就束手无策。其间,也有像陈崇平那样开始研究立体主义的。陈崇平70年代末、80年代初对塞尚就有接触。他用塞尚和毕加索的方式画昆明的风景。这批人的境遇都非常的一致,都进入商品化。我不清楚,这是不是要补偿什么东西,所以都走到这一块。我采访陈崇平老师,他说不喜欢现在画的东西,喜欢以前的,没有办法。他画的那种是很甜的,一个美女坐得非常灿烂的那种。

马云《紫紫花下站立的狗》
布面油画 180cm×65cm
2011年

马云：说到底他们对艺术的思考还是非常纯粹。我去刘自鸣家，她访谈中实在是太贵族了，她跟你说的都是语言、线条。他们老两口，非常厉害，我觉得好的画家就应该像她那样。有一次，我看到一个广东的电信老总背着现金去她家求画，但是刘自鸣并没有给。我们现在的画家哪能抵挡得住那一包钱。她的房子有两间，一间是画室，一间是公用的。老书架一边是英文的，一边是法文的。两个人一人一边，一个读法文，一个读英语，太有感觉了。姚钟华老师说他们的故事拍成电影绝对是一流的。她不卖画的原因很简单，她不愿意把她的作品流失掉，她要整体捐给某个机构，永久珍藏。她就那么一个简单、朴实的人。她80年代去她姐姐家——她是家里最小的一个，有两个姐姐，其中刘自强是清华大学校长梅贻琦的儿媳。她大姐在美国给她做了一个展览，好评如潮。她姐姐让她去美国居住，但是她认为在那里不能画画。她要回来。她父亲是国民党少将，被枪毙了，后来平反了。她母亲是做生意的。老人家从小就没有吃过苦，小的时候在国立一中念书，毕业后去法国留学。在昆明时请了两个外语教师，一个教她法语，一个教她英语。英语老师是她后来的爱人——吴工。吴工教她提琴和英语，刘自鸣爱上她的英语老师，后来求婚。她去法国后，她的老师等了她五六年，回国后两人结婚。刘自鸣整天想着画画，两个人不会做饭，就到食堂和外边吃一点。她对外界的变动没有太多的意识。90年代国家落实政策，把军区占她家的房子进行了补偿，她就用这笔钱出了本画册，也不卖，只送人。我们周围多一些这样的艺术家，就不会有那么多的问题。因为我觉得要纯粹一些，就像姚建华老师那个年代一门心思地画画。他就喜欢这样画，肯定就画得好。各种各样的诱惑就没有了。姚老师那时候撑个船从大观楼过来，一画就是一天。

陈群杰：过去的艺术家很苦，是真正的浪漫。其实，今天的生活一点浪漫都没有。他们那个时候去杂货店买材料自己做油画刀、油画箱。现在画画，在

昆明、在中国，那种浪漫主义精神没有了。我家在护国桥，骑车过去都是风景。所以浪漫主义精神已经消失了，根本没有了。这让人感叹，但也是我们今天的艺术家必须面对的境况。

好了，今天马云老师和大家谈了很多他的经验。大家回去后要认真理解和吸收这些经验。我相信，今天马老师提到的艺术家如何处理他和传统、和时代的关系问题，以及其他的很多问题，有助于同学们在将来的创作中继续思考。我们再次感谢马老师！

马云《黄衣少女》布面油画 180cm×140cm 2017年

马云

1959年生于昆明。1984年毕业于中央民族学院美术系油画专业。1984—2019年任教于云南艺术学院。2008年聘为瑞士卢茨恩美术学院教授，并在该校授课进行艺术交流。云南油画学会常务理事。个展：《滇南花月——马云油画作品》，汉雅轩画廊，香港，1999年；《马云油画作品展》，达菲·雪茄画廊，昆明，2011年；《马云油画作品》，彼岸艺术，北京798艺术中心，2012年。

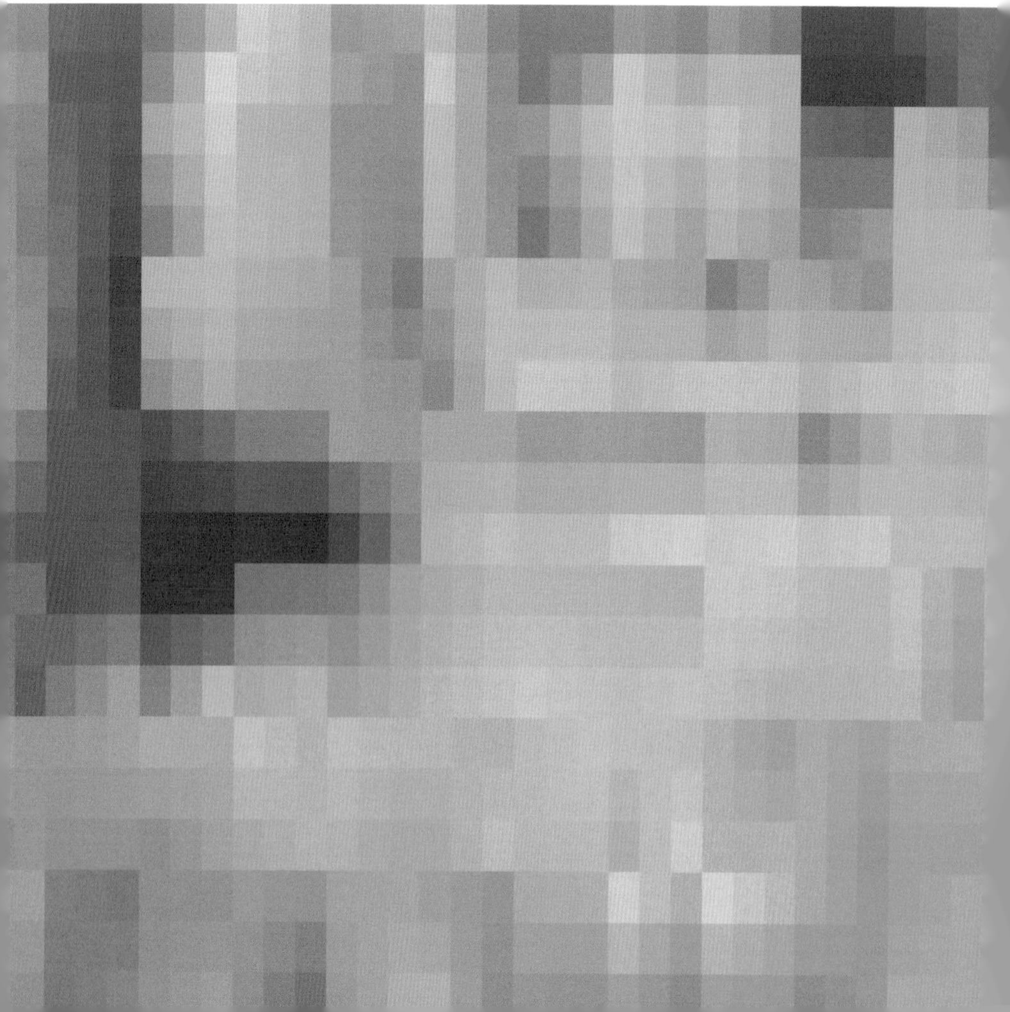

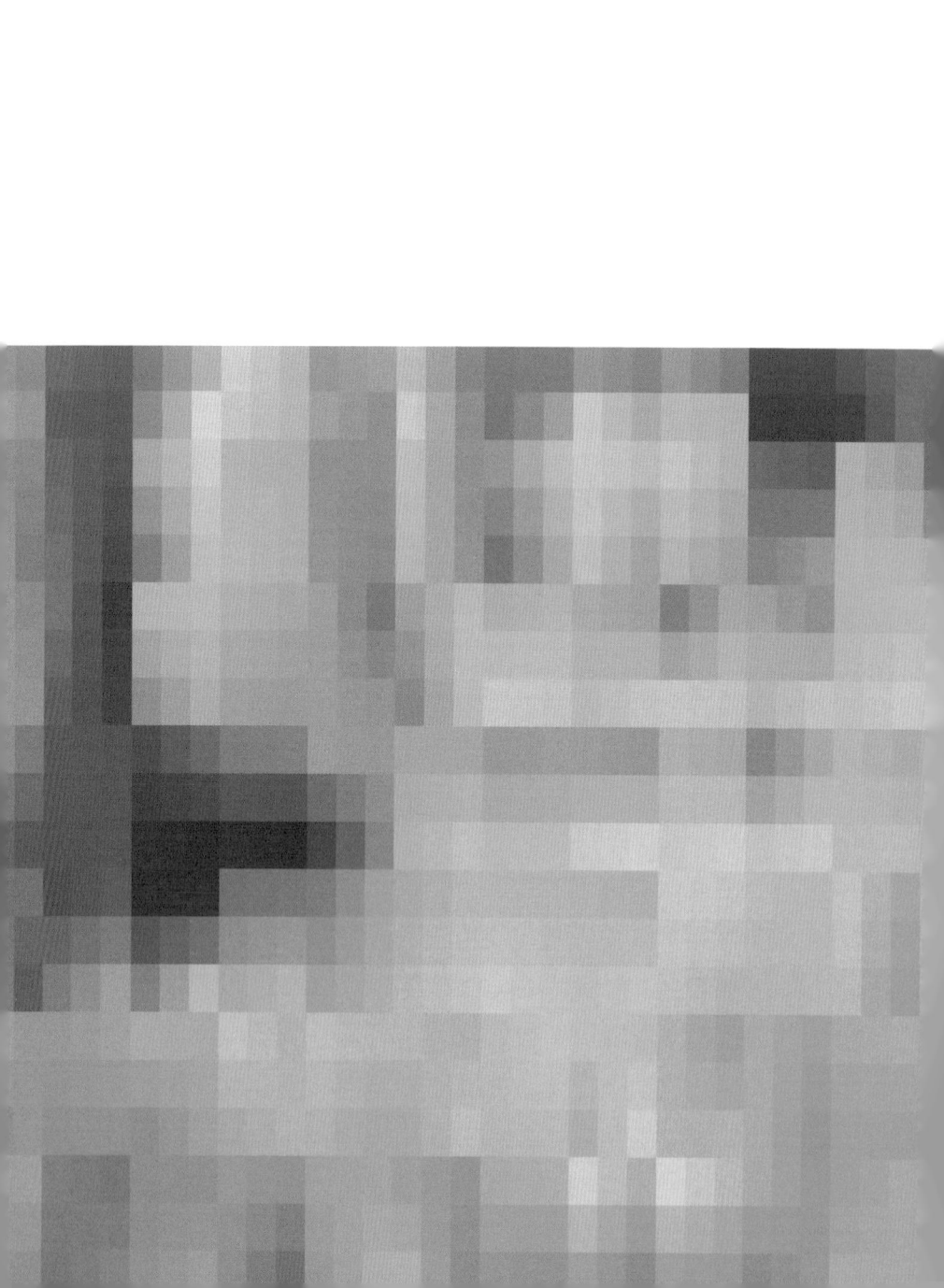

唐志冈

「艺术是个体的,且在试错中成长」
——唐志冈访谈录

受访谈艺术家：唐志冈

访 谈 者：陈群杰教授及云南大学 2015 级 MFA
　　　　　油画专业全体同学

访谈记录：张新雨　雷国胜　梁季　史陇鹏　林云泽

访谈时间：2016 年 11 月 17 日下午

访谈地点：昆明创库艺术社区 唐志冈工作室

文字整理：谭毅

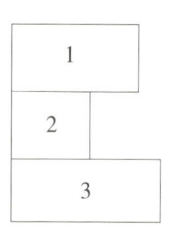

218　解题之魅
　　作为油画教学现场的艺术家访谈

1. 云南大学美术系师生与唐志冈教授（第二排右五）合影

2. 唐志冈教授谈艺术创作

3. 云南大学美术系师生采访唐志冈教授（左四）

教学访谈

学生：唐老师您好！刚才在您工作室，看到您正在创作中的作品，虽然还没有完成，但我觉得跟您之前的"开会系列"很像。在您看来，一个艺术家被自己的作品系列冠上标签，这件事情是好还是坏？

唐志冈：这也没有绝对的好坏之分！我认为一个艺术家能被自己的作品贴上标签，一定程度上证明他的创作在某段时期内是成功的。我的"开会系列"在之前获得了这种成功，让很多人知道了在云南还有这么一个人，能够画出这种风格的作品。提高知名度对于艺术家是一件很好的事情！但同时也带来一些问题，比如之前的成功会成为你之后创作的阻碍。同时，人们对你的认识也会形成一种固有的常态或偏见，认为你就是这样，就只画这些。我现在出售作品时，就常遇到一种尴尬的情形，人们总要求你继续画这些东西，虽然我很想尝试一些其他题材去让人们接受，但画廊还是对我说"你还是画开会算了"，这很痛苦。

学生：您前期的作品多以军旅生活为题材，并且之中还带有一定的夸张和戏谑。即便到了创作《军魂》系列这样沉重的题材时，这种夸张也有所表现。对创作题材的这种处理方法贯穿于您的作品中，那么这之中有没有什么必然联系？

唐志冈：说到联系，这与我的个人生活经历有直接的关系。我年轻时候一直待在部队当文艺兵，主要负责给部队画黑板报，做一些宣传工作。因为身边接触的人和事都与军人有关，所以以军旅生活为创作题材也不足为奇。创作《军魂》系列是因为我有这样一段经验，我亲身经历过中越战争并在之中看到了"真实"！我亲眼看到有士兵被地雷炸断腿，那种场面和疼痛的哭号，深深烙在我记忆里。之后我进行了思考，人在痛苦面前才会展现出真正的人

性，没感受到痛苦之前的一切豪言壮语或者是伟大理想都是骗人的！因为，那些东西在你苦难的时候根本帮不了你，之后也不会再给你长出一条新的腿。对这个问题的思考是我那时创作的初衷，至于后面的"开会系列"也和我的一段经历有关。在部队里，我开过美术班，专门负责教部队里的干部子女画画。我最大的感触就是，面对一群五六岁的小孩，他们也不好好学，就成天在教室捣乱，在他们之中会有所谓的"娃娃头"，带着其他小孩去欺负几个不听他话的小朋友。那时我就有了创作"开会"的灵感和想法。总之，一个艺术家的创作是他个人生活经历的写照。

学生：一个人随年龄的增长，在认知和思想上会有一定的改变。那么对艺术家而言，这种改变会直接作用于创作上吗？

唐志冈：这得分两种情况，其实就是两种极端。一种是后退型的，人到了一定年龄后，可能在保持理性方面会不及年轻的时候，有的言行就没法控制住。这种后退，表现在创作上就是越画越糊涂，把之前好的和具有突破意义的东西都忘了，就只保留一点自己固有的状态。整个水平不说是与之前持平，反而不如以前，这是很糟糕的。而另一种是越老越神！因为前期的积累到达一定程度后，加上那个年龄对人生的感悟，反而使得创作更加纯粹。熟练的技法和对材料的熟悉，加上纯粹的表达，我觉得那是一种很好的创作状态！

学生：在您看来，现在的青年学生在学画时，应该怎样保持一种良好的心态去创作？

唐志冈：你们现在的干扰太多，手机和电脑牢牢把你们绑定在互联网里面。在我看来这些东西不是不好，但要合理应用才能为自己带来便利。青年人学

画，要想办法更快地看到好的作品或画展，更直接地了解艺术史和最新的艺术动态。多看，多想，然后画起来才会有进步。说起来很简单，但做的时候就很难，这就需要一个人具有坚定的决心和意志了。利用这些东西多去看的同时，也要逐渐思考和探索适合自己的道路。这对你们很重要！

学生：唐老师，以前您讲过一些关于自己和你们老一辈的作画经历。您认为我们这一代90后出生的人，最大的问题或者通病是什么？

唐志冈：你们这一代的通病或者问题，我想首先是要面临这个教育体制，它的评价标准和考核方式，以及教学方式，都是偏向于量化的和标准化的，规范太固定。以前我们学画时，没有这么多固定的要求，对我们来说多看画册、多自己尝试和探索才是重要的。现在这种规范化、标准化的教育体制，对你们的影响肯定很大，但对画画来说，并不是很好的影响。另外，你们这一代人受商业或市场的影响太大，经常会把画画当成一种谋生的职业，当成一种生计。但画画不是一个生计，而是通过画画你能学到些什么。

唐志冈 《静物写生》
纸本水粉（尺寸不详）
1979年

学生：画画不是一个生计，但我们确实会把它当成一种生计。

唐志冈：另外，画画说到底是自己探索出来的，它最重要的部分是不可以教的。画画里面，那些最个人化的东西怎么能教呢？难道存在什么普遍意义上的、对所有人都适用的"艺术"吗？老师怎么可能教"艺术"？事实上，老师只能讲自己是怎么画的，怎么理解画的。所以"艺术"是不可以教的，老师只能教"技术"，技术是普遍化的。比如这幅画怎么画，这一笔下去之后怎么去衔接下一笔，整幅画、整个画面的关系是怎么样构成的，这些可以教。但艺术呢？这个真教不了。你们这一代的问题都在这上面。

学生：都在教技术、学技术？

唐志冈：对的，都在教技术。说在"教艺术"那是在糟蹋、残害同学。之前你们的云南大学就有这个"教艺术"的口号，现在不知道是不是还在教这个"艺术"，还教当代艺

唐志冈《军魂之一：担架》
布面油画 66.5cm×103.5cm
1985年

唐志冈《二月》
布面油画 130cm×195cm
1988年

唐志冈《体检》
布面油画 50.5cm×60cm
1989年

唐志冈《郊游》
布面油画 180cm×150cm
1995年

术。当代艺术可以教吗？艺术可以教吗？最好的教育就是那种：作为老师是非常个体的，他是具有这个"个人性质"的老师，就是说有些东西对老师个人来讲是非常有价值的，针对学生来讲，学生很可能就不需要这种东西。如果学生一直在老师的引领中，老师就给学生不断传输对老师自己有价值的东西，这个学生就完了。好的、健康的学校不是这样的。它是有很多这样的带有"个人性质"的老师，一个老师就只给学生上一个阶段的课程，等所有课程结束了，这个学生会很强大，学生会根据自己的情况来选择老师。

学生：是的。

唐志冈：有些学校的问题就在于，某一个老师过于强大、过于强势以后，学生就便成了弱势的一方，被老师完全支配，只信这个老师的那一套，也不管这一套对自己是不是适用。严格来讲，我同意叶永青老师的观点，好的艺术家是不可以做老师的。好的老师不能是艺术家，他就只是一个好老师。老师为什么是老师，他就是给教你技术，教你方程式，教你怎么计算。

学生：您曾经在一个访谈里说到艺术家是不应该结婚的。那么我想请问一下，您认为艺术家的一个理想的状态应该是什么样的？

唐志冈：我说过这句话，但这是我的一种极端的生活方式，不是让你们都去学我。很多艺术家成名，都是在大概四五十岁的时候，但是当他们二十几岁甚至是十几岁的时候就会有这种苗头。很多云南1970后出生的画家都被"腰斩"了，因为他们集体都去结婚生子了，把他们的精力都消耗了。

　　绘画其实最主要的不是你能力的问题，也不是技术和知识的问题，而是你的精气神的问题。要调动全身的那种状态，全神贯注地投入进去，你才可能有所成就。例如，为什么有些画家爱抽烟？画家画画的时候需要投入进去，然而人专注力的时间是有限度的，那么想要维持这种专注力，可能就需要去抽烟。对画家来说，专注力是最重要的。如果一幅作品是集中精神画完的，那完成的效果一般还不错，要是中间有什么事情打断了，第二天再去画，那就会改来改去，最后很痛苦。

在这个问题上我个人认为，每个画家的创作习惯可能会有所不同，但是如果要靠吸毒这种方式去维持自己的灵感与创作，那么我个人也不会继续从事此项职业。

学生：那能说说您个人为什么不结婚吗？为了保持创作中的这种专注力？

唐志冈：是的。如果你画的跟周围人都差不多，那肯定是出不来的，你得超越别人。所以，我在年轻的时候没有结婚，把所有的精力都投入在了绘画上。当然，也有很多艺术家结了婚也很成功，他们找到了很合适的伴侣，使得艺术家本人可以把全部精力都投入艺术。这样看的话，好像我的观点也只能说是适合自己，并不是完全普遍的。对我个人而言，我不希望外界总有人来打扰我，让我分神，所以我还是没有结婚。

学生：从 20 世纪 80 年代以来，中国当代出现过很多不同的艺术观念和艺术潮流，这让我们这些青年学生总感到无所适从。您怎么看待艺术界中那些变化不定的"潮流"？您认为我们应该如何处理自己和这些潮流的关系？

唐志冈：你们用不着一直跟着潮流走，因为潮流时刻都在变，太不稳定了。你只需要找到自己最关心的问题，从这些问题一直深入下去，把所有的精气神都用来挖掘这个问题，找到适合自己的方式。只有这样，你才可以和别人

唐志冈 《中国童话：飞机翅膀》
布面油画 210cm×280cm
2006年

不同，才能在问题的引领下慢慢成长。如果你能慢慢成长，那么当聚光灯照射到头顶时，你存在的概率就会大一些。但如果你是跟随潮流，在很短的时间内迅速走红，那么你也很可能在同样短的时间内被为人们遗忘。我想如果你是一点一点为人们所认识和关注的，那么你就能在竞争中长久地生存下去。

学生：唐老师，您对我们青年艺术家的创作有怎样的建议呢？

唐志冈：艺术创作当中的创新，本身即是"不断犯错"的一个过程。你得不断地去尝试，去感受各个艺术方向的碰撞，因为艺术创作本身具备一种偶然性，它有异于文理科的学习。它不是一种只有一种答案的解题方式。尤其对于青年艺术家来说，尽量不要走入一条死胡同，因为所有成名的大师，他们的风格也会在某一时期发生变化。比如，毕加索的艺术生涯长达半个多世纪，但是无论就形式还是就内容而言，我们从他的作品中似乎看不到一种统一、连续和稳定性。毕加索是个不断变化艺术手法的探求者，他几乎每两三年就要有一些绘画上的发明创造，他在艺术历程上没有规律可循，从自然主义到表现主义，从古典主义到浪漫主义，然后又回到现实主义。毕加索并不只是满足于自己在绘画方面取得的成就，他还涉足雕塑、陶艺、图案等多个领域，并有着独特而出众的表现。

在创作方面，所有的艺术作品都有其独特的创作过程。关键就是要敢于尝试不同的方法，不要害怕犯错，但要警惕自己变得僵化和止步不前。

学生：唐老师，照您所说，青年艺术家是否应该给自己定一个明确的创作方向？

唐志冈：当然要定。不光要定，而且这个创作方向还要符合自己当前状态下的思想和思路，要跟着节奏走。只有这样，才可以让自己有"犯错"的方向，才有创作的动力。"路"虽然定了，但思想、经验以及阅历是在不断丰富之中的，所以最后的创作也是随之变化而变化的。

学生：非常感谢唐老师的指点！您谈到的要不断试错，要在试错中找到适合自己的独特道路和艺术方式，这些对我们青年学生来说非常宝贵。谢谢您接受我们的访谈！

唐志冈《中国童话》
布面油画 200cm×250cm
2007年

唐志冈

1959年，生于云南昆明。1976年，高中毕业入伍。1989年，毕业于解放军艺术学院美术系油画专业。1996年调入云南艺术学院美术系任教。现任：云南油画学会会长、云南艺术学院教授。个展：《一个"儿童"的叛逆史——唐志冈新作及文献展》，昆明当代美术馆，昆明，2018年；《纸上唐突——唐志冈纸上作品展》，文达画廊，昆明，2017年；《世像：唐志冈新作》，汉雅轩，香港，2015年；《永远不长大 1977—2007》，现代画廊，首尔，韩国，2008年；《永远不长大 1977—2007》，都亚特，北京，2007年；《中国童话》，中国艺术节，Canvas画廊，阿姆斯特丹，荷兰，2005年；《中国童话》，汉雅轩，香港，2005年；《中国童话——2005唐志冈个人作品展》，创库诺地卡，昆明，2005年；《画中会议》，Enrico Navarra画廊，巴黎，法国，2004年；《军中半世》，汉雅轩，香港，2002年；《儿童会议》，汉雅轩，香港，2000年；《士兵生活》，云南艺术学院，昆明，1994年。

唐志冈《靶场》
布面油画 230cm×320cm
2018年

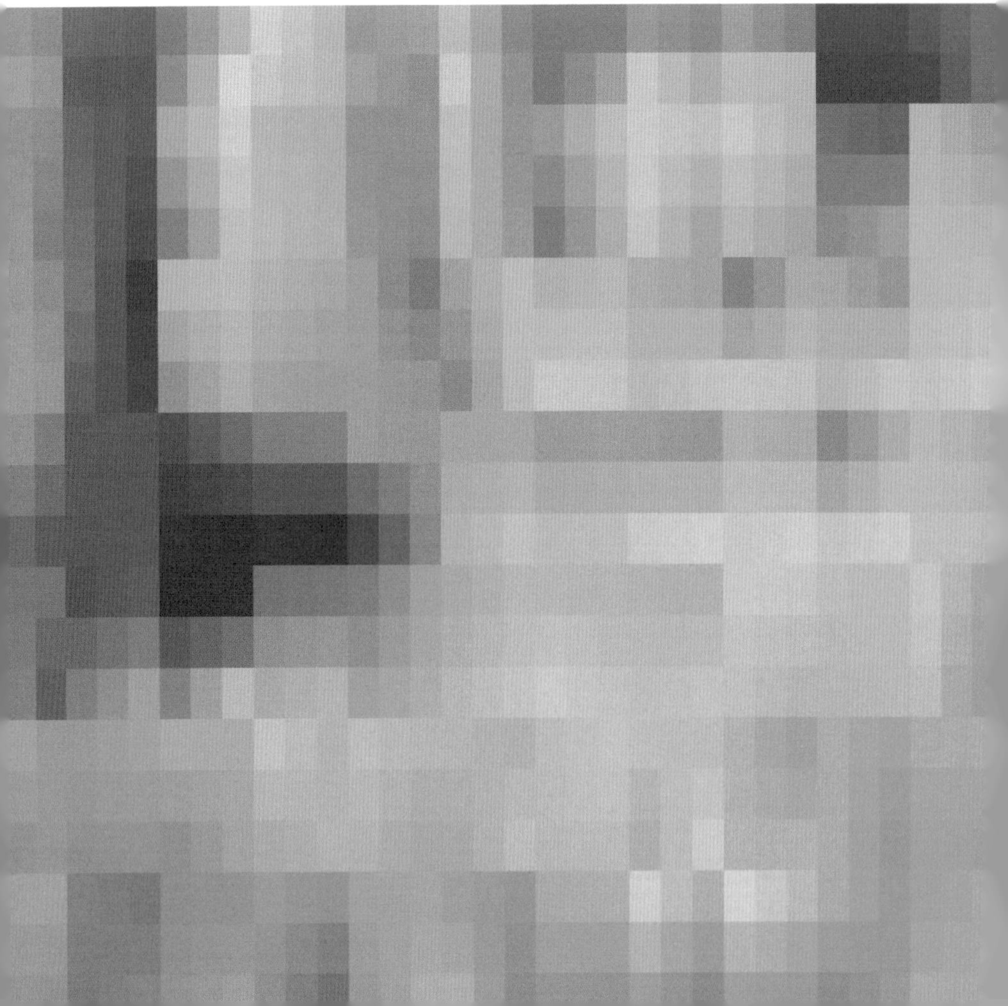

风景画家的经验与责任
——罗建华访谈录

罗建华

访谈艺术家：罗建华

访 谈 者：陈群杰教授、谭毅老师及云南大学 2012 级 MFA
油画专业全体同学

访谈记录：汪森程

访谈时间：2012 年 12 月 28 日下午

访谈地点：昆明红塔花园小区罗建华工作室

文字整理：谭毅

230　解题之魅
　　　作为油画教学现场的艺术家访谈

1. 云南大学美术系师生与罗建华先生（第一排右四）合影

2. 罗建华先生（中）谈风景画创作

3. 参观罗建华先生工作室

陈群杰：上周我告诉罗建华先生，我想带着学生到他工作室看看他的作品，做一个访谈。我很意外地发现他为此做了大量认真的准备，把关于他的影片和他自己的作品都摆出来，展示给大家。从这一点我们也可以看出，一个艺术家对自己的艺术创作有多认真，他没有采取随意的态度，他努力地澄清自己。对于罗先生，我没有必要作详细介绍了，艺术家都非常直观。我们现在就用掌声欢迎罗先生开始这次的交流。

罗建华：非常欢迎大家到我工作室来和我交流。我在美协工作，主要还是自己在搞艺术。我 70% 的时间是在画室搞创作，20% 下乡画写生，一年四季，只要有时间都会去画；剩下 10% 的时间就是出国，参加展览和交流。我的阅历相对不太单一。我的绘画历程分为几个阶段：早期，也就是 20 世纪 70 年代，我纯粹是凭直觉绘画，即用眼睛画。第二个阶段就是 80 年代末和 90 年代初，我画了一些带有主观色彩的云南风景画。第三个阶段是 1996 年我去了西藏之后，整个人生发生了很大的变化。我觉得世界上没有比喜马拉雅山脉地区更让人震撼的自然景观了，看上去很枯燥，但那么有分量，这和我的内心比较能对接上。第三个阶段主要是裸山和西藏部分。

下面我展示自己的画作。这一部分画作是我 1979 年画的，这一二十幅是有代表性的。这是过去的滇池，一到星期天有很多人在游泳。我就提着小画箱去写生，这是我第一次对着真实的人画画。那时中国人很少穿花花绿绿的衣服，只有游泳的时候才会穿鲜艳的泳装或裙子。回到城里，马上换成蓝色、军绿色的衣服，所有人都穿这些颜色的衣服。

这是东四街，昆明老街。这些老街分三类颜色，以红色为主，当然也有绿色和黄色。黄色是受法兰西文化影响的产物，比如金碧路那段。

这是盘龙江，有些建筑是法式的，另一些建筑是受苏联的影响，房顶全是红色的。

这是一座老寺庙，省委二号院门口，是写生作品，那时候我在那里工作。一般民用建筑很少 6 层楼高的。因为工作原因，我当时可以在那附近拍些照片。这是滇池的水流经的一条河，顺着这条河流入金沙江。滇池的污染不仅仅是污染自己，而最终会影响到海。

这是老街，变化不大。但这辆车比较特别，男同学可能对它比较敏感，是北京 212 吉普，它也是一个时代的烙印。

这是在一条路上，我画画时，一辆车开过来，弄得我一头一脸的灰尘，但当时无所谓，接着再画。

这是弥勒寺，乐器一条街就在这儿。这条河呢，我 20 世经 80 年代在省委工作，义务劳动还在河里捞过淤泥。但 1989 年河被填上了，一条街都开始卖乐器。

这是大观河。如果在这里生活过、和它交流过，就会对它有情感。

这是盘龙江、交三桥那个地方，我有同学在那里住。我经常在外面放上画架画画，去他一楼的家里蹭饭。这是 1972 年画的。

陈群杰：这些画和印象主义有些关系。

罗建华：那个时候，昆明所有画画的人中，只有受过高等学院教育的艺术家，从廖新学到姚钟华等，才知道什么叫印象派。其他人要么不知道，即使知道，也没怎么见过。20 世纪 70 年代，除了中央美院这样一些地方，可以少量印一些这样的画册，其他地方见不到。我们能见到的主要还是俄罗斯和苏联的艺术，大面积影响中国画家的是苏联绘画，而不是印象主义绘画。为什么云南画家会这样画画，不是因为印象主义画家影响了他们，而是因为上帝给云南和欧洲某些地方的光和色基本是一致的。今后你们有机会可以去一下阿尔勒、普罗旺斯，上帝给它的生物多样性、阳光的强烈程度，和昆明差不多，

罗建华《插秧的女人》
纸本油画 12cm×20cm
1975年

甚至不如昆明。所以，昆明的艺术家一定会这样去画画的。我们经常开玩笑说，上帝给了昆明太多东西，但昆明并不珍惜。除了阳光和蓝天依旧外，城市的色调不如原来那么丰富了。那时候我们更多的是用眼睛去画。

这个地方严格说来就是创库，这是西坝路。80年代我家有个房子就在这里。画这幅画的时候大概下午5点钟，我妈妈说要吃饭了，我说去画一会儿，画到6点多我就回去吃饭了。那时候，住在这种楼上可以看得很远。

这也是1975年在那附近画的，那时全是农村的田地，我在画栽秧的人。我这些画，只有几幅画展出过，其他的画都没当回事儿，几箱都不知扔哪里去了。到了后来某一天，我才在父亲的床底下翻出来，当时眼泪都出来了。

这是在昆明师专一个老师的门口画的。

这是我的代表作《夏日海埂》，1976年我23岁。当时我还不知道有名的画家们谁是谁，姚钟华等等我都不知道。影响我的人，一个是我姐姐，影响我对色彩的理解，一个是彭文坤，他和我一起在工会画画。他的用笔方法影响了我，他基本不用画笔，喜欢用刀。

这是1977年某天天快黑时画的。这是用画刀画的，昆明西边。

这就是70年代，我早期的一些代表作。我在20世纪八九十年代的作品数量是非常大的，大多数没有系统整理。我90年代初在香港做展览时的一些作品，大家可以看看。那时候我没有画一些太有深度的东西，而主要是

罗建华《滇池·海埂》
纸本油画 12cm×22cm
1977年

直观、风情性的，只有简单的情感，没有思考，比如展览名称——"罗建华风情油画展"。现在我不会再这样命名了。这和 90 年代初那个时代有关。香港东亚银行的董事长李国宝在我 1993 年展览的时候，给我做了展览主持。在我的记忆中，那时他只有 50 来岁，前天的《春城晚报》提到他来了昆明，我看他的样子已经很老了，当然我也老了。当时，英国皇家银行的总裁、英国国家画廊的主席也在展览现场。后者看了展览之后邀请我到英国去办展览。相对来说，90 年代的画色彩比较沉，也有一套属于自己的基本色彩语言，但载体还较简单，没有太多自己的想法。

　　1996 年，我去了西藏，回来之后彻底改变了。这是我新创作的一部分作品，显得比较乱，大家不要介意。因为我既画油画也画水墨。这幅水墨的尺寸是 1.4×1.5 米。这是《裸山》系列。这个火车是法国人从越南河口修到昆明的，这条铁路将法兰西文化引入了云南，否则云南人可能还不知道什么是油画。

我赞同一种说法：不能说北京是中心。因为首都在那里，它才成为中心，而昆明其实在当代艺术中扮演着不可或缺的角色。两件事可以给大家提一下，第一件事是 1911 年小铁路修过来，这在中国发生的时间是很早的，法兰西文化那时就开始影响昆明。第二件事是 1942 年，美国一家公司发明的彩色反转片，不知大家用过没有，这种胶卷 1944 年在昆明就有了。因为二战时期，昆明是一个重要的地域。如果飞虎队的飞机不是在昆明起飞去滇西打日本人的飞机，那中国人的境况就比较糟糕了。美军过来之后，也带来了美国人研发的科技产品，因此昆明拍摄的彩色反转片在全国是最早的。外来文化对昆明的影响非常重要。

陈群杰：大家听和看的时候，不要孤立地对待这些内容，而要贯穿在一起。对云南这种高原地域特征的描绘，每个艺术家看到的东西不一样。相对白实而言，罗建华就是另外一种线路。

罗建华：关于《裸山》我可以谈一下。如果在座的是画油画的，那么我就不多说什么，但如果是画中国画，比如水墨的，那我就要批评一下了。我今年快 60 岁了，登珠峰这个事情，并不是说我要去充这个好，而是我必须要做这个事情。我接受了西藏博物馆的一个订单，经过海选画家之后，他们选中我来画 6500 米以上的山峰。如果我不去写生，文件之中没有这个记录，我是对不起这个订单的。1996 年去珠峰的时候，我没带材料，想画油画没有画成。所以我决定只要我活着就一定要做这个事情。我是第一个在珠峰大本营画油画的。不等于其他人画不了，任何人都可以去画，关键是没有人愿意这样去做。画中国画的很多画家，天天都是画概念性的山，什么山都画得一样，这是不对的。古人没有条件去，现在的人有条件去但不愿意去。实际上每个山脉是不一样的，每座山有每座山的语言和形象。但很多人画得没有区

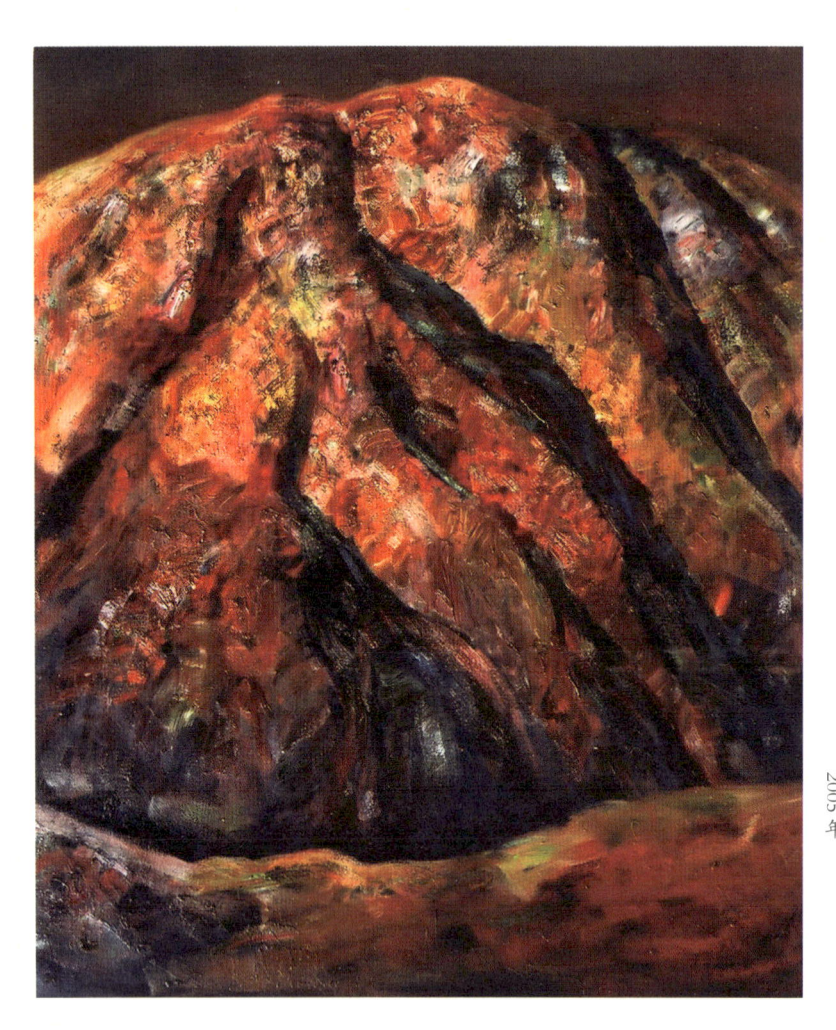

罗建华《裸山》 布面油画 160cm×130cm 2005年

别，尤其是画中国画的人，完全是依照古人的程式。我们回顾一下美术史，再思考一下我们为什么要写生。写生和画照片完全不一样，照片在搞创作的时候也可以用。但如果你有大量写生的经历再来画创作，那是不同的，空气感、现场感、亲切感，都不一样。

学生：罗老师，这些画都是参考照片画的吗？

罗建华：我这个人很奇怪，我要么写生，要么想着画，我不喜欢用图片来画画，更不喜欢把图片搬到画面上。我觉得世界上最惨的画家就是拍一个图片就画一幅画。我早期是用眼睛画，后来是用心在画。你完全可以看出来，世界上哪有这种山！完全是主观的。这样一种图像我们又经常可以见到，是记忆中的、心里的。在构图上，比如这是一块石头，只有一个或两个轮胎那么大，你可以把它无限做大，放到你的画面里，而将山缩小，它的视觉冲击就非常强。很多人不敢这样构图。我年龄比你们几乎大一倍，我是拿自己的经验来跟你们交流。你们在我这里待几个小时出去之后，会说，啊，赶快，时间没有了，赶快去画画去。一定会是这个感觉。这幅作品，到底是人还是山，我也不知道。

学生：罗老师，您的中国画是自学的吗？

罗建华：世界上没有任何人教过我中国画。80年代末，我在省委工作，当车队长，我没有时间到处去画油画，工作很晚回来后，只有画水墨。以前根本没有条件当职业画家，现在才有。从三岁开始，我没有停止过画画。从技术层面上讲，我是在意象和表现之间。画油画我喜欢用大笔触，有概括性和提炼性。画水墨也是这样，用大刷子来刷。这是野路子，我的水墨画没有章法，不是传统意义上的。我不喜欢用传统上非常讲究的毛笔，用什么材料来画，怎么画，只是一个媒介问题，重要的是作品折射内心的感动。

　　这是西藏一个让我震惊的寺庙——色拉寺，是西藏最大的寺庙。这里有一个最大的天葬台，上空有上万只秃鹫。每天早上天葬的时候，秃鹫就在天上等着。当它们全部飞下来时，景象太壮观了。这是雅鲁藏布江，这是藏北，这是万溪冲梨花。

  这些景象大家应该不陌生，去看一下团结乡。一个城市不建设、不采石、不发展是不可能的，但不能想在哪儿挖就在哪儿挖。昆明是最灾难的，上帝给它很多东西，它不珍惜。国外也搞开发，但要限制。"裸山"有两个概念，一个是人为破坏，一个是自然景观。不管它是怎么形成的，它的色彩都是非常壮观的。无论从色彩还是思考的角度，这不是闲情逸致的时代，艺术家一定要有良知、观点和立场。我们谈当下，在当下生活，不能脱离环境和人的关系。

罗建华：这个工作室里的画和刚才大家看的画好像不是一个人画的，二者不相关。其实对我来说是相关的，就像我的人生经历一样，这是不同版本的情感与人生表现。

陈群杰：那么到底哪一个是真实的你？

罗建华：都是真实的，是一个人在不同的环境中的表现。如果画任何东西都采用一种画法，那是不行的。画西藏、矿山可以这样画，其他的就不行。很多人画西藏是拿着照片，画成照片的样子，这是摄影师的事情。油画要画出内心的感动，画主观的色彩，画出西藏的神秘、博大、厚重。这种主观性是摄影无法取代的，我们不需要去和摄影较劲。画画的动机要纯，钱够用就行了，不要想太多。

画写生有两个好处，首先，世界上没有哪个画家能说自己对颜色已经吃透了，不需要写生；其次，个人内心情感语言的表述，主观色彩的体现。艺术不是

那么容易，很艰难，一辈子也追求不完。虽然我看上去很开心，画画时还吹着口哨，听着音乐，画累了还喝口小酒，其实这都是一种表象。更多是自己的一种痴、呆狂，你必须为呆狂付出，才有东西出来。我的作品很多，但我最喜欢的画不会超过五幅，自己必须对自己有要求。

陈群杰：大家都知道，云南画风景的人挺多的，罗老师有特殊的经历，和罗旭老师的经历一样特别。我们可以思考艺术家的生活与艺术创作的关系。

我们今天在罗老师这里看到这么丰富的东西，在我的印象中，罗老师的《裸山》是很有意思的。云南之外的人对云南风景的第一印象是优美，有"神秘之景"的说法，多民族多文化，植物也多样，构成文化视觉多彩的印象。罗老师找到了个人的语言，偏史诗、厚重。艺术家重视个人经验，就把自己的东西带出来了。那么我们在创作的时候，需要带出什么东西，这值得思考。我们可能感兴趣的流派和画家实在太多，但毕竟那是艺术史的或者说他人的东西，如何把他人的感觉转化进艺术，将自己的经验提炼出来变成艺术形式，罗老师在这方面做得比较到位。

风景画在印象主义时期处于高峰，实际上在19世纪末20世纪初，风景的愉悦感已经被画得很充分了，后人很难超越。罗旭老师和罗建华老师身上都有表现主义的倾向，为什么在云南的艺术家中有很多会对表现主义感兴趣？你们想一想。从文化经验上说，80年代初蒙克的展览在昆明举办，这让当地的艺术家能够直接接触到这种风格的艺术。这种艺术契合了整个云南

罗建华《东寺街土桥》
纸本油画 15cm×22cm
1978年

艺术家的心态，因此表现主义的成分会在本地艺术家身上体现得多一点。刘自鸣、廖新学留学欧洲的时候正是现代主义比较盛行的时候，印象主义已经比较定型，早期印象主义的东西被他们两位艺术家带到了云南。另外，还有滇缅铁路对云南现代艺术的影响。姚钟华老师在清理云南文化艺术史时最早提到这个观念。

我们访谈的艺术家都是很特别的，不管是学院系还是非学院系，个人的爱好太重要了。对罗老师来说，退休之前，绘画都是一件"偷情"的事儿，他的本分是矿工、小学老师、车队队长等。就是一个爱好让他将一条艺术之路走了这么多年，也呈现出了自己的面貌，这是很可贵的。即使我们是教授、研究生，其实和艺术没有必然的联系。要把艺术做好，我们可以看看罗旭、罗建华老师的状态，我们能看到这么多作品。

访问了这么多工作室，你们应该慢慢找出每个工作室的特质，思考这种特质和今天的文化到底有什么联系。比如看了《裸山》，大家思考罗老师为什么画裸山，在哪个时期画了裸山，为什么不是在早期他做矿工的时候就想到画裸山而是后来才画，这和当代艺术有什么关系，总之不要孤立地看艺术，要看到文化性的联系，而不是只知道说"这画太好了，色彩太帅了"。帅不帅往往只是表面的东西，我们要看到它背后是什么，追求的是什么，受到什么影响。这样，我们的访谈就会显得很有意思。

每一个艺术家都会有一些影响他的记忆，比如很重要的地点。今天罗老师讲到他艺术中的老昆明时，就有很多有意思的东西。今后，当你们慢慢熟悉这座城市后，你们也会发现这一点。不管外地还是本地的同学，都应该迅速关注到你的本土、关注你身边的事物，这是一个最基本的态度。在关注的同时，作为一个在大学学习的人，应该有关于艺术史的充分的阅读量。

第二次访谈

受访谈艺术家：罗建华
访 谈 者：陈群杰教授及云南大学 2013 级 MFA
　　　　　油画专业全体同学
访谈记录：沈科　罗元园　王辰辉　王昊　张紫韵
访谈时间：2013 年 10 月 27 日
访谈地点：昆明红塔花园小区罗建华工作室
文字整理：谭毅

罗建华：首先，我的人生是很复杂的。我很长时间内都在画一些黑黢黢的像垃圾堆一样的画。有一张画的是位于珠穆朗玛峰上的世界最高的寺庙绒布寺，还有另外两张也是在西藏画的。这一类的画是用心在画的，并不是写生，是比较主观的。我有很长时间是这样画画的。首先，我愿意选择这样的语言；其次，是和我的内心和人生经历对接；最后，我没有时间白天画画，白天我要工作，不可能像专业画画的人从早画到晚，而且干的是自己很不愿意干的工作。由于很多时间是晚上画画，所以要交代的色彩一定是很主观的，不会是那种很准确的或者是按照印象主义要求的那种色彩。

1990 年代初到 2000 年的画中，我开始追求印象和表现之间的感觉，这些写生就和想象着画出来的画感觉完全不一样。我这个人不太喜欢用照片画画，即便用照片画画，也是看一个形和布局，不可以照着照片画。这幅是在东川画的，你们有机会要去东川。在云南上学，如果不去一些云南很有特点的地方，那你们真的会很后悔。在东川，泥石流破坏植被的情况非常严重，很多年前就开始破坏了，这就是为什么到现在为止，长江的情况越来越差。像在英国画的这些小风景，这是 90 年代画的一些苏格兰的风景。这些写生画的是呈贡万溪村，在云大附近，那些老街的风景都是凭借记忆画的。像《裸山》这些画，有些是一次性画下来的，就一辈子也不想再动了。还有的情况是，一百张画中最少有15幅你是一定要再调整的，你看不下去，所以很多画是在旧画上反复地画，所以我的画就很厚、很重。一次性画出来的画不多，一次性的画有些好看，但是不耐看。滇池出口这一张是小的风景，我把它放大了，你看这幅画就能看出来西山这些年的变化。最早我们在这里画画的时候，水很清，有很多木船，山上没有雷达站，现在有很多农家乐在那里。90年代中期，我在我们家屋顶上和很多朋友吃饭，当时在我们家能看到西山。有一天，突然就发现西山远远看去多了一个小东西，就拿着望远镜看，原来是他们要建一个农家乐，而且是官方搞的。后来，我们就找一些相关部门协调，后来就没有建设，所以就只有一个雷达站。不过，现在还是有很多房子，还是在治理。在你们很小的时候或者你们没有出生的时候，那时滇池是一个非常美妙的地方，现在的滇池基本上就是一个粪滩。所以我们这一代人带着很多情感色彩创作，带有很多记忆，所以我不认为明天会比今天好，美妙的东西只能是在记忆里。

今天的主线是，我的色彩是怎么形成的，其实是我没有办法，我只能这样画。你看我早些时候的色彩完全不准确，那个时候没有上过学，没有人教过，在海埂这一张是凭自己主观的感觉去画的。90年代画西藏、东川的比较多。云南会给你很多养分，我用水墨画的这一类作品有几千张。我下乡的时候，晚上画这些水墨，白天画油画。画了很多之后，我把它们一张张整体裱起来成为一大张，如果你拿一大张画是很不好画的。

学生：这些是默写的吗？

罗建华：这些不是默写的，是写生的。现在这些民族服饰，很多人已经不穿了，基本上属于非物质文化遗产保护的内容，就连他们走路的动态都是"非物质文化遗产"了。有些人画一辈子就一种画法，有些人是很多元的。我认

罗建华《夏日海埂》
纸本油画 15cm×20cm
1979年

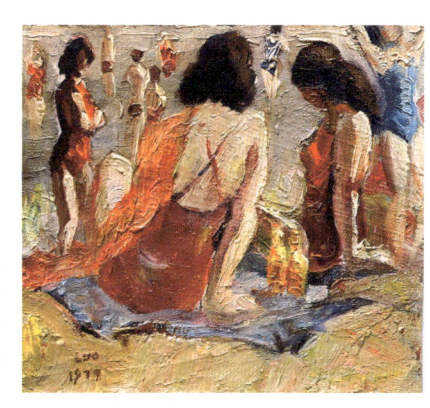

罗建华《西藏·1》
布面油画 63cm×73cm
2002年

为应该根据不同的内容和主题来选择不同的表现方式。

学生：您的画让人看着心里很舒服。

罗建华：谢谢。你这个年龄看这些画能感觉到舒服，已经是很不错了。有些人喜欢看像照片一样的画，我认为这个人应该调整一下审美了。双廊这个地方在海边（指洱海），很热，只能画一两个小时。这个地方在我看来，也是没有多少时间就要完蛋了。本来大理很唯美，不太厚重，但是这个地方也可以画得很表现，因为它给你提供的色彩也是很清澈的。不过，大理的情况也不容乐观，大概两三年也要完蛋了，因为水质已经很差了，很多农家乐在排放污水。现代文明给我们带来便捷的同时，也带来了很大的灾难。现在，在这个地方吃的东西都是很垃圾的。我们最早到这里吃的都是野生的东西，现在连看到都已经很难了。用心在表现和直观地表现是不一样的。在昆明，你们要好好地画一下昆明的梨花，梨花是值得画的，它的色彩很微妙。昆明很多画家画万溪冲，是我带他们去的，那里最早是不通车的，要先坐公车，然后走很远。现在很方便，车子可以直接开过去。

有时候看看调色板就能知道画家是什么心情了，我们是很无奈的。我16

岁左右和父母就被遣送到山村，因为我父亲原来是远征军，现在是抗日英雄，但是有一个时期是"反革命"的。其实国民党也是在抗日，国民党和共产党是亲弟兄、是骨肉，现在社会开明了、进步了，所以也尊重这段历史了。当时把我们弄到农村，后来我在山上干农活的时候，他们发现我会拉小提琴，就叫我到文工团去。后来因为"纯洁阶级队伍"，半年后我被开除了。第二天我准备回农村干活的时候，招工的一个老头把我招到矿山去当矿工，当时我是18岁，当了两年的矿工。每天吹着口哨、哼着小调、推着矿车，很累。那时没有画画的条件，只有记忆，记在脑子里面。后来矿井塌方，一个矿工被压死了，给他开追悼会，但是没有相片，让我给他画个遗像，因为这个机会才把我调到子弟小学当老师。那一段经历对我来说非常刻骨铭心，所以我觉得应该画一些那一段自己非常熟悉的生活，就画了一批矿车。我考察过，世界上没有人画矿车，并不是他们画不了，是因为他们没有这种感受，因为画家基本上没有当过矿工的。

  我们的人生经历对于我们来说是一种财富，你们的人生经历对于你们来说又是另外一种财富，你们经历的又是下一代没有经历过的。所以艺术家一定要切入当下、切入生活。这些画的色彩一看就是很主观的色彩，因为我长期白天不能画画，只能晚上在灯光下画画，所以才形成了这种很奇怪的色彩。后来因为想调整一下内心的苦涩，才画了一些风景写生的东西，即所谓漂亮的东西。写生一定要画，写生可以解决造型、色彩问题，还能抒发情感，解决再创造的问题。我个人认为，油画还是要表现内心，要用油画表现西藏，一定是神秘、厚重、混沌，西藏白天那种阳光灿烂的蓝天是太表象了。你要看它的黄昏和傍晚，天蒙蒙亮的时候。

  西藏的清晨是让你有很多思考的。我认为世界上很多信教的民族，相比之下，最虔诚的一定是藏传佛教，很多宗教是有功利色彩的，只有这个是没有功利色彩的。他们的一生就是为了磕个长头，走上千公里，死在路上也无所谓,这种才叫虔诚,人类还是要有这种精神的。

学生:罗老师,您是一个怀旧的人吗?

罗建华:每个人都会怀旧,只是你还没有到怀旧的年龄。国外有很多老人,一个人坐在公园里,满地的金黄落叶,一片树叶落下来他就会微笑,我们现在的一些老人就没有美好的回忆。很多美妙的东西只能是回忆,我再重复一遍,明天不会比今天好,这些就是残酷的现实。我讲的这些有些负面,但是研究生应该懂一些负面的东西了。你要尊重一些历史的脉络、你走过的路,到我这个年龄,你就会有回忆的。我们这个民族就是失忆的民族,拼命地向前,不记得过去什么样子,现在什么样子。我们的昆明现在还有以前的样子吗?简直是垃圾城市。陈群杰老师就做了一件很好的事情,就是把昆明早年的风景画家做了一个文献整理,这在美术史上是很重要的一笔。

学生:我刚接触罗老师的时候是 2008 年,当时罗老师有个个展,我第一次见到您是帮您抬东西。这一次是比较全面地了解罗老师,以前我看裸山是看不懂的,经过这次,我也有了一个了解,我认为罗老师有自己的色彩风格。

罗建华:我为什么要画裸山呢?早期我喜欢很厚重的音乐,不喜欢很轻飘的音乐,对色彩也是这样的。你看我早期的写生就是脏兮兮的,我的心也是乱的,大概和人生存的环境有关系。早期写生的时候看到青山绿水不会有感动,我看到一个裸山就会激动。起初是对它的色彩心生激动,那种变化真是太微妙了,后期还在画裸山就是切入自己的观点。这个时代需要有良知、需要有态度、需要有立场的艺术家,所以你要找一个载体,并不要刻意,你找你最熟悉的内容,山于我来说就是最熟悉的内容。1985 年以后很多人都在寻找

一个点，寻找一个说法，当然也有很多人找得非常好。比如毛旭辉老师，他早期的《家长系列》，他是有想法的，后期的剪刀也是非常有分量的，很多人看不懂，剪刀包含的意味太深沉了。还包括陈群杰老师画的一些空旷的房子也是有想法、有精神指向的，像我们这个年龄的艺术家就开始找一个不刻意的切入点。

人类为了自己的幸福，对自然太不敬重了，我所住的地方到十点钟以后，很多拉渣土的大车经过。中国是向前走了很大一步，但是代价实在是太大了，尤其是自然资源的代价。这就是我为什么要画裸山这个主题。现在我们昆明的周边就有很多的裸山。一个城市需要建设，不可能不弄沙子、石头，但是至少应该修复一下，在欧洲就是弄完必须恢复。看到那些破败的山体，从最早喜欢色彩的强烈发展到有思考的态度。这个内容是非常枯燥的，你要经得住寂寞，这种东西不好卖。我当过矿工，当过车队队长，去过很多地方，世界上很少有我这样专业开车行驶一百万公里以上的艺术家，云南省 120 多个县我基本上跑遍了。云南给我很多养分，看到那么多裸山，不把它画出来愧对它，我当时画裸山就是这个初衷。

学生：您的纪录片《茵格玛》的音乐是您自己配的吗？

罗建华：音乐是他们配的，当然茵格玛的音乐我也是非常喜欢的。做影视的人和做绘画的人不一样，绘画的人要比他们深多了，他请我把自己喜欢的音乐放进去，所以后来在我的个展上，我选择了很多庄严而厚重的音乐。画家的东西一定要有态度，尤其那次是一个主体性展览。

学生：您在 80 年代是如何寻找自己的绘画语言的？

罗建华：我们面临的问题非常严峻，你们要有思考、有问题，不能陶醉在一种小情调的氛围里。我们半个月前在昆明做过一次展览，陈群杰老师说过一句话："所有该画漂亮的东西一百年前已经画到位了，现在的画家一定要画出自己的语言。"古典主义到印象主义再到表现主义这些画家，我们现在要超越他们是很难的，技法上的东西不可以没有，那些是基础的东西，要表述一个东西没有基本的造型能力是不行的。造型对每一个画家是解决不完的问题，素描和色彩到画家临死的时候也不可能是够了，关键是你要对载体有一个选择，尽量不要跟着别人走。

学生：罗老师，您有坎坷的经历，但是您给我们的感觉是一个很乐观的人，您是如何看待这种坎坷的经历和乐观的态度的？

罗建华：我是非常乐观的，甚至给人一些错觉。在画界很多人认为我是无所不能（又搞音乐又画画），但是我其实是一个很能耐得住寂寞的人，否则不会画那么多画。但是人不可以不乐观，有些时候要调整自己的心态，经历多对自己来说是一笔财富，尽量不要选择平淡。尤其是年轻人不要选择平淡，少年以前的童年我个人认为是一定要幸福的，但是少年以后，可以有坎坷，有不顺。不顺是一件好事，不要以为不顺就不是好事，人也是有多变性的。我出去面对风景的时候，不可能用画裸山的方式去画梨花，所以我说的用不同的内容来选择不同的表现形式，应当是这样的。你说的这个问题要自己做调整，到了一定年龄以后，你会像我一样做调整，不乐观就会很恼火，很难活下去的。这个世界是有你不多，少我不少的一个世界。

学生：您在画画的过程中哪段经历最刻骨铭心呢？

罗建华：我讲个小故事给你听听，我 12 岁的时候，闹"文化大革命"，小男孩都希望有一顶军帽，认为有一顶军帽是很神气的事情，好像一身绿就是非常革命的。我哥哥表现好一些，爸爸就同意先给他买一顶军帽，7 毛钱，爸爸给我 7 毛钱让我给他去买。晚上回来爸爸问我买到没，我说没买到，就挨了一顿打，为什么要打我呢？因为他回家的时候看到我在饭桌上画水彩画，父亲说没有给你钱，你从哪里来的纸？其实买纸的钱是我卖牙膏皮换的，后来晚上妈妈从裤子补丁里找到 7 毛钱，妈妈哭了一晚上，原来钱不小心塞到补丁里了，后来找不到了。

学生：罗老师，是否有人把您定义为"环保主义者"，如果有，您觉得您和一般意义上的环保主义者的区别是什么？

罗建华：我不认为自己是一个环保主义者，我认为我是一个至少对自己的故土还是比较热爱的人。我做过两件比较有意义的事情，一次是 1996 年到珠峰扫垃圾，当时很多人认为在开玩笑，珠峰哪里有什么垃圾？实际上我们三个小时捡了满满两卡车的垃圾，现在去垃圾更多了。本来这次是要找一批资金，有几十个人开车去，没有个几十万上百万是做不了这个活动的。后来我通过一个朋友在国外的公司找到一批资金，但是后来报批的时候被否决掉了。因为不能用外国人的钱来做中国人的环保，但是消息已经放出去了，也开了新闻发布会。后来我们就自己凑钱，自费花了一百多万，做了一个写有中文、英文、藏文的环保杯放在珠峰大本营，也是世界上第一个这样做的，这是我觉得比较有意义的事情。

第二件事情是，我有一年从新加坡回来刚下飞机，创库的一个叫莎莎的女画家给我打电话说："罗老师，我给你说一个事情，他们要把昆明的樱花树都砍掉。"当时很多媒体都这样说，我当时认为这是不可能的事情，当天晚上就写了一篇文章发到晚报。晚报有很多人跟我是很熟悉的,当时的副主编跟我说:"你这样写是要把我们的饭碗给搞丢了,因为宣传部已经说了这个事情已经定了。"我说:"不可能,绝对不可能,一定要给转过来。如果樱花树没有了,就没有脉络了,昆明就和其他城市一样,没有任何特点了。"最后说了三个小时,终于把他们说服了,而且放到了第一版来发,后来一发得到了大多数民众的支持。第二天我自己在创库召开的新闻发布会,我请了一些艺术家和很多的媒体记者,还有一些企业、人事和职能部门,大概有 60 人左右,最后通过新浪网和新华网,北京方面知道了这个事情,所以才保住了这些樱花树。

这些是我最值得骄傲的事情,要远远好过画那些画。所以说,环保主义者谈不上,就是一定要尊重这一块土地,山和水给人很多东西,人类文明的起源就在这里,"仁者乐山,智者乐水"。你们不要认为只有我年轻时经历的年代是疯狂的年代,现在一样是很疯狂的。过去是疯精神,现在是疯物质。所以中国的近现代史还要你们好好整理,你们有这个责任,如果你不了解过去、不了解当下、不了解历史,这是不行的。

学生:罗老师,您觉得做艺术需要社会责任感吗?很多人说年轻艺术家没有社会责任感,您怎么看?

罗建华:我觉得不管是艺术家也好,企业家也好,只要你在这个社会上生活,就一定会有社会责任,你的行为对社会是有分量的。你们这代人跟我们比,你们现在所处的年龄阶段跟我们当时比,遇到的问题比我们多很多倍。我们像你们这么大的时候是昏的,只能靠直觉,受各种文化影响,社会责任感的意识也是受影响而来。但是我觉得,你们这一代艺术家肯定是有责任的,这责任就是找到自己身边的形态,将最熟悉的、最触动你的表现出来。其实

你们现在是有社会责任感的，只是你们没有自我发现。当代艺术就是社会责任感的体现，我们这个时代不是画两个花瓶、两朵梅花的时代了。我们的作品出来以后，是要有分量、思考、态度在其中的，所表达的内容其实就承载了社会责任。

跟你们讲讲作品。以前苏新宏老师说我画"裸山"，这样画很枯燥，但只要我坚持下去，就一定会有一些有价值的东西出来。我现在画裸山，是表现一种厚重的东西，内在的精神性。

陈群杰：我提一句，我非常同意苏新宏老师给罗老师的提议——坚持。现在很多云南的艺术家，画风景画得很漂亮，各种技术、色彩的小技巧，但是这应该是印象派的时候就解决的问题。从美术史来看，其实我们不应该继续这种方法了。我们应该找到一种更适合表达今天感受的方法，我觉得罗老师画的裸山，所表达出的精神诉求，就是今天我们需要的感受方式。云南的地貌其实是很多样的，且有意思的。现在在云南，能以自己的视觉经验，经由内心表达深层精神内涵的艺术家真没有多少。综合来看，罗老师画画很重，用很厚的颜色，用刀也很重，加上之前看罗老师的短片，他有很丰富的生活经历，也许是这些经历让罗老师更加直接地看到生活里精彩的东西，提炼出裸山这种题材。

罗建华：陈老师说的这个很重要。一个学生在大学能解决的问题还是很有限的。真正要形成一个艺术家独立的艺术体系，还是要慢慢思考，慢慢沉淀。陈老师说到画风景，前一段有一个展览，陈老师的画是很个性的，我其实是不想放梨花的作品去展览的，但是画展要求，好在我还有一个裸山系列的作品也在展览，还保存了一些自己的个性。这些个性又有精神内涵的作品，在展览上反而看得人不多，都去看很漂亮的。但是我们要知道，好的东西永远

罗建华《西藏·7》
布面油画 63cm×73cm
2005年

是为少数人服务的，等这些作品出名了，别人才回来认真地观看。但是这些深层次的东西，是艺术家之前很久就沉淀下来的。当代艺术也需要沉淀，年轻人一定不能跟风，看什么好卖画什么，要自己认真地沉淀一些东西，成了就成了，不成也没关系，艺术不能功利化。一个艺术家有够自己吃饭、够自己安心做艺术和写生的钱也就够了。

学生：我之前听说杜尚做小便池这个作品的时候，好像也没什么沉淀和深层的东西，就是想破坏下展览的秩序，也没有什么社会责任感。这怎么就成了划时代的作品？

罗建华：我觉得，活在这个时代一定会承担一些东西，很有可能你看不到，但你一定会承担些责任。比如一个扫大街的，他的责任就是清洁城市，养活一家人。

陈群杰：这个问题其实是看你怎么界定，从历史角度来说，社会责任感更多是指向公众的。你所说的身在社会肯定跑不掉是从另一个方面来说的，但是也未必。历史学上的社会责任感，比如，"文革"时期，那种责任感是别人给你的，是空的，是会破灭的。现在说 80 后、90 后艺术家没有社会责任感，其实是说没有别人给予的责任，他们更多的是观看自我，是一种新的责任形态。我们 60 年代的责任感是向外的，现在你们是向内的，是一种自我的审视，是非常独立的一种责任形态。自我审视这一点毛旭辉老师是做得最好的，你了解他就会发现，他 30 年前的东西都会留着，做着记号，过一段时间就会有一个新的文件夹，是记录他自己最近干的事情，自己认为重要的保留下来，把历史的记忆留下，这就是向内的自我审视，你就会发现这个人很厚重，这点很值得学习。毛老师经历的，很多艺术家都经历过，但是他成功了，就是因为他尊重历史，做出的艺术很厚重。如果你们尊重历史，一样可以做得厚重。

  今天的访谈带给大家很多收获。罗建华老师用自己的经历和绘画上的思考，告诉我们如何坚持，以及在绘画中精神性与责任、态度的重要性。这些都是很重要的观点。希望同学们能够在以后的学习和创作中，也在这些方面进行深入的思考。再次感谢罗建华老师！

罗建华

1953年生于昆明。1985年毕业于云南艺术学院。1987年后供职于云南省委老干局。中国美术家协会会员、云南美术家协会常务理事。昆明美术家协会副主席。云南省文史馆研究员。昆明市文史馆馆员。个展：2017年，《传承与守望——罗建华个展》，文林美术馆，昆明；2014年，《裸山·东川——罗建华水墨作品展》，地质博物馆，东川；2013年，《裸山·西藏——罗建华水墨作品展》，登山博物馆，拉萨；2011年，《裸山——罗建华水墨作品展》，艺术中心，厄勒布鲁；2010年，《裸山——罗建华水墨作品展》，哈里艺术中心（奥斯陆），国际艺术城（巴黎）；2008年，《罗建华油画水墨展》，云南省博物馆，昆明；2004年，《百年情怀——罗建华装置艺术展》，波希米亚艺术空间，昆明；1996年，《云南·苏格兰——罗建华油画展》，世界经济学家杂志艺术中心，伦敦；1994年，《云南·苏格兰——罗建华油画展》，爱丁堡BARRA艺术中心，苏格兰；1993年，《罗建华油画展》，希尔顿酒店，香港；1993年，《罗建华油画展》，云南艺术学院画廊，昆明。出版：《罗建华速写》，江苏美术出版社，2014年。

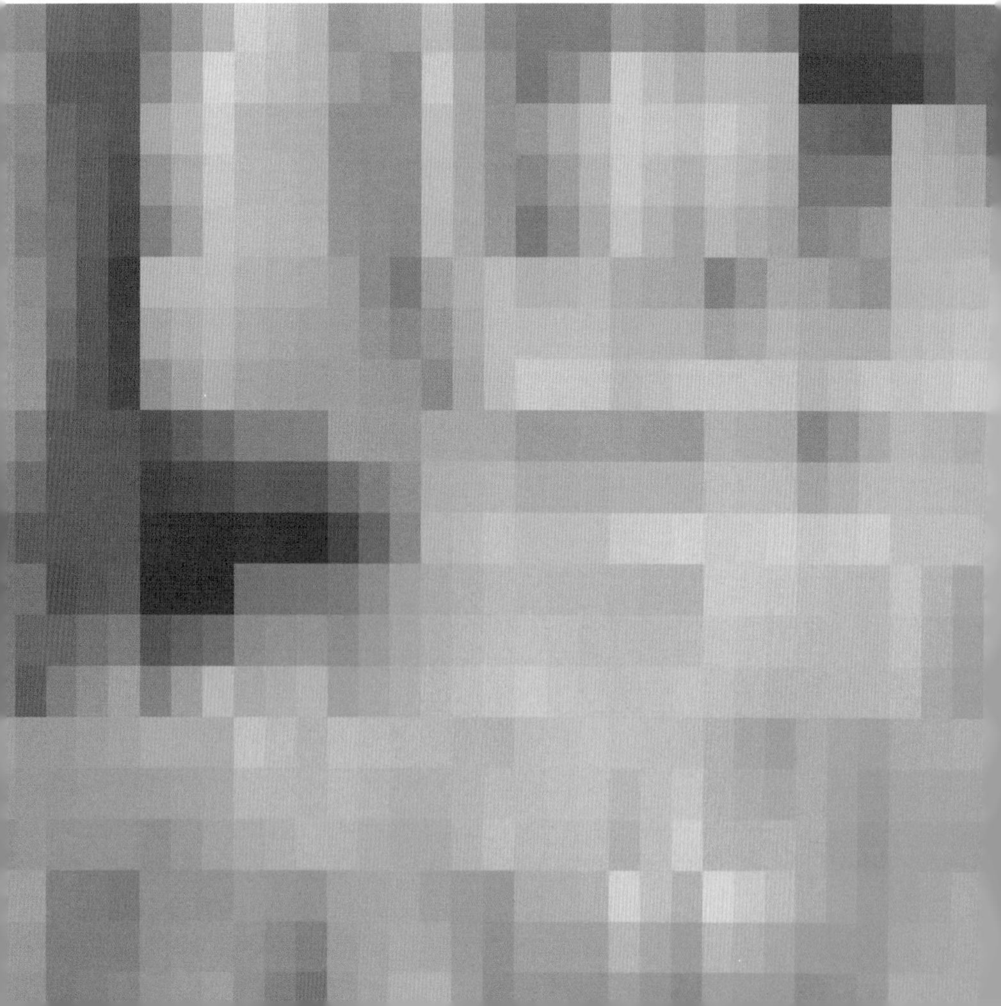

白 实

风景写生与绘画的地域性
——白实访谈录

受访谈艺术家：白实

访 谈 者：陈群杰教授、谭毅老师及云南大学 2012 级 MFA
　　　　　油画专业全体同学

访谈记录：谭毅、汪森程

访谈时间：2012 年 12 月 8 日下午

访谈地点：昆明云南日报社 白实工作室

文字整理：谭毅

256　解题之魅
　　　作为油画教学现场的艺术家访谈

1. 白实先生（左）与陈群杰教授（右）讨论中

2. 云南大学美术系师生听白实先生（右一）谈"红土地系列"创作经验

3. 陈群杰教授（左一）和学生在讨论

陈群杰：今天我们来到白实老师的工作室，和白老师进行交流。我先介绍一下。白实老师是满族人，大学毕业后就到云南日报社工作，一开始当美术编辑，直到现在。白老师是一位风景画家，经常在各地写生。今天大家可以先看画，有什么问题提出来，我想白老师会给出他自己的回答的。

白实：我初次去圭山还是当学生的时候。那时候我不写生，而是拍照后回来照着画。但绘画要有深度，要有真实的意义，还是要通过写生才行。只在画室里找来找去，最后只能感到枯竭。我们可以想一想，大师们是从未放弃写生的。我的作品常常会摆在画室里一段时间，让自己观看。在对画的认知提高之后，又可以在这幅画上反复完善，直到无法再修改为止。

陈群杰：这幅画很精彩，是 2010 年的画，是写生吗？

白实：有写生稿。这画面的天空本来是灰红色的，但我发现对比不够，因而改动了。

陈群杰：你说的对比不够是指什么？

白实：色彩的力度对比不够。原来灰红色的天空和下方的景物很统一，但画面红色太多，色彩的对比不够。考虑几天之后我将天空改为蓝色，将色彩力度拉出来了。色彩需要对比，再漂亮的颜色都是对比出来的。正如音乐，没有对比，旋律和轻重出不来。色阶也如音阶，需要力度。油画天生就是有漂亮的色彩感的，因此我的观念就是让颜色的力度显示出来，一笔就是一笔，不要消磨它的力量。

学生：白老师，您绘画时追求的是那种酣畅淋漓、痛快的感觉，是吗？

白羽：嗯。我喜欢用大笔。一笔下去，到位即可，不要过多重复。这样会保持绘画的生动性。

学生：白老师，您绘画中颜料的厚薄，是随着感觉来的吗？

白羽：有些艺术家喜欢做肌理，而我没有刻意注重厚薄，我更注重画面的总体效果。有时候我对画不满意，会反复修改，画层就逐渐变厚了。这是个人习惯，比如我从来不用调色油，写生时都不用。而且我几乎从来不擦笔，两三支笔就可以画完一幅画。写生时往往很有激情。

学生：白老师，您这些画都是反复调整的结果吧？

白羽：是的。只有在写生的时候，我的画面会一次完成。创作和写生不一样，时间充裕。

学生：那么写生和创作之间，您认为存在什么必然的联系吗？

白羽：写生是在很短时间内找到让自己激动和兴奋的点去创作，但创作也不是照搬。风景画强调组织、取舍，色彩方面，也会大量采取主观颜色。写生作品没有创作作品那么扎实和丰富，但没有写生，创作会非常吃力。如果我们如果只在画室里画画，那么我们是在模仿某个他人，比如俄罗斯风景画的某些流派的绘画感觉，对照着他们的作品来使用颜色，长此以往，画出来的作品是没有生命力的。我的写生作品中的红色就是当时一种激情的表现，而

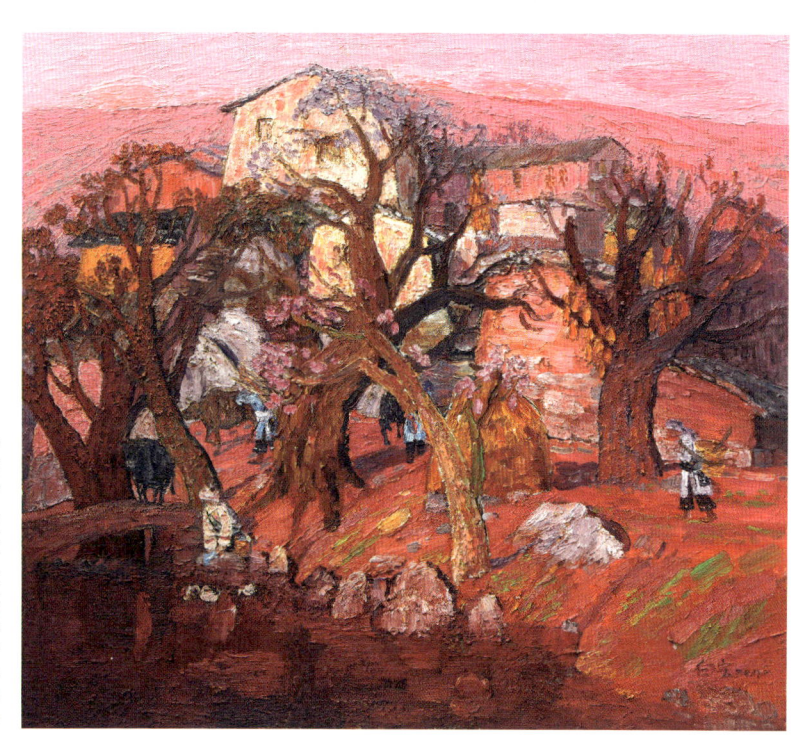

白实《夕照红土家园》布面油画 160cm×180cm 2010年

创作中,我对红色会有更多推敲,色彩的差异性会体现出来。在我看来,写生和创作是一回事,画到一定阶段,二者就连在一起。我们要看自己要从写生之中将艺术升华到什么层次。

学生:陈老师,您更喜欢创作还是写生?

陈群杰:都喜欢。以前人们会把习作和创作分割开来,但这是不必要的。从白实老师的写生作品中,我们可以看出不一样的圭山。圭山有各种形态的面,每个艺术家的取舍都不同。有些能发现深沉的部分,有些能发现强烈、

快乐的一面。

学生：白老师，眼前这几幅画中，您最喜欢哪幅？

白实：这幅。这是在糯黑村画的。我在画红土地系列。我把一些写生画带回来，放大，并改成自己想要它呈现的样子。

学生：白老师，这幅画的对比很强烈。

白实：是的，它不那么红，突出了对比性。这是回来之后带着想象画的。颜色的力度和冷暖会显得更跳跃一些。以前，我的画大的红色块太多，而这幅画，我用其他颜色来破除了它。

学生：这画的名称是什么？

白实：《红土家园》。这是一个系列画。

白实《归》布面油画 140cm×160cm 2011年

白实《春到糯黑》布面油画 120cm×140cm 2012年

白实《红土家园》布面油画 170cm×200cm 2014年

白实《红土家园 三》布面油画 160cm×160cm 2014年

学生：白老师，请问你画这些身着民族服饰的人物有多长时间了？

白实：时间不长，一年吧。我的主题是红土家园，如果其中没有人文成分，它的气氛是不活跃的，我加入人物是为了丰富它的内涵和画面效果。但画一段时期人物后，我就不画了。我有自己的想法，我会纯粹画风景。我觉得风景的丰富性很适合我。

学生：白老师，您画的这是您的内心中的精神家园，还是您想回归到乡村题材中去？

白实：这是我内心的精神家园，当然，和城市相比，我也确实更喜欢乡村。绘画就是要寻找自己想表达的东西。

学生：您办公室这块绿色的玻璃对您绘画是否会有影响？

白实：有的。我绘画时感觉很好，但抬到展厅后发现画面太亮了，这就不好，因为太亮了灰色调就不能充分显示出来。我的办公室太小了，为了看大效果，周末时，我会把画抬到过道上，退远看。

学生：白老师，您这些尺寸最大的画，比如 1.8×2.0 米的画，完成需要多少时间？

白实：大概半个月。我画画比较快。写生画更快，一天可以画两幅。

陈群杰：有你早期的风景画原作或画册吗？

白实：原作翻不出来，画册没出过。我早期的风景画和现在不一样，很写实，有点像俄罗斯的风景画，规规矩矩，接近照片的感受。

陈群杰：我们这个年纪学油画的艺术家避不开苏俄艺术的影响。以前，它是中国的油画家做艺术的唯一方式。如果，我们建立起艺术史的概念，我们会从中去找各种小分支，比如整理圭山这个课题。通过整理，当我们自己寻找

艺术道路时，思路也会更清晰。

学生：白老师，您到省外去画过风景吗？

白实：中国北方我没条件去。但最近去国外，去老挝、尼泊尔画了一些画。在国外画画更有新鲜感、更有激情。写生时，激情很重要。

陈群杰：我刚才的提问是为了导出这个问题：从你的绘画中，可以看出从90年代初延续至今的"红土"概念，这个概念有一种地域色彩在里面。作为艺术家个人的生存状态，和地域有一种什么样的关系？我们艺术家经常也会谈到超越地域，"红土家园"这一词汇是非常地域性的，色彩的识别性非常强、非常清晰。你在创作中，有没有考虑过，从地域色中走出来？还是你要强调地域性？你的造型、色彩都和云南人眼睛所经验到的一切非常一致，用笔、厚薄也都有南蛮子的特征，你似乎要抛开北方人那种理性和沉着。你现在有没有考虑过一种超越地域性的可能性呢？可能性在什么地方呢？

白实：完成《红土家园》后，我想去创作一些超越地域性的画。

陈群杰：是不是需要超越呢？

白实：我的绘画是写意加表现，很粗犷。我想今后画得抽象一点，不要太实。这是我的探索方向。

陈群杰：白实老师的画地域色彩非常强。云南画风景的人太多太多，但能够持续多年用这种方法去创作，画出这样一种强烈的色彩地域感的人不多。这

和白实老师对云南的理解相关。我刚才也问白实老师有没有去其他地方（中国北方）画过风景，当然，其实我的意思是，他的绘画和北方绘画的区别，比他去北方绘画要重要得多。在如今的语境下，艺术中的地域性还有价值吗？我们总在谈的是国际化，是和世界接轨。我个人认为，身边的东西其实很生动。

学生：民族的就是世界的。

陈群杰：这我倒不十分赞同。这种习惯性的说法是《云南日报》这样的报纸常用的。白实老师这种画其实有一个很长的传统，在云南最早可以追溯到姚钟华老师那里。姚老师继承董希文先生的那种写意加表现的创作方法，对云南艺术家影响很大。还有一个较重要的画家是苏新宏，他也特别强调高原那种耀眼、光亮的色彩。画家王克举也在用云南的色彩画北方，而现实中的北方并没有这种色彩。王克举也有表现主义的成分，很灿烂、很激动，让人跳跃。我们随后会见的罗建华也在这条路上，我们可以沿着一个思路去深入理解他们的作品。我们在交谈中还会发现，艺术家对力量的理解是很不一样的。白老师所理解的力量如果拿到里希特那里，就会被看作太粗糙了。什么是力量，每个艺术家看法不一，但一定和他的知识结构、和生活环境有很密切的联系。这些都是值得思考的问题。一个人艺术的形成过程是非常复杂的。好吧，今天我们的访谈就到这里。让我们鼓掌感谢白实老师！

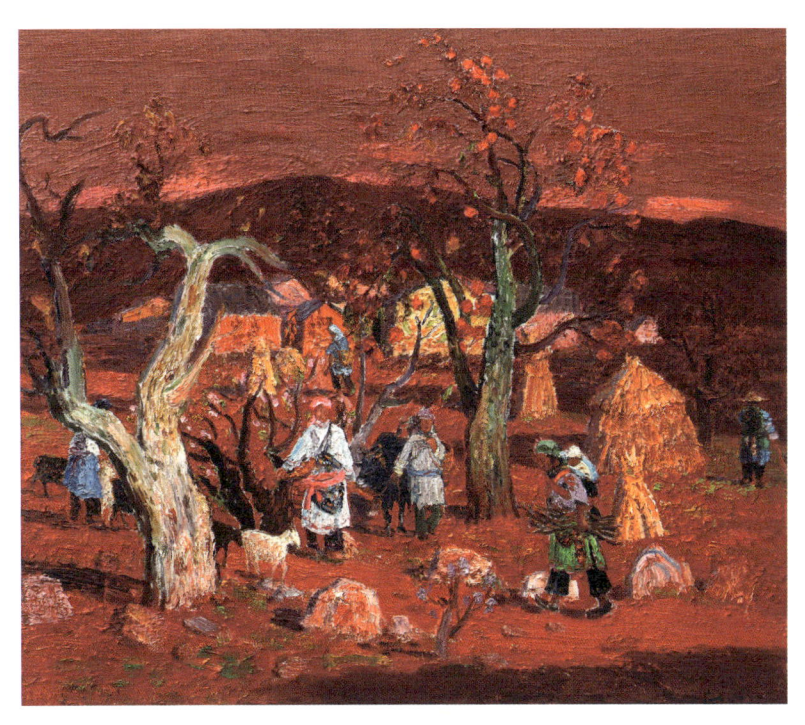

白实《有柿子树的红土家园 三》 布面油画 140cm×160cm 2016 年

白实

1956 年生于云南昆明。1985 年毕业于云南艺术学院美术系油画专业。云南日报社高级美术编辑。现为中国美术家协会会员、中国少数民族美术促进会理事、云南油画学会副会长、云南省美术家协会油画艺术委员会委员。个展：1990 年，《白实油画作品展》坦普莱艺术协会丹卡斯特画廊，墨尔本；2005 年，《红土情》坎普画廊，伦敦。

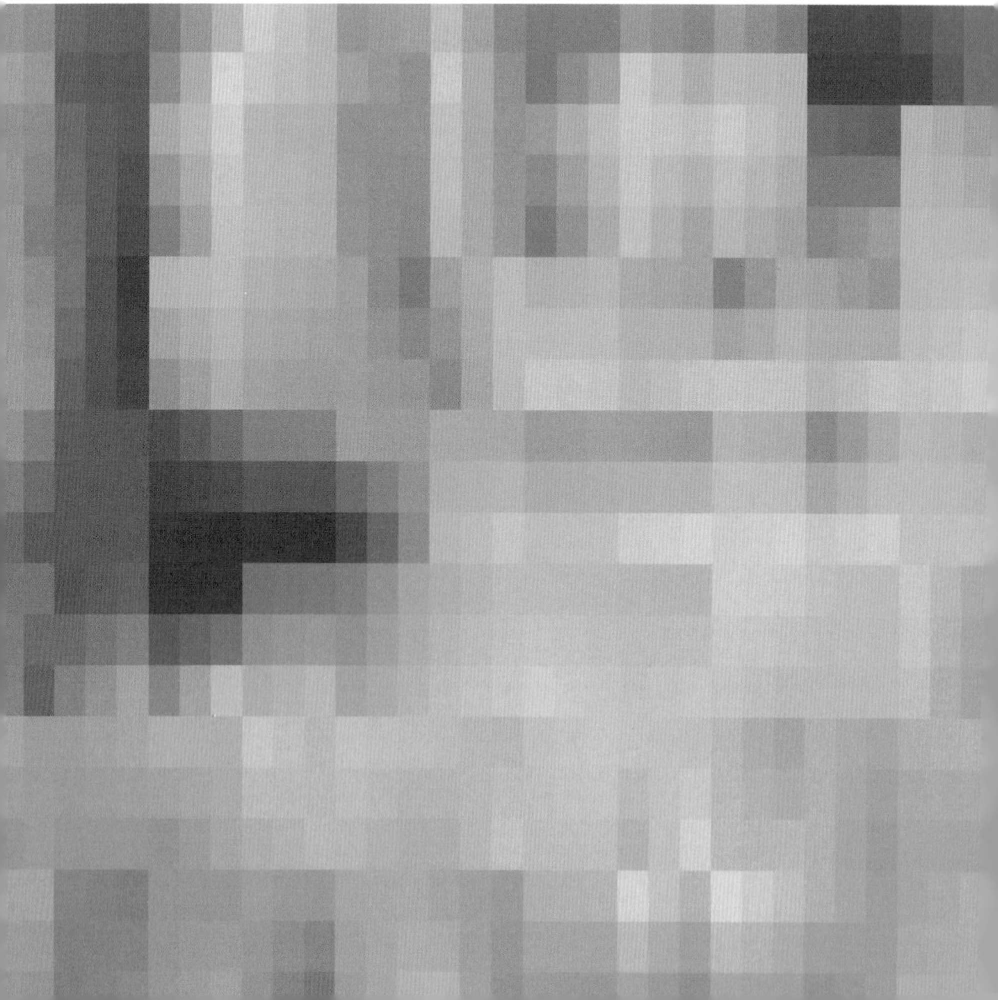

艺术创作中的地域性选择

——黄德基访谈录

黄德基

受访谈艺术家：黄德基

访 谈 者：陈群杰教授及云南大学 2013 级 MFA
　　　　　油画专业全体同学

访谈记录：李金康　贺小璐　母江林　逯长江

访谈时间：2014 年 11 月 26 日下午

访谈地点：昆明呈贡区 黄德基工作室

文字整理：谭毅

268　解题之魅
作为油画教学现场的艺术家访谈

1. 黄德基教授（左一）谈创作

2. 黄德基教授（左二）与来访师生讨论绘画创作

3. 黄德基教授（右二）谈自己的绘画语言变化

学生：黄老师，能介绍一下您创作的方法吗？

黄德基：我大多数是根据照片，包括这种，都是根据照片。因为就是画一块花布，可以随便一点。这个也是根据照片，你看那些留白的没动的，因为我画得多了，就可以从局部开始。

学生：从局部开始吗？

黄德基：嗯，就从局部开始。像这个也是从局部开始，因为无所谓的嘛。做这么一点肌理，把它无限地夸张放大就完了，这是可以的。但是，有一些小的还是从整体画的。也有写生的，包括这些写生的，那几张没在这里。像那个是写生的，在现场画了两天。当然回来改了，没有画完的，颜色不对的，回来接着改。不过，当时就画出这种感觉了。

学生：就是很有在现场创作的感觉。

黄德基：嗯，我觉得自己画画很主观的，有些人跟我开玩笑说是你在搞科研吗。可能画画的人搞科研的很多，他们只不过把它掩盖住了，我则没掩盖住。
学生：这样的画面是更抽象一些，对不对？

黄德基：对，我实际上是喜欢抽象的，只是我老画得不抽象。后来他们也跟我讲，你一天到晚去写生，写生怎么可能抽象啊，看到的就是那么真实的东西。我最近好长时间没去写生了，就是想在画室里自己想一想，那边有两张就是最近画的。这边有几张风景写生是我自己喜欢的，也是最近才翻出来的。这张当时本来是要参加全国美展的，那个时候拿小画方便些。搬家到了这个

地方,拿出来重新看时,我就觉得好看,不过画小的不好画。我在现场画了两天,把几幅拼起来画,就在苞谷地里放着。我用一个苞谷杆拴了一个木炭条,站着勾了一下形,一共是六张。勾勾形就单独一张一张地画,反复地拼接来看,拿回来我又改了非常长一段时间。拿去参展,他们说不好,我说不好就算了,就拿回来了。

黄德基《河边》
纸面油画 44cm×53cm
1983年(左)

黄德基《静静的湖水》
纸面油画 53cm×67cm
1989年(右)

学生:什么展览?

黄德基:今年的全国美展。那么我就说不参加了,反正他们不喜欢这种感觉的画。他们喜欢那种拿放大镜都看不到一个笔触的,一看就能看得到人民币的那种。那种画我是画不来的,也不是不会画,只是觉得那个不是画,我反对那种。这个是很早的,2001年发现王克举的画以后吓我一跳,他怎么会画我这种画。因为他做得比我大,但是这张代表了我那个时候的实际创作面貌。这个是我原来画室翻出来的,就是画的昆钢,作为传统的画法,我觉得这个画得是很到位的。上个月北京的一个朋友,他看了这个画,觉得是相见恨晚,怎么会画得那么好。其实这张写生我自己很喜欢,好像是2010年或2011年画的,我一直想追求这种图案的、有点抽象的画面风格。实际上我早就画出来了,但是因为没有画室,画好就在家堆着。我

2013年和2014年画得最差了，不好。2009—2011年，我画得好一些，包括刚才拿出来的那些。

学生：这个是什么时候的画？

黄德基：这个是搬到这个画室后画的，其他一些都是在改。基本思路还是按照原来的，就是我观察到的都是不同的几何图形。画这张画，找到一点点那种理论上的支撑。过去无论自己生活上有多么的苦、多么的难受，我就想在画面上去实现一种美好的东西，找到一种寄托，去复原一种生活中找不到的理想、实现不了的东西。总体来说，我对自己的画是满意的，但是与我吃的苦头相比是不匹配的，我应该画得更好才对。今天早上在我们学校办了一个画展，刚刚开幕，那边拿了50多张画过去。展览的题目是"破碎与完成"，就是说，我们画画的人要吃很多的苦，任何一个有理想的人会遇到很多困难，现实甚至会把你撕碎。但是，你如果能够挺过去，那么它也是一个小小的完成。那么，无数次的破碎之后可能会让你完成一个更大的东西。我刚才说我的东西和我的人生经历不相匹配，我就在思考，为什么不能画得更好呢？后来我就想，我要反过来，把它画得不像一张画。这个社会既然在虐待我，我便要虐待它。我把我的笔当成刀、当成锥子、当成鞭子，本来我想用砖头来砸它的，因为砖头不太好拍，可能很麻烦，要适应很长时间。后来我就想，不一定非要拿砖头，我把笔当成锥子、当成刀就可以了。我就这么在弄它，你看那些就什么都弄出来了。我觉得稍微画一段时间可能会有点感觉吧。

学生：这个很像版画里的东西。

黄德基：当然我也做了很多版画，目的也是为了找到一种构成语言上的东西。

当然，那种创作方式离不开我平时观察对象的一些方法，我看到的任何对象都是带有几何形的。

陈群杰：为什么呢？

黄德基：可能是我的一种观察习惯吧。

学生：黄老师，您将对象进行几何化的表现是突然意识到的，还是说有意识地将之图案化？

黄德基：首先，图案化、平面化是我对艺术的一种认识。我觉得20世纪以后的艺术，从整体上来讲，它是朝平面方向发展的。往平面方向发展就多少带有图案化的倾向。我认为我是研究构图的人，那么构图很多时候都是以几何的方式在画面上出现的。

学生：看黄老师的版画，是和您一贯的风格融在一起的，很几何化，色彩也很亮丽，油画中也有几何硬边的感觉。

黄德基：原来我画的那几张画，就是控制几个颜色，尽量不要什么颜色都用，往版画方面吸取一些东西。因为我画得也不满意，现在也不太在乎这个了，只要把效果画好，也不在乎太少的颜色。这个实际上是我的一些油画作品，又把它做成版画。

学生：哦，是油画转成版画。

黄德基：嗯。这个是我还没有完成的版画，我又不可能把它再捡起来重新去画，就把它拼贴，叫版画拼贴。

学生：好像是剪开的。

黄德基：对，这种版画拼贴我觉得也很有意思，而且它让我打开思路。

陈群杰：绝版。

黄德基：对，绝版拼贴。我下一次会像这样去构图，直接刻完整。因为什么东西都带有一种实验性，我觉得自己是一个实验性很强的画家。我也追求一种所谓的唯一性，他们做版画的人那么搞，我这么搞，我没必要像他们那样。

学生：感觉是一块冷色、暖色拼接而成。

黄德基：不是，它本来就是我设计了三套色的三张画，但是都没有完成。我不想再去弄它，也不想把它浪费掉，就开始拼贴。他们有些人说还可以拼贴得再复杂一点，我正在想这个问题。

陈群杰：黄老师给大家介绍了他很精彩很有特点的作品，大家对他也有所了解了。接下来，我对黄老师的基本情况做进一步的介绍。他是1985年毕业于云南艺术学院，1990年去央美学习了大概一年的油画，之后，一直没有离开云南这块土地，在这儿生活和学习绘画。其实在云南，画风景的人很多，而且有几个方向和线路在发生。其中，黄老师对风景的表达是非常有特点的。十年前我看到他的一些作品，他就对那种方块的颜色特别感兴趣，而且这种兴趣持续的时间很漫长。如果持续时间长的话,说明他对这个东西特别依恋,始终放不了,因而造就今天呈现的这种绘画更好。

墙面上挂的这两件作品是我刚见到的,我觉得特别好,他已经从80年代的那种带有风俗化的风景画里跳出来了,更多地呈现出艺术家对绘画语言和本土精神的结合。所以从绘画角度来讲,这两件作品让我十分感动,因为他基于云南的一种生活场景或者生活氛围,以及云南特有的文化传统,慢慢地展现出一个艺术家的独到理解。黄老师很谦虚,他刚才说他觉得很不公平,他投入很多,怎么效果不是很好,我觉得那个可能是另外的事情。从作品来说,我觉得他已经画得非常好了。在这么多的风景画家中,有的画家可能会强调眼睛看到的那些风景、风俗的景致,有的人会从中体会那种大文化的概念,还有的会从身边的风景中去体会大师的绘画语言。其实,最终我们会发现,真正有力量的还是和生活状态相联系的作品。我觉得黄老师的这种画风的形成,和他的早年生活应该有很多联系。

在云南,有两个画家比较特别,就是黄老师和段玉海。他们两个都生活在西双版纳,从版纳那种很安详的、植物疯长的、温暖的地区过来的,而且整个民风都是温和型的,所以他们两个骨子里都一直存在着那种带有浪漫主义色彩的味道。但是这两个艺术家分开来了,一个艺术家可能继续那种优雅的、优美的、抒情的东西,今天的德基老师可能更注重的是绘画语言的研究,怎么把自己所看到的苞谷慢慢转化成他感兴趣的。我们也可以发现,他现在的作品中很少有印象主义所提倡的那种灰色。那种灰色没有了,都是很纯的颜色,这种纯色更偏于对地域色彩的关注,辨识性很好。如果让一个省外的艺术家或者省外的人来看,他一看就会觉得这个就是云南的感觉。

那么,今天我们想谈的问题实际上是,一个艺术家怎么从自己的身边发现那种艺术特质进行艺术创作。我想,黄老师目前的绘画也没有那种太超越的国际化的特质,更多的是留恋于一种地域色彩的表达。他的所有色彩以及

教学访谈　　　　　　　　　　　　　　　　　　　　　　　　275

黄德基《自行车系列 之三》
布面油画 130cm×162cm
2001年

用笔都呈现出云南特有的好空气，它没有像北方绘画那种雾蒙蒙的过渡，所以这种纯色在他的作品里呈现得比较多。黄老师在这一块儿其实是超级勤奋的一个画家，我印象里好像六年前专门去拜访过他，去他原来在昆明师专的工作室，成堆的画多得让你会有很累的感觉，他做了很多的研究和训练。

他新画的作品又给我们打开了一个可能性，呈现出另外一种味道，从那种很较劲的状态变得柔软起来。虽然他形容自己画画是用鞭子抽、用砖拍，其实我觉得他变得柔软了，过去和现在的状态都特别有意思。我们同学在创作的过程中，要根据自己的状态，多了解不同的艺术家。像黄老师一类的艺术家，他们常常会说基于他的爱好和习惯使用色彩，但是我们思考问题的时候，要去追问他的习惯从何而来，对我们思考艺术创作也会有很多帮助。我想你们也提前做了一些课程，遇到的相关问题可以请教一下黄老师。

学生：黄老师，您说您在生活中积累了很多的东西，也在大自然中写生，体验自然和心灵之间的关系。那么，您在把自然和心灵融在一起的时候，最让您觉得感动的或者您需要去注意的是什么？

黄德基：这个是这样的，我们拿这张画来说，首先，我很喜欢山，这个是东川那边的山，很宏伟，我在那边画了大概有四五年，我都没有画出好东西，就是没有画出我自己满意的，最后我就放弃了。放弃的原因是什么呢？那边

的山立体感和透视感都很强，而且画山时阳光变得特别快，因为它总是这样一个面，太阳一走马上就变了。我是要画平面的画家，又非要来画一个立体感这么强烈的东西，那肯定是有矛盾的，我就放弃了。形式上我放弃了，我认为我驾驭不了它，实际上内心深处是没法放弃的。我真的太喜欢那种山了，很有个性、很有轮廓，很鲜明、很硬朗，我就喜欢那种东西，放弃不了，有的时候在内心很纠结。当然，我还是欣赏我的老师戴士和，当时在中央美院他说过："实际上画画是不分对象的，上帝创造的东西没有不美的，只是你找不找得到那个解决它的办法。"我是很相信的。我当时没画好它不等于它没有意思，也不等于我对它的情感还不到位，只是过了很长时间我忽然又绕回来了。当然，这个不一定就是好东西，但是至少在探索形式方面，我把我心里想的表达出来了，做了一点点尝试。

学生：特别让人感动。

黄德基：但是，肯定要去画自己熟悉的东西。像我刚才讲的，好几年前我就在画，突然一下子还是折回来了，丢不开的。

学生：那个时候您觉得还没有找到一种很好的、完全释放自己内心的感受。

黄德基：对。

学生：但是绕过来之后您就有这样一种感受了？

黄德基：对。我在画的时候很轻松，比如我在画其他一些画的时候我就想，我要把它画成一张画，那么画这张画的时候就是我不把它当成一张画。当然

最后我是要把它当作一张画的，不过在画的过程中，我还真没有把它当作一张画，很随意地画。你们看这些，都是一些儿童的笔法，像涂鸦似的，有一些是厚堆的，有一些是平涂的，像这些地方的颜色实际上是用儿童彩笔画上去的。所以，当你不把它当作一张画的时候可能画的手法会变得很随意。当然，我的材料有限，如果有更多的材料，可能我还会往画面上弄。像那一张画，实际上是我画版画的时候剩下的颜料，我就把它放在版画油墨上往画面上画，现在是看不出来了，画了很多遍。

学生：黄老师，我从网络资料上了解到，您是1972年高中毕业后在西双版纳的农场工作过，做过很多工作，像泥工和木工，后来又当过中学老师。那么是什么事情促使您最终选择画画这条道路的？

黄德基：实际上，我很小的时候就喜欢画画。"文化大革命"的时候我上小学，二年级有一个美术老师，他上课就教我们画那种样板戏，我就觉得我比他还画得好。然后，他也觉得我画得好就经常教授我。到了"破四旧"的时候，他收藏了很多那个时候就有的拉斐尔、达·芬奇、鲁本斯、安格尔的画册。我记得那些画册是苏联人的文化援助，无偿提供给我们国家的。因为那些画册上有很多人体，若是让红卫兵搜到的话，那藏画册的人是要被打死的，他就不敢要了。有一天我经过他的门口，他说他这里有一搭书，我要我就拿走。我记得很清楚，我费了很大的力气才把它搬回家。读大学的时候那些书还在，但是后来由于放松了保管就丢失了，而且还有国画的水印线装书。那些书现在来看都可以比原作的。那个时候我就已经有做画家的梦了。后来我去做中学教师，实际上是为高考做准备。当时我课很少，又加上我教的是体育，这样我就有时间来画画了。

学生：那您是1981年考进大学的吗？

黄德基：对。在云南，1981年是云南艺术学院第二届考试，第一届是77级。它们中途有过招生，但是我没去考，因为我这个人经常是探地雷的那种人，包括现在也是一样。"文革"时我父亲被抓起来了，那种情况是要株连的。当时我就写了一个申诉交到公安局去了，他们一看到这个申诉又不得了了，说我父亲教育的孩子怎么又这么硬啊，就把我处分了。被处分完之后，我也就没机会考试了。到了1981年，我25岁了，当时有个规定是满了25岁就不能再考了。我就开始着急了，去找当时的政府，那个办理的人还是很理解我的，说我的情况他知道，叫我不要管了，让我直接参加考试。他把我档案里的处分给撤了，我就考上了。这个人叫钱国模，我记得他，是上海来的知青。

黄德基《表情——笑绿》布面油画 130cm×162cm 2008年

学生：黄老师，对于我们外省的同学来说，看您的画和其他艺术家的画时会发现，云南艺术有一种地域性的文化在其中，这种地域性因素对您的创作有什么影响？

黄德基：这个影响还是很大的。但是，我觉得是这样的，如果我到了另一个地方，比如甘肃或者陕西，我肯定也会喜欢上那边的风土人情。那么，既然我生活在云南，我肯定画我熟悉的事物。不过，我认为画画的真正主题不是那种明信片的东西，即使是垃圾，把它画好了也可以成为明信片。

学生：您能不能和我们说说云南哪种很不起眼的但是又特别的景色牵动着您的内心？

黄德基：这张是大理的四方街，实际上四方街是乱糟糟的，这些房子是很破旧的，但是我就觉得它很有意思。又比方说，那张画的是昆钢轧钢厂的房子，我们在那里画画时呼吸都很困难。它本身就带有很多的元素，有大大小小的、横七竖八的样式在里面。我想说的是，今天我在云南画画不用去考虑语言，记录就可以了，因为我觉得它太丰富了。绘画语言的东西在大自然里全部都有，问题是我有没有看到。

学生：您会不会觉得在大自然中看到的东西像是迫使你要去用一种方式来表现呢？

黄德基：会的。有一个地方我每天都经过，每次经过我都要停下来看看。每个季节我都觉得那个景色非常好看，但是我一直不敢下手来画，我好像没有找到那种表达它的方法，但是有一天我突然就画了。

学生：您刚刚说到绘画语言，当我看到您的这些画时，感觉您的手法还是挺独特的。那么，当您面对自然的时候，怎么会有这种独特的感受然后将之传达到画面上的？

黄德基：首先，我很早以前就有一种想法，就是风格绝对不是自然形成的，是要去追求的，要努力地去探索，风格才有可能出现。然后，我觉得我过去

在西双版纳的木工生活对我的创作有一定的影响。当时是砍树,砍下的木屑是很大的,掉了一地,铺在地上,形成一种肌理,那种印象是磨灭不了的,就有点像我现在的那种笔触。还有原始森林里的一些树的树皮,它们的肌理也是一种很好的元素。这些东西对我的触动很大。

学生:您的画面,形式笔触是一方面,精神性是另一方面,那么您是怎样传达一种精神性的呢?

黄德基:我在审视我的作品时,往往是以一种心态为出发点的,即为什么要画,动机是什么。我就是想在画面中表达我的人生经历,或者说与之相匹配的东西。

黄德基《苞谷地之惜红》布面油画 88cm×108cm 2009年

黄德基《表情——富黄贵紫》布面油画 140cm×170cm 2010年

黄德基《表情——善红仁绿》布面油画 65cm×80cm 2011年

学生：我们看您的作品，觉得画面特别明朗，那么您是怎样从自然中提取这种明朗的色彩的？

黄德基：我觉得这与个性有关，某些人对色彩特别敏感，又或者某些人的内心世界本来就很阳光。但我觉得这和我对绘画的认识有关系的。

学生：观念艺术在中国当下盛行，那么云南这种地域性的有效性在哪里？

黄德基：我也经常问什么是云南特色，当没有人去做的时候什么都不是云南特色，比如当时画重彩画的丁绍光先生，他就画出了云南特色。我也想画出一种别人认为能够代表云南特色的风格。我们现在不能说它一定好或者一定不好，这个需要后人去说。

学生：黄老师，您在画面上怎样去处理装饰性和观念性这两个问题？

黄德基：我原来一直认为自己是一个善于变化的画家，所以在不断地创作中，尽量不重复，所以之后的画越来越简洁。

学生：那您以后的语言还是更多倾向于抽象吗？

黄德基：我很喜欢抽象的东西。

学生：这段时间我们也走访了云南的其他一些艺术家，也接触过其他地方的艺术家，他们大都也会做一些版画作品，那么您是如何看待这种创作方式的？

黄德基《表情——茫茫》
布面油画 140cm×178cm
2015年

黄德基：我们不能去夸耀自己，说自己精通油画、版画、年画。像国外很多大师，他们的艺术实现方式实际上有很多种，甚至比我们还丰富。而且21世纪的绘画正在向多元化方向发展，会吸取其他一些艺术形式中的优秀成分。

学生：哪些国外艺术家的创作对您产生过影响？

黄德基：我对国内一些画家还是很佩服的，但是对我产生影响的还是国外的大师，像德国表现主义或印象派的艺术家。我读书时正是中国的改革开放初期，这些外国的艺术流派通过各种形式传入，对我的冲击很大。像中央美院戴士和老师说的"画画不是描而是写"，其实德国表现主义早就这么做了，像我这种性格的人肯定喜欢这种东西。

学生：您怎样看待大卫·霍克尼的作品呢？

黄德基：大卫·霍克尼的东西我很喜欢，但是我又觉得他的东西是不能学的。因为如果我们去学他的创作方式，可能会被认为很幼稚，他的画中有很多看似幼稚、笨拙的东西。当然，这些在美术史里的确是好的东西，那是因为它处于特殊的文化背景中，它才会被称之为好的东西。但在中国的文化背景下是行不通的，所以我们现在学他是不合适的。大师的存在对于我们来讲，就是去学习的，这一点我不反对。

学生：黄老师，您在画面中有意识去追求一种节奏感或音乐感吗？

黄德基：对，好多人也这样说过。实际上，它就是一种形式，形式当然离不开疏密、快慢等节奏。这些对于我们画画的人来说应该很敏感，我们也会很自然地这样去做。

学生：我觉得您的画面能够表达出内心的某种寂寞。

黄德基：对，我认为要做一个画家，一定要有这种承受寂寞的思想准备。我现在在学校做的展览名字叫"破碎与完整"，一定要学会去欣赏这种苦难，

去享受这种寂寞。有些时候我一个人出去静静地画画，像一个隐者，晚上静静地休息，我觉得很享受。

学生：看到您的画，觉得您是一个个人面貌特别强的艺术家？

黄德基：对。因为现在如果一个人要做出某样新东西，他肯定要去忍受失败以及别人的不理解。

学生：无论用笔还是用色上，您早期的作品和现在的差别还是很大的。

黄德基：对。

学生：黄老师，您产生现在这种艺术风格或样式的动机是什么？

黄德基：我以前当过种苞谷的工人，特别喜欢苞谷地，以致不敢画，觉得太复杂，也见过别人去画，于是我就尝试以一种新的方式去描绘我心中的苞谷地，画出那种内心强烈且磨灭不了的情绪。我对蒙德里安的作品很感兴趣，用一种元素来组织一张作品，这实际上就是一场游戏。

学生：我们有些同学毕业以后有可能走上职业画家这条道路，当个人理想与市场发生冲突时，我们应该怎样去权衡二者的关系？想听听您的看法。

黄德基：我觉得这种情况有时候是命中注定的事情，当然，我们也可以从认识上去改变。但是，最有可能的是，你的个性决定你的人生发展方向。没有幸福感的人是不可能去搞创作的，如果你走职业画家这条路，如果你还始终

在搞创作，你再落寞，你都还是幸福的。没有幸福感是不能创作的，不会画画、不会写诗。我们的幸福指数不能用物质去衡量。

黄德基

1956年生于云南西双版纳。1985年毕业于云南艺术学院。2000年至今，昆明学院教授，云南油画学会常务理事。个展：1994年，《黄德基个人油画展》，云南美术馆；2013年，《大美若拙——黄德基个人油画展》，云南源生画廊。出版：《构图及图形意义》，云南美术出版社出版，2001年；《黄德基油画风景写生集》，云南美术出版社，2011年；《艺术·态度·行动：黄德基艺术论文集》，云南美术出版社，2011年。

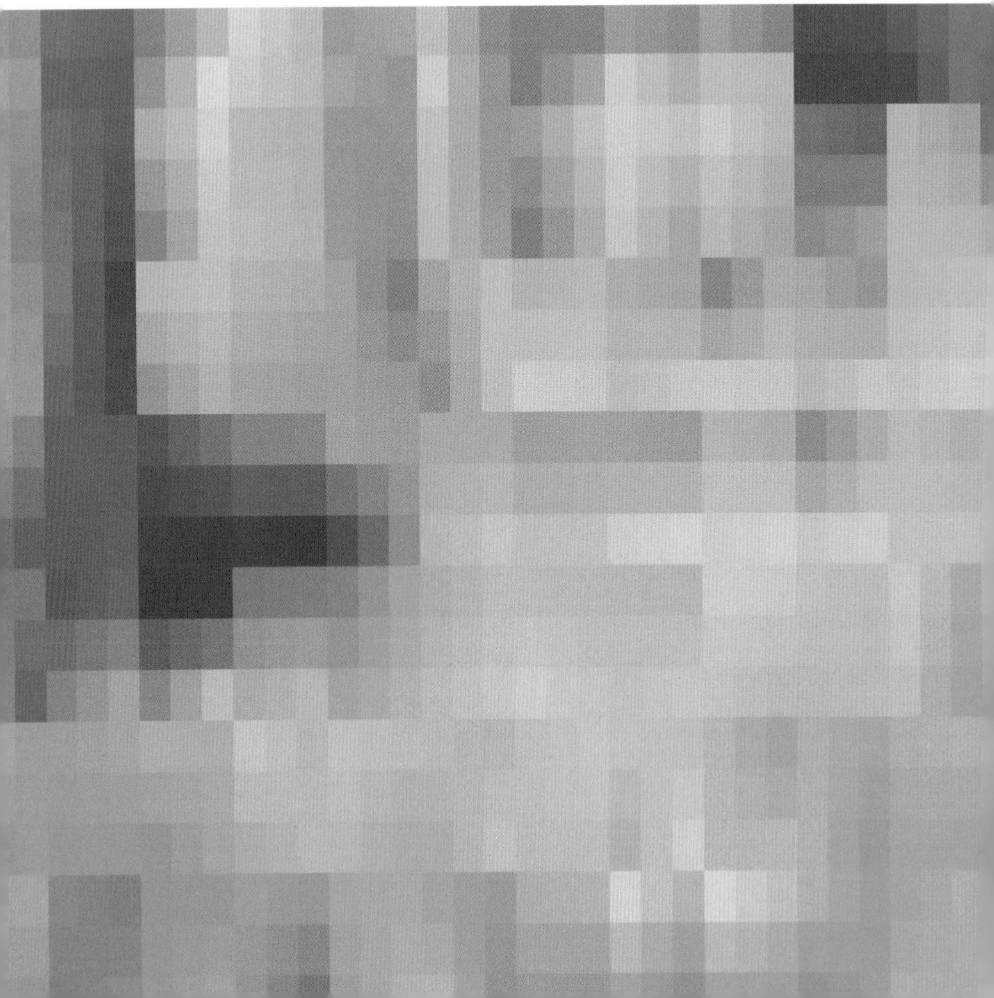

刘亚伟

「向大师学习，坚持走自己的路」
——刘亚伟访谈录

受访谈艺术家：刘亚伟
访 谈 者：陈群杰教授及云南大学 2015 级 MFA
　　　　　油画专业全体同学
访谈记录：范乾薇　方艺瑾　韩月辉
访谈时间：2016 年 11 月 3 日
访谈地点：创库艺术社区 刘亚伟工作室
文字整理：谭毅

288　解题之魅
　　作为油画教学现场的艺术家访谈

1. 云南大学美术系师生与刘亚伟先生（第一排右四）合影

2. 刘亚伟先生（左三）谈创作

3. 刘亚伟先生（左）与陈群杰教授（右）交谈中

陈群杰：我们这个采访是研二油画创作专题的一个课程，希望同学到我们昆明地区的艺术家工作室对艺术家个人创作进行了解和学习，这样来让我们认识更多的创作路径。我们之前提出让同学们自己选择感兴趣的艺术家，刘老师是被选择次数最多的艺术家之一。刘老师是我们云南大学艺术学院的第二批外聘客座教授之一，在学校带过研究生，也上过本科和研究生的课程，对云南大学的美术系教学的推进做了很多工作。刘老师这么多年一直坚持风景画创作，形成了比较有识别度的风景样式，有很多风景写生和创作的经验。我们今天抱着学习的态度来与刘老师交流，这样的经验对同学们的艺术创作会有很多帮助。

刘亚伟：你们很幸福，陈老师是非常有责任心的老师，在教学中，对"寓教于乐"把握得特别好。我和陈老师是认识20多年的好友。我们经常一起出去写生画画，相互之间有很多思想上的启发。在绘画学习中，学技巧和技法容易，但是学思想、学观念、开阔眼界却是很难的事情。希望你们好好地从他身上多学点绘画思想，思想一旦掌握了就不会退回去。我们这个课程应该放松一点，不要紧张，也不要拘谨。

学生：军旅生活对您的油画创作有没有影响？

刘亚伟：很有影响。我当兵时属于文艺兵。你们可以看到我墙上的一些小画，总标题叫作"日记"，因为我们那个年代的人喜欢写日记，我们书信往来、谈恋爱写心得体会都是拿日记去诉说的。这些小画可以反映出我当过兵，《拼刺刀》这幅也可以反映。在绘画里，你最终诉说的是你自己的东西，经历多了你诉说的东西就多。我有当兵的历史，也参加过打仗和冲锋陷阵，在前线，枪炮声和尸体到处都是。平常写大字报、写标语、出黑板报，都是我的事情。

那时画幻灯片，一个很小很小的胶片，上面用化学颜料画上去，然后再用投影仪打出来，很原始。但这些经历对我的绘画都有影响，它们共同形成了我身上和别人很不相同的东西。

学生：能否谈谈您对"巡回画派"的一些看法？

刘亚伟：这个问题可以从两方面来讲。过去我们的油画界喜欢苏派，那时我们这代人很受局限，由于苏联和中国的特殊关系，大量引进来的都是俄罗斯的绘画。我记得我第一次拿到了一本俄罗斯的画册，特别高兴，是一本综合各家作品的画册。这本画册在我家里面已经快散了，它实际上选的都是苏联造型艺术，就是绘画、雕塑、建筑等等。其中的画家包括画风景的列维坦、希施金，画人物的布拉斯托夫、马奇莫夫、列宾等。那个时候我们自己实际上没有评判标准，一囫囵全部吸收，觉得简直太好了，列宾画的伏尔加河、船夫、纤夫，这些画在脑海里的印象特别深刻。那时候只能接触到苏俄绘画，到20世纪80年代姚中华老师引进了蒙克的画展，才会去想"绘画怎么能这样画"。刚开始的时候，我们还是停留在俄罗斯的绘画，只会照搬、不能偏离，偏离就会遭到老师和周围人的议论。现在，这种观念在昆明的许多老画家心目中仍然存在，强调投影、颜色、透视、黑白灰关系、虚实关系、冷暖关系等等，仍然停在苏俄画法的影响上。在希施金、列维坦的画中，投影、冷暖关系都在画面里反映出来，特别在希施金的画里，一棵草、一棵树都逼真、清晰得淋漓尽致，苏联画家

刘亚伟《朝阳金沙江》
布面油画 80cm×100cm
2012年

在其生活的那个时代能画出这样的作品是值得称赞的。但今天再来看希施金、列维坦，希施金我是持批判态度的，他的画技术很棒，但情感方面的传达有欠缺。现在我更欣赏列维坦的画，他有思想，情感力度很强。《弗拉基米尔大道》这张画具有政治含义，其中一望无际的天空，低低的云层，路伸向了远方等，其中包含了苏联政治犯到西伯利亚的必经之路，融入了许多情感。还有一幅画叫《深渊》，描写了一对相爱的俄罗斯青年，由于家庭原因双方不能自由恋爱，双双殉情，投到这个深渊里面去。《深渊》这幅画深邃莫测。现在我更加喜欢列维坦，而不喜欢希施金。我觉得一个画家的画要从情感方面出发，尽量忠实于内心深处的东西，这样才有意思。

学生：您能否再谈谈西方风景绘画和中国风景绘画的区别？

刘亚伟：西方的风景油画发展了几百年，而中国的风景油画大概发展了一百年历史。在此之前，中国有山水画，但那不能算严格意义上的风景画。清末民初时，西方绘画才被引入中国，从历史而言我们走的路很短，毕竟要积淀到一定的程度，我们才可以发展出真正属于自己的东西。改革开放以后，中国人大规模接触到西方现当代艺术，包括印象派、野兽派以及更后来的艺术派别，才真正开了眼界，观念上才有了更新。中国画家在吸收、消化这方面其实很强，今天我们已经有了自己的绘画语言和当代艺术。但风景画要具有当代感是不太容易的，云南的当代艺术作品中很少有画风景的。不过，现在仍然有像王克举、白羽平、任传文老师等人在进行风景画的探索，他们突破了固有的风景模式，也就是苏联的风景画法，开始创造自己的绘画语言和风景画法。我觉得，虽然我们借鉴了很多西方风景画的东西，但我们在用中国的绘画理念来将这些东西转换为自己的东西。所以重要的可能并不是中国和西方的差别，而是它们之间的融合和互相借鉴。

学生：西方的现代主义绘画对您有什么影响？

刘亚伟：总体上，西方现代主义绘画对我的影响不是很大。我可能属于"墨守成规"的一类人吧。当然，我说的并不是指固守苏俄或中国传统的画法，而是指坚守自己喜欢的东西。我在现代主义那儿，也是在寻找自己的东西；如果你只是去模仿，你永远找不到自己。十多年来我坚持到外面去写生，就是想从写生中找到自己。我吃过亏，90年代上半年我还是部队军官，还有一点钱买一部日本的相机，去圭山无数次拍照片回来画照片，用好的镜头拍照回来放大细节，放大一棵树的关系、一个石头的关系。可是，照片没有生命力，就拿一个人来说，照片和真人完全是两种感觉，姿势、表情、皮肤的颜色随时都在变化。所以说我走了很多弯路。照片提供给你的只是一种构成、一种图像，在构成和图像里面发现东西，就需要大量的积淀，要多用眼睛去观察才会生动。凡·高的素描不怎么准确，构图不怎么好看，但是它很生动。去看凡·高的原作就会感觉到那种震撼、生动和不完整，那些冲动的语言和败笔，恰恰体现了绘画最基本的东西。

这些基本的东西，并不能从看画册中直接得到。如果只从画册中体会，印得再好的画册都和你看原作的感觉完全不一样。就马蒂斯来说，原作的笔触和颜色特别丰富、生动，富有情感，有条件你一定要去看原作。就像听音乐会，看电视和在现场完全是两种感觉。只有看了大师原作的那种笔触、颜色，你才能看到一种真谛。那种感觉无法用语言来表达。

学生：能谈谈您在创作时，是如何对客观要素进行主观转化的？

刘亚伟：我觉得，创作需要长期的积累。这种积累首先是阅读方面。阅读对

刘亚伟《金沙山脊》
布面油画 80cm×100cm
2012年

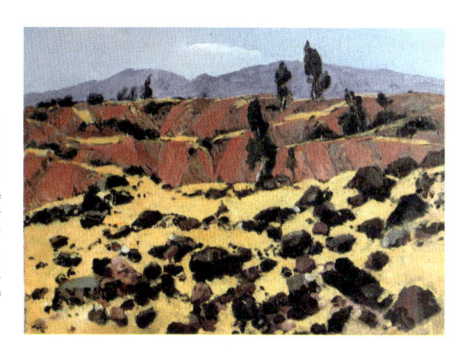

刘亚伟《夕照金沙江 之二》
布面油画 65cm×80cm
2012年

我来说非常重要。第一，要博览群书，特别是文学方面的书；第二是读画。我们需要思考，需要从阅读中学习各种已有的理论，然后在实践中吸收和消化它们。西方的色彩理论体系已经非常的完整，我们在借鉴的基础上，再结合自己的东西。我常讲刚开始一定要有意识地去读画，比如我们读凡·高的《室内》，我认为那幅画在西方色彩绘画里面很典型，整个画面蓝黄调子，色彩丰富，冷暖对比、色相对比、明暗对比表现明确。在凡·高博物馆看到这幅画的时候我很震撼，凡·高不是疯子，在作画的时候凡·高是非常理智和严谨的。我说的理智是指他对色彩的辨别很到位，将色彩的微妙变化表现得淋漓尽致。我们是踩在巨人的肩膀上，西方的色彩理论体系给我们提供了很多现成的东西，我们要去读。就像中国人写毛笔字，先去描红，慢慢地脱离描本，自己一步一步去写各种字体。现在我非常理智，比如去圭山，早晨起来边走边画，去观察景物的明暗关系、黑白灰关系、色彩的冷暖关系和构成，然后再进行观摩和取舍。

学生：网上有人说，您的画没有脱离现实主义风格，您怎么看？

刘亚伟：如果你特别在意别人的看法，那你就偏离了你自己的道路，这样你永远都不能按照自己的想法去做。别被外界的因素左右，你必须坚持你自己的看法！

学生：刘老师，您是怎么评价自己的绘画艺术的？

刘亚伟：我觉得我自己通过这么多年的实践以后，现在的主要问题是：灰调子如何能够体现缤纷的色彩？我想舍弃一些东西来强调另一些东西。比如做文章，你不可能面面俱到，我所要做的就是抓住一个重点，在这一点上用力，争取达到更好的境界。这就是我这么多年所探索的东西！

学生：作为一个画家要解决两个问题，第一是技术上的突破，第二是绘画语言的表达。在不同的阶段，绘画语言也会有不同的变化。您认为，我们年轻人的绘画语言在什么阶段进行定位会比较合适，同时，

刘亚伟《阳光洒满山谷》布面油画 65cm×80cm 2012年

刘亚伟《秋后的院落》布面油画 80cm×80cm 2013年

刘亚伟《雨水润心扉》布面油画 80cm×80cm 2015年

这一时期的定位对我们以后的创作会有什么样的作用？

刘亚伟：我建议你们，花一两年时间，静下心来好好反思自己的道路和风格。画画的人应该静下心来，读书与反思，这才是最重要的。在风格方面，我觉得你们需要经历和感觉到绘画之"难"，这个"难"是要通过不断的学习和实践来探索的。这个境界是需要积累的。就像写诗，起码要有 300 首以上的实践才可能有一点认识。一个画家要有取舍，他不可能什么都做，找到那一点属于、适合于自己的东西，坚持自己的风格不被外界所影响，才是最重要的！

　　我曾经左右摇摆过很长时间，当时我也选择过画当代的东西，那时我非常着魔，很多东西我都想表现。但是很多批评家来到这儿就说："这不是你！"当时我画了一批看上去很当代的画，包括伟人像、火车头，等等，似乎想去探讨一种当代性。但是呢，人家说"这不是你"。后来，我静下心来想，是否当代艺术并不是这样的东西呢？我们很多人搞的"当代艺术"很多时候只不过是一些符号化的、跟风的东西罢了，里面并没有自己独特的生命体验。真正的艺术却要求我们从这些时尚性的东西里面走出来，返回到自身之中，去寻找突破性的语言。这样找到的绘画语言才是"你"。

学生：在这个多元化的时代，油画的本体语言是否需要改变？不过，你要是改变，别人会说你脱离了油画的本质，而不改变又跟不上时代。您说说，像我们这些年轻人应该如何去理解油画语言的变化？

刘亚伟：我觉得油画发展到现在，没有什么固定的评判标准。油画有薄画法、厚画法、厚薄画法，没有人去评判那种画法是对还是错。还是那句话，A 老师说你这样画不对，B 老师说你这样画对，C 老师说你应该如何去改变，你

永远都没办法成长。你需要自己推翻自己，而不是由别人推翻你。当你自我的探索达到一定程度的时候，你就会发现，我就喜欢这样，我就要这样画。所以油画的标准不是外在的、现成的，而是内在的、个体性的，好的画家有他自己的法则。每当我们遇到类似问题的时候，我建议，我们就去看看美术史，那样会有启发。我们要坚持自己，一味听取别人的意见，你永远没有办法画画！

给你们讲个故事。廖新学老师你们都知道，是我们云南的画家。他从法国留学回来，开始画的油画比较厚，用的是"飞机"画法。可是，当时一九五几年的时候很多人都不支持，都说你怎么能这么画，像鸡屎一样，一坨坨的。当时他就改了，可是改变画法以后就没有了激情，没有了动力。再加上身体的原因，他的画作就没有以前那么有力了。这个故事就是要告诉你们，画家要坚持自己的风格，别人给的建议可以参考，但别被这些建议所左右。画家就应该有自己的个性。

学生：您早期的一批画，我看了以后感觉那个画面不管是纯度、明度，还是在暗处和亮面中用的那些暖色调，都给人一种希望的感觉。而我看您较近期的作品，发现您可能在追求一种灰色调。我起初感觉那个灰色太多了，后来却发现了灰色中的层次，亮面和暗面、冷色和暖色，在整体的画面中，灰色不是堆起来的，所有的色彩都呼应起来了。我想问的是，在您画这些画的过程中，是不是也有一个从理性到内心感受的表现？

刘亚伟：是的。我刚开始学画的时候，很尊重那些"客观"的东西，很想把那些客观的关系表现出来。这个时候，我就产生了一个矛盾，因为我身边有同样的画家在表达这些东西。如果有多个画家都在用同样的方式表现这个东西，我觉得那是很悲哀的，所以当时我就变了。变了很多次，走到现在。就

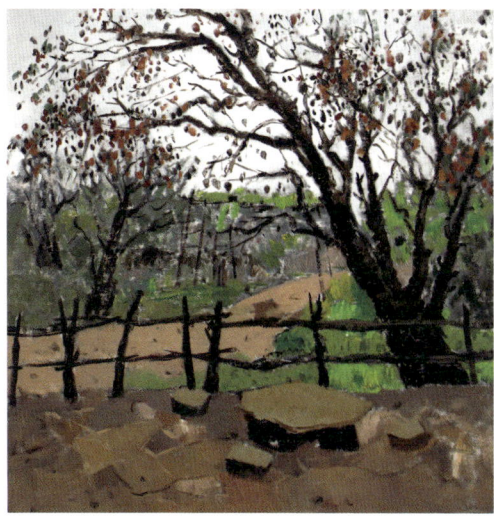

刘亚伟《休渔》
布面油画 100cm×80cm
2015年

刘亚伟《秋至》
布面油画 80cm×80cm
2015年

算到现在,实际上也还是在一些当代绘画的逻辑里做出的一些变化。有些画家一生都在改变,这个不用纠结,顺其自然,变了再回来,回来了再变。每一个大师,他们一生的风格都在变。

学生:刘老师,我在思考过程中,也感受到了绘画中的"加和减"的规律。现在我也在尝试画一些当代的东西。我想问,这样的尝试会不会对我有不好的影响?

刘亚伟《水清无鱼》
布面油画 80cm×80cm
2015年

刘亚伟:不会。因为我们在年轻的时候,本来就有生命的冲动,在绘画里面也是这样。像你说的那样,无论表现强烈或者和谐,在我来看都没错,只要这是真诚的表现。比如说我把土画得很黄,树画得很绿,天画得很蓝,这也是一种当代绘画。因为它是协调的,在色相上面是统一的,是完整的,是强烈的。我们有意识地去表现它,它也是对的。那么见仁见智就来了,有的喜欢强烈的色彩,有的有喜欢温柔的很舒服的,谁说的都没有错。每个人只能坚持自己认定的道路,在这个过程中不容易,短则四五年,长则十年。绘画这条路不容易,不用纠结,坚信自己的绘画风格这才是最重要的!

学生:云南油画的地域风格,会不会因为时间或者时代的改变,再加上社会

的多元化，使这种充满地域性的油画风格逐渐消逝？

刘亚伟：不会的。云南绘画的这种地域特征，当然需要在个体艺术家的个人语言中呈现，这种呈现因人而异，因时代而异，也会出现方法上的突破或更新。但是，无论如何更新，艺术家在突破中同时也肯定会融入当地风俗和风土面貌在其中。这种结合才会呈现出特别的美，因此我觉得，云南地域性的油画风格是不会消逝的。

刘亚伟

　　1957年生于昆明，1974年下乡知青，1977年入伍，1999年转业到云南省博物馆，任馆长助理、艺术总监。现任云南美术家协会油画艺委会委员、云南油画学会常务理事、云南省博物馆专职画家。个展：2012年，《行记：刘亚伟风景油画作品展》，文达画廊，昆明；2009年，《心境：刘亚伟风景油画作品展》，文达画廊，昆明；2004年，《情——生命的艺术体现》，创库井品画廊，昆明。

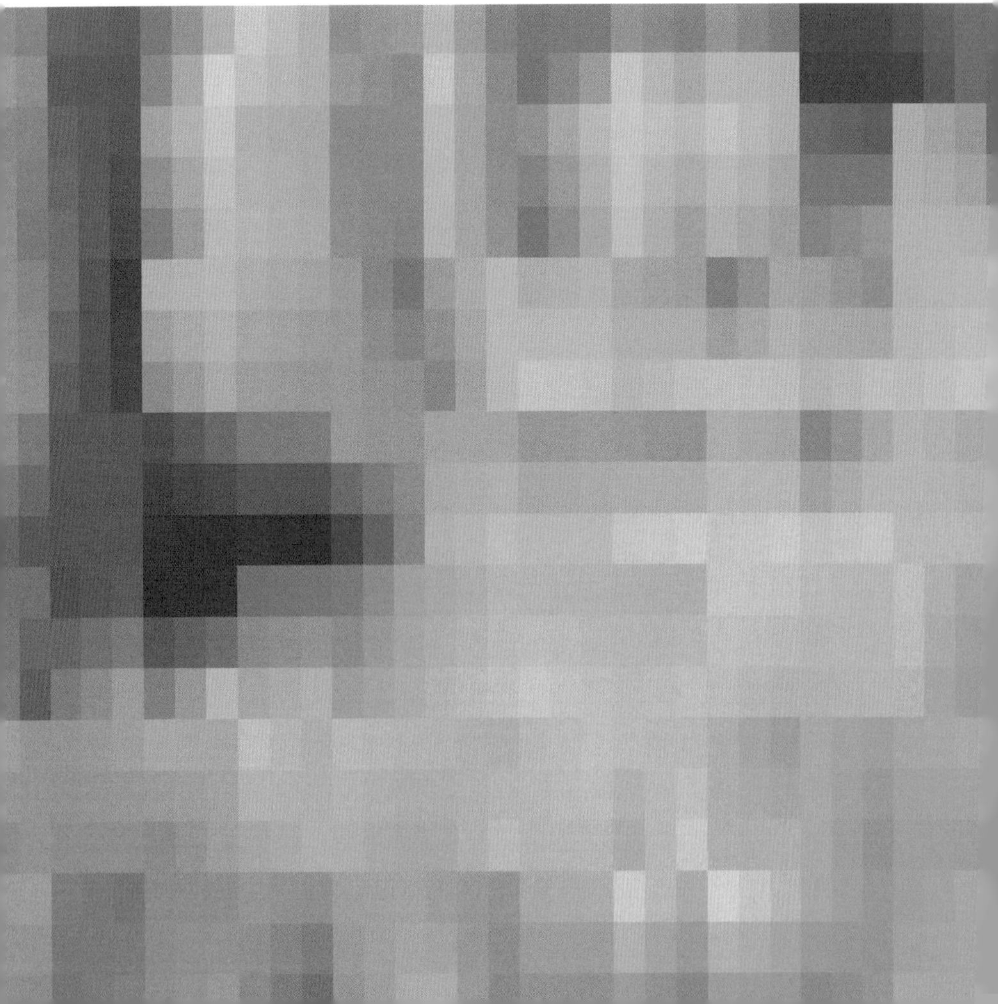

和丽斌

艺术创作中的主体价值
——和丽斌访谈录

受访谈艺术家:和丽斌

访 谈 者:陈群杰教授及云南大学 2015 级 MFA
油画专业全体同学

访谈记录:柴正点　胡芮　黎之阳

访谈时间:2016 年 11 月 2 日

访谈地点:和丽斌工作室

文字整理:谭毅

解题之魅
作为油画教学现场的艺术家访谈

云南大学美术系师生与和丽斌老师（左二）交谈中

云南大学美术系师生与和丽斌老师（右五）合影

学生：和老师你好！你是云南知名的青年艺术家，你的一些作品、特别是行为艺术作品受到人们的关注。今天我们来你的工作室进行访问，想听你谈谈对自己的艺术创作，特别是行为艺术创作的看法。比如，你有一个行为艺术作品，叫《长草》。请问你在这个行为创作地点方面是怎么考虑的呢？

和丽斌：之前那个地方我已经去过了两次。第一次纯粹就是去拍照片玩，觉得不错。过了一年，带油画班去那里写生，很多场景都特别有感觉。又过了一年，我就专门去做行为艺术。之前想了很多方案，到了那里之后那些方案就被我推翻了。你们看到的那个行为，其实有很多想法是在那个场景里面偶发的。

学生：你选择的那些草是什么样的？

和丽斌：这个草是我和另外一个艺术家一起找来的。我们找了很多种草，从很嫩的、嫩芽一样的，到很老的、很枯萎的，有很多种。我睡在那里，他就一直往我身上插各种草。

学生：这个行为作品，一共做了几个小时？

和丽斌：从中午一直到晚上，大概五六个小时。

学生：很辛苦啊！比画画辛苦。

和丽斌：挺舒服的，很惬意。开头大概一个小时左右的时候，会有点难受，很想爬起来，有点忍耐不住，但是过了那个临界点就很舒服啦！

学生：睡着了吗？

和丽斌：没睡着，恍恍惚惚的那种。

学生：为什么你会做这个行为作品呢？有什么触发点吗？

和丽斌：去那里的时候，在田里看到有很多坟，上面长了草，很整齐，像头发一样齐齐的长着。草从大地深处，从身体深处，从死亡深处长出来，这个意象触动了我，所以我就做了这样一个作品。

学生：那你做这个作品时，有没有一个预设的想法，比如说想表达什么？我们刚才看到的感觉是：时间过去，草长大了，又变枯萎了，好像是生命的一个过程。那我不清楚，艺术家做这个行为，他想传达的意思是什么？

和丽斌：其实更多的是想体验我自己回到土里面时，是一种什么样的感受。那些死者在土里面，草从他们身上不断长出，他们如果有感觉，会是怎样的？我特别想去体验那种感觉，所以就这样做了。我很多在自然中做的行为都是从个人体验出发的，通过一些异常的行为方式去感知我和自然的一种关系、一种对话，或者是把我想象成自然的一部分，想象成树或者草等等，然后去体验那种感觉。

学生：和老师，这个作品是把自己当做一颗种子埋在地里，对吗？

和丽斌《幻灭·花火》
布面油画 300cm×190cm
2013年

和丽斌：我也没说把自己当做种子，其实我就是我。我也是自然的一部分，没把自己想象成其他的。会有那种很感性的感觉，人睡着就像植物，也会生长，应该是这样长出来。草长出来，然后融在土里。这些都没经过太理性的推敲。

学生：和老师，我看到你刚刚的那个行为作品，其中有一个情节，你从远处走过来，然后走到近处，躺下来，像是一个人从小长到大，接着死亡。先是生命消长的过程，接着又是从人的生死到自然植物的生长。我听了你说的之后，感觉我对你的这个作品有一点误读，那么我想知道，你是怎么看待误读的？

和丽斌：误读其实是很正常的，艺术作品出来一定会有误读。它其实是艺术欣赏里特别有意思的东西，作品变成了不同的观众内心的一个投射，在作品里试图找到一条个人化的通道。每个人的进入点不一样，通道也是不一样的。误读使得这个艺术作品的内涵更丰富，有更多的延伸。这些反馈到艺术家这里，可能会触动艺术家，会引发新的创造，所以误读其实挺重要的。

如果我做一个作品时预设了一种固定的意义，观众看到的、读到的也是我想表达的那个东西，这恰恰是没意思的。这不是艺术的价值所在。我希望观众能从我的作品中看到我没想象到的信息，那样最好。特别是行为艺术，在目前的这些艺术类型里面，行为艺术相对于其他的类型要更开放。一个是它的场域，另外它是一个动态的过程。它其实是把作者当成了媒介，放到这个世界上，和世界发生一种关系，把这个关系记录下来，它就是一个行为的录像。如果大家看现场，那么就是那一个时间段。它就是这个作品，它是一次性的、不可复制的，在这种一次性里面，我觉得它包含的信息是开放的，这是行为艺术让我着迷的一点。

学生：和老师，在之前的学习里面，我们接触过小野洋子。比如那个"世界乐谱"，她写的那些东西除了她的个体性，还有她可以散发到世界各地，让所有人都可以是艺术家。你是如何看待艺术中的个体性和共通性之间的关系的呢？

和丽斌：个性是优点，但也可以说是一种局限性。一个人曾经的经历，他的记忆还有文化传统，他所受过的教育，都塑造着他的艺术表达的个体方式。但是这一个体的方式，放到公共的平台上，就不再只是一个私密的东西了，它变成了一个共有的事物，公共性的事物。所有人都可以重新来解读或者演绎它。因为大家经常会有相似的经历或者记忆，有很多点是可以触发的。所以即使原作者没有故意的要求，不同的艺术家也会带着自己的理解和体验去演绎它。当代的很多作品一直有不同的艺术家来演绎，每个艺术家都用自己的方式。它变成了一个流动的线索，而不是一个固化的东西。这个特别有意思，比如约翰·凯奇的《4分33秒》，到后面有艺术家是直接砸钢琴，或者做成装置，不停地敲击钢琴。关于这种类型的装置作品其实挺多。现当代以来的艺术史，其实是开放性的一种变动，是流动、生长、变化的历史。

学生：我感觉，特别是对于观众，可能你的一些行为艺术作品带有一种"无意义性"的东西。那您是怎么理解作品里面所谓的"无意义"的？

和丽斌：这个行为对于我来说是有意义的，不是徒劳的，因为最终其实是打通出了一条路，也完成了心理上的一种释放。对我来说，它也是一个象征，我做任何事情都没有问题，一定是能开辟出一条路来的。你看到的这个作

和丽斌《逐日·光之舞》
布面油画 200cm×150cm
2013年

品叫《红海》,是《旧约》中摩西带以色列人过红海的情节,我很多年前看过关于这件事的电影,印象特别深。很多年来我一直想以"红海"为题材来创作作品,也想过画油画、做综合材料的方式。后来我想到,用行为是最好的一种表达方式。因为我可以真正用肉身去体验。报纸是我十多年前就在用的一个材料。之前我用报纸做综合材料的架上作品、绘画作品,所以我对报纸也有很深的一种感受,它带来一种很强烈的信息。它是这个时代的一种象征,碎片化时代的象征。它每天有大量的信息,是一种浅层的、表层的东西,是一个废墟。所以我用报纸堆出一个废墟的感觉,像废墟,同时又像海洋。我把中间的部分堆得比较高,像一座山丘一样起伏,然后在这个废墟上就把它打碎。这是从现代人的体验出发对"以色列人过红海"的另外一种解读。摩西带以色列人过了红海以后,本来他们很快就可以回到故乡了,但是那些以色列人开始怀疑这个事情。他们回乡的路太苦了,还不如回去当奴隶,虽然没有自由,但是不用经历这种苦难。上帝其实是在历练、考验他们,本来几个月就可以走回去却走了六年。我不是基督徒,我就是客观地复述这个故事。它想说很多东西,它作为一个很著名的故事,也像寓言一样。我觉得这个寓言很符合今天的文化语境,但是我们这个背景变了,我们在寻找也在漂泊,这个故乡和那个时代的故乡也不一样。我自己有一种漂泊感的体会,所以想做一个"还乡"的作品。这个作品是"还乡三部曲"的第一部。第二个是叫《盲音》,第三个我还在做。这三个是我对"还乡"主题的一个完整表达。

学生：我们知道，你除了画画和做行为艺术之外，还写诗。你是如何理解绘画、诗歌与行为艺术之间的关系的？

和丽斌：艺术需要有新的可能性、新的启发。我写诗就是为了帮助画画和做行为，特别是写行为时设计方案的用词上，语言需要准确，需要铺设好多层意境。这只能用诗表达。

和丽斌《逐日·天幕》
布面油画 200cm×150cm
2014年

和丽斌《逐日·比邻》
布面油画 200cm×150cm
2015年

学生：老师，能否把行为转换为一幅画？

和丽斌：我觉得很难。我也想过要把行为转换成画，但它们实际上是两个东西。一个注重动态过程，一个则是捕捉动态中的某个瞬间。

学生：老师，你是怎么一开始忽然内心里面就觉得行为是更适合你的表达方式？为什么能坚持那么多年？

和丽斌：也不是忽然，是逐渐的吧。可能我大学时候那个环境也会接触到一

些行为作品，那两年在云南有些艺术家在做行为。有一段时间，我满脑子里想的都是怎么做出有意思的方案。前段时间，我做了几次叫"盲画"的行为作品，也就是在黑暗中对着事物画画、写生。实际上，"盲画"这个意念特别吸引我，它打开了另外一个通道，陌生的一种可能性。这种黑夜，把我带到一个黑暗的世界，这个世界与平时的世界是不一样的，这个世界以前是被忽略的，没有很深入地去体验和观察。当我来到这个黑暗世界的时候，我发觉它是被人类忽略的一个世界。其实，人类在黑暗中的时代很长，爱迪生发明点灯之前人类文明几千年，夜晚都是在黑暗里，我觉得这里面有很多事物是有意思的，是值得去探寻的。虽然是盲画，但是我认为还是写生，因为我是要面对对象来画，而且这个过程中只有去面对它，才可以去很深地感受黑暗。2016 年我画了好几个地方，以后还会继续这种方式，因为还有很多东西需要再去把握！

学生：你所说的这个"夜晚"和"黑暗"是到什么程度的黑暗？我们还能不能辨别颜色，调色盒里面的颜色能不能辨别？

和丽斌：有月亮的时候要亮一些，有的时候没月亮，那就真的是伸手不见五指。

学生：您在盲画时的颜色就是全凭记忆吗？

和丽斌：颜色是凭记忆，其实我只是大致记住那个调色盒里面那些格子的位置。

学生：会不会搞错？

和丽斌：会，但是后面熟练了就不会了。

学生：那我个人觉得，这个作品还是很有逻辑，很有章法。虽然里面会出现很多偶然的情况，但是你的动作仍是受到控制的，确实还是接近于写生。

和丽斌：就是写生。

学生：我觉得，可不可以再把它搞得极端点，彻底看不见，把眼睛挡起来。

和丽斌：我目前还不想太极端，因为我想更多地去观察、去感知。我现在是把盲画当成在写生这种系统上的一种往前走。我想慢慢地走，不想一下子就走得很远。因为在目前这个阶段，还有好多值得我去探索的东西。它确实具有一定的逻辑性，因为这是一种方法，在看不见的情况下我就必须建立一个框架，我是在这个框架里面来操作。这个过程，和白天的、有光照情况下的写生的感受还是很不一样的。这是很感性的，那种画笔在画布上触摸的质感，还有声音和节奏完全是听觉和触觉带给我的。色彩都不是调的，都是用现成的颜色，一个是没办法调，那个夜晚的世界感觉是很透明、很通透，我想画出那种很透明的气息，所以我都希望用最纯净的颜色。

学生：在盲画的过程中，颜色的选择是不是也有想象的部分在里面？

和丽斌：有想象的成分。因为黑暗中的事物看着是黑乎乎的一坨，但它不是完全黑白的，这个黑里面有细微的变化，它有偏红偏绿这种倾向。我是把这种感受放大，使之更清晰化。

教学访谈

和丽斌《三界》（盲画）
布面丙烯 80cm×36cm
2015年

学生：这种盲画，要多长时间才能画一幅？

和丽斌：比较快一个多小时，慢的就差不多三个小时。你刚才看的那张在太行山画的，就画得慢，要画好多遍。当这种黑暗有很丰富的层次时，就要画很多遍才够。这张西双版纳画得要快一点，几乎是一次性完成的。

学生：这个色彩在天空下还是明确的。

和丽斌：对，上面的那几张是在市区画的，太亮啦。我还是喜欢黑，越黑神秘感会越好。画城市的夜晚和乡村的夜晚是两种感觉。

学生：有没有其他人搞过这种方式？好像有个叫托姆的艺术家画画也这样。我在柏林的一个美术馆看到过很多他的作品，4米×3米的那种，就是开着灯，然后自己看好，把材料准备好，把灯关了，再去画，完全是一种本能冲动。画了以后再把灯打开一看，觉得还好，就结束。

和丽斌《秋林寒露》（盲画）
布面丙烯 140cm×50cm
2015年

和丽斌：我喜欢那种抽象的，那种气息很接近东方的，有禅味，抽象表现主义也有这种感觉。不是用视觉经验在画画，其实可以说是反绘画的那种逻辑。

学生：我觉得把眼睛忽略掉以后，其实就是一个意念。托姆布雷那种，我们怎么去解读他？

和丽斌：我觉得他的作品还是要看原作，图片就简简单单的线条，损失太大。

学生：他的大幅的原作的绘画感特别强，那种轻柔搓擦，画得像抽象的，哗的画一笔，几根线条，一堆松松的非常精彩。所以那种作品特别有盲画的感觉、意念。我们经常会说一些人是艺术家，另一些人是画家。和老师更偏向艺术家的状态，对那个文化总体思考会更多一些，所以个人的经验很丰富。和老师个人的展览和参加的群展有一百多次，在这个年龄段里面是非常多的，成果很丰硕。其实这种艺术家类型的作者，会更多地去强调个人创作中主体价值的选择。像和老师的这种状态，我们会看到他会想各种各样的办法，去表达他对这个世界的一种理解。如果我们不强调主体性呢，那我们可能就是用我们的用眼睛去看自然，一直在依靠自然、去追求自然。

我今天中午在想，和老师你为什么会觉得行为艺术对你是最重要的？我个人看和老师的画作比较多，我是从这个线索里面去找和老师的某些特质，你的绘画其实也很有特点。你在选择艺术问题、艺术方法的时候，特别主动地去表达主体价值。所以你是做绘画还是做行为都并不太重要，而重要的是什么呢？我觉得是你对今天这种现实的态度。具体采用哪种方式我觉得不太重要，重要的是你要传达的东西。

和丽斌：是的。我觉得我更偏向于做一个"艺术家"，绘画和行为都只是艺术的一种媒介或方式而已。我觉得，这个时代我们不能只是当一个传统意义上的"画家"，那样你和现实、和艺术在今天的状况就没有什么接触面积和接触深度了，只是在一个既定的传统程式里。这样的画家有很多，我也尊重他们，但我更愿意尝试不同的媒介和方式来探索艺术的各种可能性。

学生：和老师，我就是看了你的盲画系列和更早期的油画、行为艺术，我感觉其中包含着你对时间还有空间的特殊体验。我想问的是，你的体验、感触是怎么在绘画中呈现的？你会选择哪些体验来呈现？

和丽斌：我选择的时候会有偏重。比如，有时我选择的场景是想营造一种很远古的感觉，这种风景是文明之前的。这个世界在生长，还没有形成我们今天看到的这个世界，还是一个混沌生长的世界。那么，我就会去画类似的场景。而后面的"盲山计划"，我设定的那种时间感是黑暗时代，我在面对那个黑夜的时候我感受到的不仅仅是当下的一个黑夜，而好像是一个很久远的时空，像一个黑洞一样，在黑洞里面和它对话、写生。所以我会喜欢深夜，这是自己期待的一种理想状态。但并不是总能这样，我经常会被干扰，毕竟我不是在一个完全和文明隔绝的地方。在撒尼古镇还好。我最近去菌子山写生，车过的时候也会被干扰，这些最终构成了这个盲画作品的一部分。因为它是

开放的，各种信息都被记录进去，晚上打鸟的拿着电筒出来，突然一束很强的光。本来是一个黑洞，突然有光照出来。有时候我也会吓到其他人。所以在自然里面画画，他面对的这个时空其实是多重的，我觉得是很多个时空，交叉在一起。我更喜欢去自然里面画，工作室其实是对自然写生的一种梳理，我在工作室是对之前那些自然经验的总结。而且当工作室的绘画画不下去的时候，我又会去到自然里面寻求突破。

和丽斌《种水》（行为）澄江抚仙湖 2015年

和丽斌《午夜黄姚》（盲画）布面丙烯 100cm×70cm 2017年

学生：和老师，你之前画的表现主义风格的画你还会不会继续画下去？

和丽斌：我现在也是表现啊！我现在的盲画其实还是表现的，只不过是那个风格有点变化。但是我觉得我还是属于表现的系统，可能画到后面我会放得很开，像那种很混沌的搅在一起的也有可能，但这个不是预设的，而是顺着自己的心境走。我想，我能走到哪里就到哪里吧。

和丽斌《对话》（盲画）
布面丙烯 80cm×60cm
2016年

和丽斌

纳西族，1973年生于云南姚安，1996年毕业于西南大学美术学院，2003年结业于南京艺术学院研究生课程班。1996年至今任教于云南艺术学院美术学院。云南油画学会副秘书长，《艺术当代》撰稿人，长期从事绘画、装置、行为、艺术评论、艺术策展等多样性的艺术实践。个展：2008年，《行者日志》，创库TCG诺地卡画廊，昆明；2014年，《日瑟浩奕》，108智库美术馆，昆明；2017年，《盲山计划》，进行时空间，北京。出版：2005年，《绘画·色彩·媒材》，云南大学出版社；2015年，《日瑟浩奕——和丽斌2005-2014年行为与绘画》，云南美术出版社；《日瑟浩奕——和丽斌2003—2014年云南当代艺术评论与访谈》，云南美术出版社。

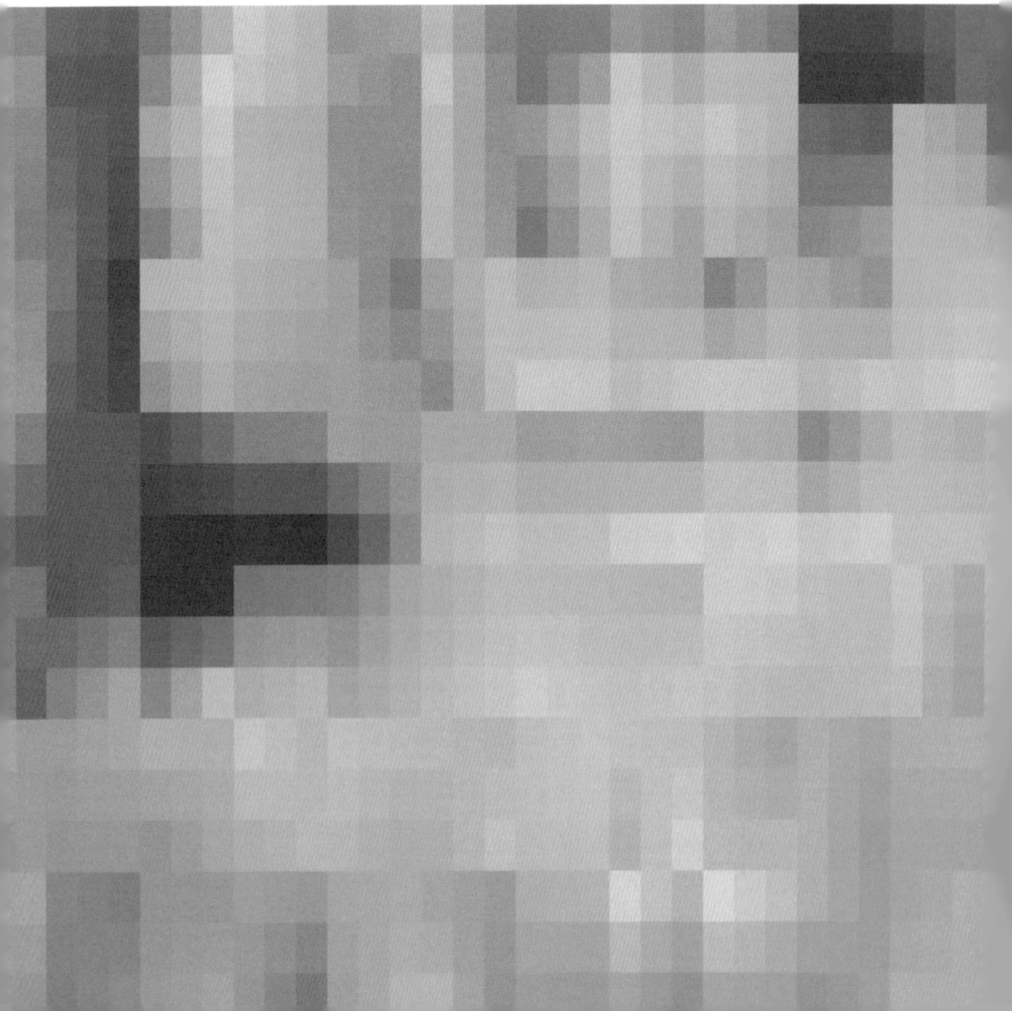

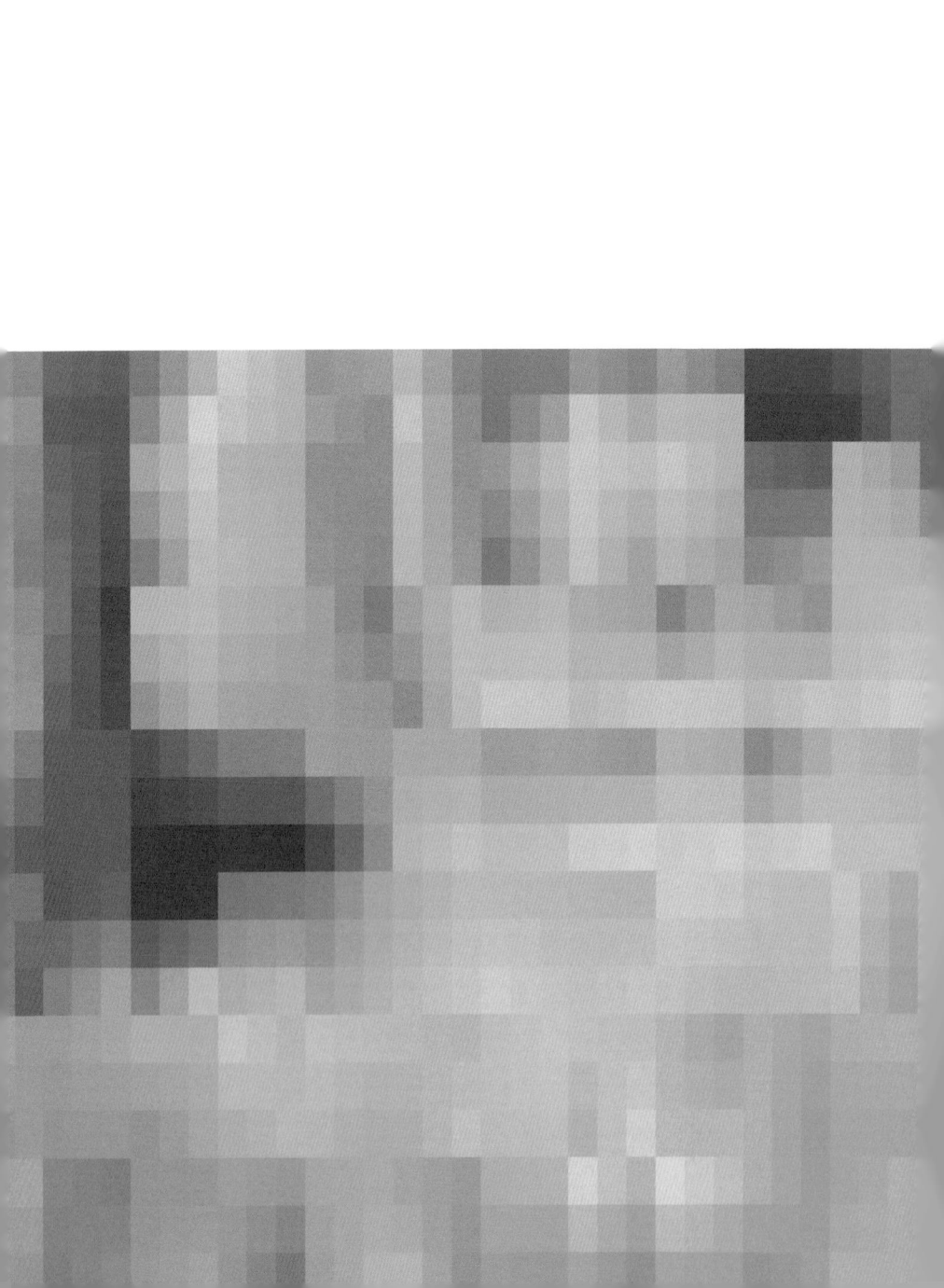

虞华

「80后」的日常经验与艺术表达
——虞华访谈录

受访谈艺术家：虞华

访 谈 者：陈群杰教授及云大2013级MFA油画专业全体学生

访谈记录：贺小璐　吴思思　母江林　李金康
　　　　　马志龙　龚如迅　张晓峰　逯长江

访谈时间：2014年12月9日

访谈地点：昆明明日城市小区 虞华工作室

文字整理：谭毅

318　解题之魅
　　 作为油画教学现场的艺术家访谈

1
2
3

1. 青年画家虞华介绍自己绘画创作经历

2. 讨论中（虞华：左三，陈群杰教授：中，谭毅老师：右二）

3. 青年画家虞华介绍自己的绘画创作过程

陈群杰：我们这个访谈课程，从最初对廖新学、刘自鸣先生的追忆开始，从20世纪40年代一直走到今天。我们这次安排了对虞华的采访。虞华是云大美术学本科毕业。她的素描、色彩基础，比本科学绘画的同学缺了很多。但是，她的艺术创作比很多学绘画的同学还要有活力。她毕业没多少年，可是她取得的成绩是非常突出的。国内很多重要的展览，多地区交流的展览，都有她的作品。我们来采访虞华，主要目的还是想从艺术家的创作经验来入手。我们打开艺术史，已经有很多这样的经验。那些有成就的艺术家，的创作中一个重要的规律，就是几乎都回到了他们生活的日常，他们的画同自己生活的日常是相关的。这个也是一个基本的认识。我们今天来访问虞华，想了解80后青年的创作状态是怎样的，他们怎样从日常生活中汲取自创作灵感和切入点。虞华在这方面做得是非常好的。在这个访谈之前，我非常希望大家明确一点，什么叫"日常"。泛泛地讲，"日常"包括了我们生活周围的所有一切。美术界通用的"日常"概念是一个狭义的概念，它特指那些撇开重大事件、政治事件之外的，人每天实际所在的生活状态。在对"日常"这个概念有个基本了解后，我们做访谈才能触及虞华的创作是从什么地方来的，可能是某一天的印象、某一段时间的人生经历，又把这种经历、感受呈现在作品里面。这是每一个艺术家很私密、很巧妙、很重要的一个环节。

对虞华，我印象很深。最早应该是2002年，云南大学成立艺术类专业，第一个专业就是美术学专业。美术学专业，我和毛旭辉老师当时都找不到很专业的课程可以上。我们当时都是上他们的素描基础、色彩基础这种课程。后来，我们在2004年才开始招收绘画专业。虞华是和绘画班同学一起学习绘画。像现在培训楼的画室，当时虞华应该是待在那个画室里时间最长、最用心的同学之一。其实，当时她就已经画了许多很有意思的静物作品，学院还收藏了她的一些作品。今天看她的作品，里面就有那种非常浓烈的日常性。比如，画一双皮鞋。当然，凡·高画过皮鞋，虞华画的皮鞋更有交流的可能

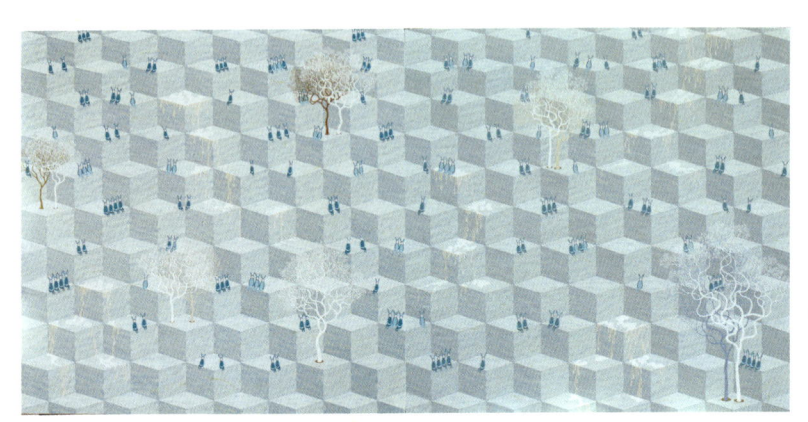

虞华《双城记——凸城》布面丙烯 380cm×200cm 2012年

性，透露出对生活中很小的面、很细微的变化的关注。之后，虞华参加了很多展览。她的画可以从画册中看到，等一会儿她会给我们介绍一些她的创作经验，通过这些大家也可以思考，艺术有那么多的路径，重要的是你的路径是什么。我们了解别人的目的不是要纯粹地研究别人，研究别人的目的是实现自己、挖掘自己。所以，一定要把历史中的经验转换到自己的创作经验里，才会有意思。也许大家交流起来，虞华的生活经验和大家的经验会比较吻合。这个是今天来采访的基本要求和方向。

虞华：我的工作室就在家里。我比较喜欢在这种生活的状态里去画画，我的画可能少一些，我的画画好以后就运出去做展览，放在北京一个朋友的工作室里。这里的画是近几年中创作的。其他更多的可以给大家看图片，然后我给大家讲我的创作过程。我会诚恳地跟大家分享我是怎样进行创作的，也可以理清一下自己的思路，也挺好的。

你们看到的这几张是去年怀小孩时画的一组画。当时，对空间、对生活的平衡，有一些新的想法，因此我根据当时的一些感受画了一些作品。在一种看上去极度的不平衡中，又去追寻一种平衡感。可能我大部分的画都具有这种色彩风格。我一个人的时候会静下来思考问题。所以，我比较喜欢在自己的生活空间里面，以前没有小孩子的时候，家里就基本上我一个人。我先生经常出差，也不在家，所以我蛮享受这种个人生活。当然现在不太可能了，绝对不可能了。后面的这几张跟刚才是一个系列的，这几张是那种巨大的空间里的一个人，很孤寂。

学生：你画画时，是画完一幅再画另一幅呢，还是几张同时一起画？像这样的一个系列的作品要画多久呢？

虞华：以前我可以一起画五六张，因为客厅也属于我。一般这样大的画，我会四到六张一起画。这里干着，我就同时画下一张，这样循环着画，可能全部画完要两三个月的样子。我每天的生活就是睡觉、吃饭、画画，我也不逛街。一般不会一张张地画。

学生：这种空间构成来源于纯粹的想象吗？有没有参照？

虞华：我会在我的速写本上画一些构图，根据构图自己筛选一些。闲的时候我画了很多那种小的草图，反正一张纸很省的。根据不同的感觉画一些，最后就会呈现在画面上。以前画了很多圆的草图，最后就会筛选一下，选出自己喜欢的来画成正式作品。

学生：那些大的画在工具上应该也比较讲究吧？我看您的画，有些画得特别细致啊。

虞华：我画画时，工具方面并不讲究，就用通常的那些工具。这一组是我怀小孩的时候画的,因为那个时候对油画颜料特别敏感,不能闻,就全部改用丙烯画了。这时候我有点产前抑郁症,就是整个思想有点抑郁。所以我就只能用画来平静自己,画面可能就会更复杂一些。我在画面上,把自己一些焦躁不安的心情表现出来。我的画面很复杂的时候,也许就是我的整个状态非常不好的时候。当时非常喜欢暗的色调,所以就拿丙烯全部刷成了蓝色,把所有背景都刷成了蓝色,然后这里摆了一堆框,把所有框子都刷成蓝色了。

学生:但我觉得你的性格很开朗。

虞华:可能就是自我调节吧!因为在外部显露于人前的性格,跟你内心真正要表达出来的,肯定是不一样的。你外在必须显得特别开朗,要很美好地去面对生活嘛。但是你真正关心和思考的问题可能是复杂的,像我就只能用艺术这种方式来表达内心。

学生:你这是先起个小稿然后再画的吗?

虞华:我直接画,不起稿的。先拿铅笔,比如把树的形状打出来,我要画成什么样子我就直接画,上面有很多铅笔印的。这些小的东西我都是直接画的,我只是打个大形。跟我的速写本一样,就是我先把大的形打上,最后根据不同的感觉,什么地方上什么颜色,都是根据当时的感觉就开始画了。

学生:是用叶筋笔吗?

虞华:是用毛笔,很细的那种毛笔。丙烯要好画一些,就是颜料加水调了以后,达到那种稠度,它干了以后也都会很平。像铅笔稿这些大形是都有的,

小的就直接画了。但是画的时候还是要思考一些具体问题，比如头发你要怎么绕，然后自己绕一下，头发里边有花的话你还得考虑一个前后关系。这种就必须要求画家是一个非常理智的人了。

学生：这个是怎么从一个人形转化成一束花的？其中有什么隐喻吗？

虞华：就是那个时候我先生经常讨好我，然后又很怕我，不敢惹我生气，那个时候我的脾气也很大。我就觉得画成鲜花吧，于是就这样画了。

学生：有意思。

虞华：而且当时画这些红色头发，也就是感觉因为对小孩子的未知感，有一种恐惧。我是觉得恐惧的，胎儿在肚子里会动什么的，我就会觉得很害怕。

学生：那画面中出现的鹿呢？上一张也有出现过。

虞华：鹿也是我自己喜欢的一个形象吧，一般情况我就喜欢鹿、蚂蚁、兔子，还有狗。我自己养了两条大的拉布拉多，之前那两届学生来的时候就知道。后来因为生了孩子没办法养，就寄养在朋友的工作室里。

虞华 《孕夜——03》 布面丙烯 150cm×160cm 2013年

学生：这些都是怀孕那个时期画的？这种画还是对当时情绪的反映吗？

虞华：下面有蘑菇，是因为我刚怀孕的时候特别想吃。云南不是有野生菌吗，就是八九月份的时候出，云南人都会买很多来吃，特别鲜美。但是那时候家里人就会不让你吃，觉得吃了会不会对身体和小孩不好。于是我便画了很多毒菌子在上面，这是八九月份画的。还有几张画是近期的，以前的都不在我这儿。这张是没有完成的，它和之前的那两张是一起画的，总共画了三张。这张当时也是为了研究那个材料，当时没完成是因为有了别的想法，于是就去画了别的，就把它给搁浅在这里了。画着画着我也突然觉得树的叶子太重了，可能树干会撑不住它，然后便停了一下，想着该怎么去处理。这种就是思考不够完善，一时冲动然后就去画了，最后就搁浅了。画画的时候可能会感性比较多，但是想要画好的话，还是要思考很多问题。如果前面不先思考清楚并准备充分，在画的时候出现问题，可能你就解决不了。如果你的东西越加越多，整个画面可能就会坏掉。其实画画做加法是非常简单的，你觉得这个地方不对，你往上面填东西。画得厚了把下面的盖了，这个可以。但在画的时候，做减法是很难的。我现在就在想，从自己的画面或者思想上做一些减法、做一些简化，让自己的思想更简单、单纯一些。

学生：你的画的主要尺寸一般有哪些类型的呢？

虞华：我的大画一般都是一米五乘以一米六的尺寸，都是稍微比正方长一点点。我会做一些调节，画一些大的，然后就会画一批小的，接着再画大的。

学生：会不会把那些小尺寸的作品再画成大的呢？

虞华：不会，我从来不会同一张画两次。

学生：为什么？

虞华：你不觉得无聊吗？你可以创造新的东西，干吗要去重新画，所以我从来不这样干。

学生：你的小稿基本都在速写本上解决的吗？

虞华：对啊。这些都是最近画的，都没画好，你们就随便看一下吧。现在有了小孩以后生活变得特别复杂，于是就从我的画面上来简化我的思想，这样可能就会跟生活达到一个平衡吧！如果我的画面再像之前怀孕时画得那么复杂，可能我的思想就会承受不住，因为生活本来就很混乱。突然多了很多事情，基本没有自己的时间和空间。所以就只能从画面上简化，达到一种空的感觉。因为，再复杂整个人就会有问题了。

我生完孩子之后回到这里，准备进入工作状态，我就开始画小稿。画的时候有点复杂，整个人的思想接不上轨，非常混乱，不过画面上自己的思想还是能表现出来的。但是，看完以后就非常压抑，可以感受到我那个时候压抑的感觉，就画这个。画完以后我也觉得不怎么好，不是说这个画不好，而是整个人的状态不好。如果我再画这个，我可能要出问题。我开始每天做减法，告诉自己一定要简单，把自己的想法理顺了，才能很开心地面对生活。所以，我就从小稿开始，调整了以后就很好了，你们看我画了很多非常非常简单的，虽然也是在那种空间里面，自己一个人的那种。2014年画了20多张50×50的画参加釜山双年展，运过去还没运回来。当时，就是兔子抬着一个方块，因为也是自己放不下了嘛。因为有了小孩，就要永远抬着她不能

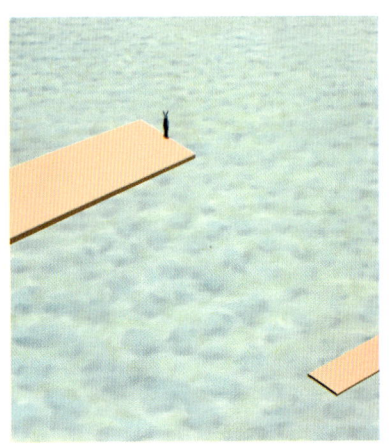

虞华 《放下系列 10》 布面油画　　虞华《放下系列 04》 布面油画
160cm×150cm　2015 年　　　　　160cm×150cm　2015 年

放手。这组画的名字就叫做《放下》。我觉得应该从思想上、生活上放下一些东西，才能去得到更多的东西。

学生：您四年大学生活是如何度过的呢？

虞华：我是 2002 级美术学专业的，2006 年毕业。当时，我们美术学班上的同学一般很少画画，所以基本上有水池的画室就我一个人在用。我就自己进去，拿一个画架，那个时候也不知道油画框是什么，我们用的都是油画纸。前面有一块纱布，那个时候还不知道要在上面刷丙烯，经常画得一整张都是油，不知道油画的油为什么是往下渗的。2004 年开了油画班，开始上油画课时，我去跟他们一起上课，才知道有油画框，怎么刷底。那个时候最喜欢帮着老师刷底，老师们用的油画框都是学生刷底。上大四的时候，除了去外面打工，别的时间基本上就在学校的图书馆，专门看与当代艺术有关的东西。因为觉得自己喜欢

艺术，就一定要了解当代的艺术状况。你们很多省外的学生可能不太知道，云南的信息是不太多的。现在是多媒体时代，手机上就可以了解很多信息，但是那个时代还没有这些。你用电脑去查一下，收集一些东西，只能这样。所以，基本上自己要学的东西还是得去图书馆找。当时，只有研究生有当代艺术的课。我周六打完工都回去跟研究生蹭这个课，基本上我都要迟到半个小时。因为我那边下课，赶到这边时基本上已经过了半个小时。

学生：是哪位老师上这个课？

虞华：毛旭辉老师。他给研究生讲当代艺术。当时我与你们班的沈佳禄一起打工，在马街小学一起代课，那个时候我就认识沈佳禄了。这张是我 2006 年画的画，是我的第一张创作。那个时候我们住公寓，四个女生，别的三个女生都去谈恋爱了，整个宿舍都是我的，我就去买了四个框，在画室里自己画创作。那个时候也没有上过人体课，我就看图片自己研究。那个时候画得非常不好，但是我尝试着把想表达的东西表达出来。快毕业时有那种感觉，非常慌，觉得在非常安全的空间里，自己又常感到危险，内心挣扎。非常想画画，非常想留在昆明。面对着工作，面对着家里人和考公务员什么的，非常矛盾。生活的压力、思想的压力都有，所以就画这些画。这张画上的人体就是一个模糊的个体，因为自己也不知道怎么画。这个就是我最早的创作了。

学生：这都是 2006 年的？

虞华：对，就觉得画要将自己想要表达的东西都表达出来。

学生：是丙烯还是油画？

虞华：油画。那时候自己养了一盆花，很小的。我宿舍朋友过生日，别人送给她的，她就送给我了。尺寸也不大，当时就画了这几张。2007 年我毕业的时候，我继父去世了，对我打击非常大，所以就画了一张这个。当时租的房子在龙泉路，可以从窗子外面看到整个昆明的房子。城中村，很高的房子，就画了一个这样的背景，画了自己夜里仰望天空的那种感觉。有人说人去世以后就化作流星。因为很多要表达的感情还没来得及去表达，人就去世了，非常惋惜。我画了一张这样的画，后来，整个人延续这种状态有很长的一段时间，只能自己慢慢地去调整，从里面走出来。

学生：这个是自画像，那个时候剃光头吗？

虞华：没有啊，是想象。我妈不让剃。这个就是我当时租住的那个房间的构造，门是从这里进来的。这里是窗子，我就住在窗子的这个地方，很简陋的一张床，墙上是毛老师向"85 新潮"致敬的一张海报。我毕业以后非常迷茫，因为自己想要坚持做艺术。其实，我在大学里学的东西并不多，就是上毛老师的课得到一点，知道了什么是真正的艺术，对艺术的坚持，把自己的思想用艺术的方式表达出来。画画不是技术的问题，是思想表达的问题。像不同的人可以写书、写日记、唱歌，来呈现自己的情绪。最主要的是学到了那种思想——对艺术执着的思想，是我坚持去做的一种目标和引导。所以就画了这张很小的画，使用刮刀画的。这张也是跟那张一起画的，同一个空间。就是在我租住的那个房间里。其实，我对那种空间非常的着迷。当时整个人的状态挺不好。你要从那种悲伤的情绪中走出来。后来调整了一下就觉得整个人不能在这种状态里继续下去。然后，慢慢地有了色彩。

学生：有没有什么特别的事情让你思想上有所改变？

虞华：我是悲观主义者。我会发现那种不好的东西多一些。后来画了这张关于空间的画，它被选去参加上海美术馆的"果冻时代"的展览（2007 年）。当时也是因为这个，觉得有了一点新希望。当时一直生活在云南，也是在一个空间里，楼房里也有自己幻想的水面。而外面其实是非常灰的，街道上车水马龙。又画了这张，里面就出现了"兔子"这个小人，这是第一次在一个空间里出现这种形象，也是我自己的一个拟人化。它手里有一个红色的绳子，连着另外一头不知道是什么。后来，就开始接下来三张的创作。因为 2007 年去参加那个展览，第一次去到那么繁华的城市，自己就带了一个相机，边走在大街边拍那些楼房。省外的同学没有我们那种直接的感受，现在昆明发展得很快，但是我们还是很少看到那种很高的楼房。所以，当时去上海还是对我触动很大。我拍了非常多的街景回来，后来就进行了这些创作。

我可以详细说一下那段时间的经历。当时我毕业一年多，跟朋友借了个相机，屏幕可以翻转的。当时拍了很多照片。到了 2008 年，参加上海双年展，作品从色彩上有了非常大的变化，不再是灰暗的，也有了一些新的元素，创作题目是《乐园》，跟当时环境以及自己内心有关，尤其是过山车元素．一直觉得自己很坚强，性格和男孩子很像，后跟寻桂平等同学去圭山写生，但在车站临时改变路线前往东川，在那里画了一些风景写生，后来他们说去贩毒村子里探险，路途遥远，太阳炽热，越过河谷时候太阳下山，水也没有了，自己面对当时未知的情景，很迷茫，很害怕，突然感觉到自己内心的脆弱，于是在同学的陪伴下往回走，回来以后重新认识自己：胆小，怕死，珍惜生命，对家庭的责任感。就画了一批看似充满欢乐却充满冒险的作品。2008 年的鸟巢元素也是希望自己能给自己过一个生日，给自己的坚持有个交代，于是画了作品《生日》4 张系列作品。

2008 年的作品，就是这几张画，画完了之后参加上海双年展，都是跟城市有关。突然一下子可以感受到色彩，色彩上开始有非常大的变化，变得非常鲜艳。因为整个人的状态一下子开始好转起来，所以画面上表现得非常直接。这张是乐园，当时是过年回家，看到山上以前种的整片整片的核桃树全部被砍了。我就觉得对生态的破坏非常严重，很有感触，所以就画了一张这个。我当时在上海美术馆做了一个讲座，题目就叫《幻想乐园般的城市》，就是自己把画面上大家都能看得出来的那个游乐园般的世界呈现出来。现实还是非常残酷的，但我还是应该把它想象得美好一些、童真一些，可能自己的压力会小一些。就像里面的过山车，就是一种游戏，既然你要去玩，就要按照它的规则去做，才可能融入那种游戏。这就是幻想乐园般的城市。我画中的楼房都是自己拍的（放上海建筑幻灯片）。我画中的东西都来自这些图片中自己感兴趣的元素。

虞华《界——08》布面油画 直径 80cm 2015 年

虞华《界——09》布面油画 直径 80cm 2015 年

学生：这些照片拍出来就是这样的？

虞华：嗯，因为自己在取材拍照时角度不同，不是用眼睛看，而是利用翻转

镜头仰视角度对准走过的风景，很多元素都在作品里面出现，比如说海洋球、电线杆、下水道管等等一类的元素都在作品中出现，其实画出来的很多，不一定要找符号性的东西，个人觉得不太容易去改变，所以作品变化很大，回来以后慢慢挑选会发现很多特别的、有意思的东西，边走边拍，用相机代替眼睛去看，不过现在拍照感觉看到的东西不多。

陈群杰：这个选取的视角非常好，一个姑娘从昆明这样一个小城市跑到上海那样的大城市，表达一种林立的感觉，如果采取平视或者其他感觉表达可能就没有深度。

虞华：尤其是上海的电线杆给自己的感触很深，自己生活的地方因为改造很少能看到电线，但是在上海这样的大城市竟然能看到。

学生：相机是一直属于待机状态？

虞华：（去拿相机给大家看）当时的相机是跟朋友借的，后来觉得挺好自己就买了一个，把相机当作自己的眼睛来用，当然还有不同时间段拍相同的景象，白天晚上看到的景象会不一样。因为上海双年展要出作品，再走一遍齐齐哈尔路坐摆渡船感受居民迁移，那时候一些上海本地人听完讲座以后从作品里看到一些既陌生又很熟悉的景象。画的眼睛系列作品的感想是：在另外一个空间，另外一个世界有逝去的亲人在看着自己，感觉自己跟逝去的他们还有联系。

学生：把自己的玩偶拟人化？

虞华：嗯，对，玩偶拟人化。当时创作《幻想乐园般城市》的想法，把现实社会看作自己的乐园，画面就是自己的游乐场，又像在建造属于自己的城市，在画布上很自由的表达，希望自己以一种积极乐观的态度面对复杂的世界（训斥家里养的狗狗），其实兔子跟现实中的人一样，在我们的生活中很多人我们并不认识。2009年的作品，延续之前的作品，超现实主义。

陈群杰：能不能说说在欧洲交流的情况？

虞华：当时，欧洲搞一个艺术节，邀我过去，我就去了三个月，去了瑞士、法国、意大利等等。看展览看得比较爽，当时就带了10个玛丽油画板，还有丙烯、油画颜料。当时我住在阿尔卑斯山下，对于在云南生长看多的大山大树的我觉得很无聊，就出去采花玩，画了很多植物，野花。那里之前是属于疗养院，后来被某个机构买下来供艺术考察之用，在那里每天每个人做一顿饭，能吃到各种不同的口味。2011年，从瑞士回来，回想之前在那里其实不开心，很无聊，没有朋友可以分享交流，孤独感很严重。发展中国家被看不起，作为发达国家同行的他们对中国并不了解，后来我们做的作品却令他们感到震撼。回来以后自己通过此行思考了一些问题：他们作为发达国家，在思想上有优越感，他们不会俯视去看发展中国家，然而我们是以学习的态度面对欧洲发达国家，我们以前不知道的时事问题现在更清楚。回来以后，到2011年，作品色彩就发生了很大的变化，后期世界都是用丙烯作画，很细，然后突然就好孤独，内心有一种说不出的感受。

学生：怎么会有斑马？

虞华：这个属于动物的骨架。本来是想用骨架表达赤裸裸的死亡，但是自己觉得太残忍了，毕竟所有人都希望更美好的面对生活，看到光明的到来。比如说李安拍的《少年派》，很残忍的故事用很美好的故事表达出来。谁都不想永远地面对着黑暗，面对孤独、死亡、黑暗，所以自己就改用了斑马的形象。其实就一条一条的骨头，始终就是斑马，让人不那么赤裸裸的感受到死亡。银光材料画的，拍出来的效果不好内心就是莫名感受一种死亡。

学生：乍眼看还是很漂亮，但是明亮下面都是死亡。

虞华：一年之后，2012年状态调整过来，为参加中国美术馆的中国油画双年展，画了《双城记》，被美术馆收藏，画得很大。蹲马桶的时候看着地板，发现在光线下花纹很有立体感，于是就想着在画布上表达出来，画了一些兔子、叶子，就画了双城记这个作品，跟自己的生活也有关，一个是凸城，一个是凹成，凸城就像创作，每个人在面对问题时候都要探索，每天都有要攀登的高峰，可能今天到了一个点，明天又有新的点，永远都在不停地翻越，但是上到一个高点的时候，人就会出现并且沉浸在一种成功感、优越感中，但是在平坦的思想不再挣扎的状态中，其实危险更大，可能自己就掉入陷阱里无法自拔，所以到了一个高度的时候思想更应该警惕，更应该去思考，因为自己在思考探索的时候是很有动力的，当达到一个高度的时候思想就会懈怠下来，这个非常非常危险，所以就画了《双城记》，路很多，每个人的路也不同，但是一定要坚持。《双城记》的小画板画了30多张，创作期间挺孤独，但是孤独挺好的，很多艺术家思想孤独，只有孤独了才能静下来思考问题，创作之前得先了解自己，表达自己的内心，这个才是创作源源不断的源泉，艺术创作就是要表达内心感受，就像日记一样，有的隐秘的东西无法用日记的形式表达出来，可以用绘画的形式隐秘地表现出来，可能别人看到的是一种感受，但那是"你"的感受。

陈群杰：画着画着又回来了？

虞华：嗯，就画了一些表达困境的东西，反正感觉你是出不去的，如果想出去就必须舍弃很多东西，舍与得的问题，我就在思考一些这类问题，画面开始很简单，可能大的挣扎完了以后必须要从小的点出发，不能老是说一个故事，所以就开始分镜头描述清楚就行了，画了一些在绝望中孤独的画面，尤其人一静下来就能思考很多问题，画的都很小，30×30 的尺寸。作品里有很多空间的局限性，两个色块就达成一个空间，因为自己写生很烂，经常在家，作品也很局限。

陈群杰：那你觉得写生画画都是在创作？

虞华：写生是很重要。我虽然不写生，但写生肯定能训练人的感受和观察力。

学生：你画得很好，所以我也在想这个问题，很多不是从正规科班出来的反而会画得很好。

虞华：对于这个问题，陈老师以前说过我，我是以很好的专业成绩进的云南大学，我的应试水平也很高，那时候我们就觉得画得越像就越好，没有了自己的思想去看客观的存在，陈老师就跟我说要抛弃之前的一切理论的东西，当时我非常不理解，我忘了我怎么学，因为美术学班里有两种学生，一种是有绘画功底的，一种是从来没学过画画以文科进来的，他们从来没画过画，自己看到他们的线条就觉得真的很好，他们反而很放松，我们自己却很谨慎，在这个事情上挣扎了很久，所以很感谢陈老师，告诉我们去思考为什么要忘记之前所有的东西，后来在画画过程中就从自己的思想出发，创作中发现自己的技法跟不上，那就得去学习、探索，技法必须跟上思想，技法帮助思想，尽量完美地把思想表达出来。

陈群杰：为什么我们会选择来访谈虞华，她是一个非经验主义画家，能够给我们很多启示。一个是她的教育背景，她没有经过很正式的所谓的从基础到创作的过程，本科是美术学专业，但是她走到现在是很让我们感动的。感动人的地方就像她说的"艺术源于生活"，她很具体地谈到一个边远城市的小女生跑到上海看到的高耸林立的大城市，她有属于她自己的视角。我觉得这是一个活生生的人的准确感受。但如果说我们是一个非常有绘画经验的人，未必能看到这些东西，更多地会受到一种绘画的惯性的支配，在里面指引自己去观看。都在观看，但在虞华这里她就会因为本身不具备而把这些惯有的东西忽略掉。由于她是直截了当地表现，在专业画家看来就会很奇怪这种颜色是怎么出来的。

虞华是个很年轻的艺术家，但是她可以把自己的创作思路说得很清晰。为什么会画这些东西，是想表达什么思想，对语言很清楚，我们不能画到现在还说不清楚自己的历史。虞华的积累跟自己的观察和阅读有很大关系，她有属于她自己的一种积累方式。艺术里面有很宏大的，也存在很微观的个人主义，艺术一旦开始产生标准、产生模式，就出问题了。艺术就是在这些模式中一次一次地突破，就像一张桌子切了一个角，我们解决掉一个问题，事实上又多了一个角，多了一个问题。有时候就是看怎么去对待传统和个人的观念。所以我们要怎么展开视野，得要具体地和艺术家在一起探讨。个人的生活经验在虞华的作品里体现得非常好。当然我们如果很简单地去看，她的作品中有很多装饰的感觉，但这种简单的装饰不是简单的审美愉悦视角，而是有她很多的生活经历，这一点扣得很紧。当我们画画的时候，开始欣赏我们绘画能力并处在一种愉悦的状态里面，那我们就开始出问题了。还有个更重要的东西，思想，那个是更重要的。所以这些非经验艺术家往往可以直接把想要表达的东西呈现出来，我们受过很多教育的反倒会有很多规矩在里面，一种大家默认的规矩在里面。当然这些规矩也引导了一批画家，实际上，我们来讨论这个问题，是想让大家知道画画或者做事是有很多道路的。一个成功的艺术家往往是找到了最适合自己的一条道路。像虞华这种情况，就适合把概念性的东西扔掉。其实也很奇怪，当你经历了生活以后，你可以说你把它忘记了，实际上它还是存在的，而只是你放弃了这块，关注了另外一块，这是非常可贵的。在我的房间里还有虞华的一张写实的画皮鞋的，那是她早期甚至现在来说非常好的画，画得很认真，灰灰的色调，在毛老师开的油画基础课上画的。

虞华：那张画对于我很重要。当时毛老师在那里摆了一双皮鞋，我自己觉得那个黄色很不好看，整个视觉效果都很灰，觉得那个色彩太静了，自己就想弄个什么东西破一下。后来就看到旁边有个沾满颜料的手套，想着把那个蓝色放进去会很好看，所以别人画的都是皮鞋，只有我画的有蓝色手套在里面，形成对比。当时就有一种创作的思想在里边，包括构图、色彩的一些东西，其实这些就是自己必须很敏感地去面对对象。至于技法，我也尝试过很多，比如说油画刀，大笔触，也喝过酒去放开地画，但是别人来看就觉得很好笑，觉得没达到那种效果。我自己也知道那是自己最放开的程度，思考了很多，也进行了很多实验，寻找自己适合什么路。我的性格很极致，我只能按照我的性格来做，就开始很细地画一些东西，觉得别人做不到的细致我做到了。所以创作时候一定要符合自己的性格。

陈群杰：这个就阐述了个人语言，相对来说很个人化，个人化的东西又拿来

横向纵向做比较,他的独特性又还要符合自己的内心标准,所以有时候我们在画画的时候会觉得怎么又像谁了一类的问题,这就是如果我们没有很多的阅读量的积累,是不可以说自己有很个人化的东西,因为个人化的东西一定是要在一定的文化背景当中互相碰撞之后才可以产生的。刚才谈到三个月的国外学习,看了那么多的画,对你来说有什么影响?你自己想到了一些什么问题?

虞华:有影响,看了文艺复兴时期的很小很细的绘画,回来以后觉得自己的细致算什么,我可以不用画了,因为人家所能够达到的是我自己完全达不到的。看了安迪·沃霍尔、毕加索的个展以后就想,安迪·沃霍尔那么大的画,那么大的厅,那么单纯的色彩,现在来说也许所有的人都可以做,但是要思考他是在他们那个时候的社会背景、突破当时所创作出来的,回来以后也困惑了很久。

学生:因为你是女性画家,对于性别你有没有什么想法?

虞华:没有太多的性别观念,我作为女的,很感性地去感受社会,去感受生活状态,女性就用女性视角去观察去表达,没太大关系。

学生:就像你说的,跟个人的经历有关,那女性就一定要画得很鲜亮才能表现女性?

虞华 《透过时光——04》 玻璃重叠 丙烯 45cm×45cm 2016年

虞华：这个不一定，我早期的作品也有很灰的，很阴郁的，不要一开始就把自己套牢在性别问题里。从我自己来看，颜色都是跟内心有关系发生变化的，出发点要放大，从大的方向出发才能慢慢地去寻找小的点，不要避讳自己内心的想法。看很多艺术家作品也是要从小的时期和心理感受出发，这些纠结不是坏事，要先认识自己，这样才能真实地表达自己。

学生：看着你的画挺细的，很需要耐心，要别人勾怕是要勾疯掉。

虞华：别人看着我的画会觉得很累的，但是我自己在画着的时候很快乐，着迷地沉浸在其中。

陈群杰：对于"着迷"，虞华之前也用过一个词——极致，这个对于她的画很重要。把你自己的一种感觉走到一种观念上来，特别好，也就是我们说的识别性潜藏在里面，如果要变得很中性的话有时候也是挺难的。今天我们看虞华的画，尤其是新的作品，就像她说的，很精致，像铺层纱，很快乐的感觉，但她树的那些造型就很诡异与华丽结合，挺有意思，她的表现方式又是一种很内敛，很规整的。

虞华：这个用红色就代表一种生命，树枝也是这个意思。

陈群杰：要我们画的话就是得有个小稿，勾线，那你是怎么弄的？

虞华：我一般都是直接画，也不用铅笔勾线，画到哪儿就在哪儿了，都不会有草图，但是有大构图，所以最后画出来的效果不一样，也是在创作过程中

的一个变化，画着画着自己觉得这样也挺好的就上去了。我的速写本是最省的，但是想的过程很多，很开心。

陈群杰：虞华的成功给我们的启示也很多，她没有用太多的时间去等待去煎熬，从本科算起最多追溯到 10 年的历史就有作品被国家美术馆收藏，参加国外的展览，这样挺好的，虞华早期对艺术的探索那段时期是很核心的一笔，人一旦坚定了信念以后就会充满力量。

虞华：那时候就是非常渴望画画，毛老师也很认真地教学，接触到油画以后觉得挺好玩，就经常自己一个人在画室摆一堆静物画，都是用油画纸，大家都不会发现有我的存在，当时感觉很幸福，就像是你饿了很久，然后面前突然有一堆吃的，不停不停地吃，就想把自己大学之前睡的三年都赶紧补回来。

陈群杰：嗯，刚才虞华还说到关于画廊对创作者的一些所谓意见，真的是没必要去关注他们，坚持自己就好。

虞华：我现在没有签约任何画廊，很多人都以为我已经签约了，因为我当时还处于一种自己都还没确定方向的一状态，北京一些很好的画廊打电话来说"你的画里面不要画这个，不要画那个"，我当时不知道卡洛这个艺术家，我也没见过，画廊说你不要在画里画红线，是不是因为你看了张晓刚的画，然后我就想到张晓刚，就再去看了他的画、简历，才知道他也喜欢卡洛。但是我个人的红线始终和别人不一样。所以我觉得自己不应该在自己都还没确定方向的时候就去签约，反倒现在自己一个人这样挺好的，想画就画，想改变就改变，签约了以后可能会有顾虑，自己很难尝试着改变，首先自己不敢轻

易去改变，其次别人可能不接受你的改变。画画于我来说就像写日记。没钱了就出去打工，所以没想太多的生计问题。还有一个关键的问题，我是生活在云南，一个少数民族聚集的地方，你们一些外省的同学可能不太了解，我自己研究过这个问题，为什么云南很多艺术家的画，比如说我们这批人李锐、陶发等等的画，都有不同，不一样，这就是云南这个多民族的地方造就出来的。我是彝族，我有自己的生活习惯，我们各有各的民族特色。不管在心理上还是在生活习惯上都存在差异，但是在这里我们都能得到认同，各自保持着自己的特点。

学生：来到云南以后我也发现这个问题，要想让有的人改变还有点难。

虞华：在这里就是自然而然地形成了。

陈群杰：平时在创作的时候很多同学没有头绪，可以从生活和了解的事情入手。我们可以看出来虞华在整个创作当中，每一个形象和个人的状态会发生更多的联系。虞华和过去的艺术家不太一样，过去艺术家可能会更多地参照艺术史来划定自己创作的范围，看虞华的画我又想到80后的特征，他们不太具有沉重的历史感，但是他们有对身边生活的敏锐度。比如边缘城市的小女孩第一次跑去上海，会有很多视觉上的冲击，对于普通人来说这种视觉冲击可能很短暂，但是对于一个可能会成为艺术家的人来说，也许这就是你一个创作的机遇。我觉得她抓住了，她用了可以翻转的相机，拍出有强烈透视感的东西，我觉得在她后期的作品当中都有体现。她的作品很温馨，从开始到现在。但是这种大透视把画面拉扯一下，画面的活力会更好。它不会让我们觉得虞华的东西是一件小东西，是一个小装饰品。虽然里面有很多温馨的唯美的东西，但是她还是把自己那种刻骨铭心的感受艺术化了。班里的很多

同学开始强调个人的感受，那么怎样呈现？其实我们今天可以看到比较完整的一个过程。我们怎样去利用这种图片，把图片转换为一个画面。这个图片有什么感受？从什么地方来？对于一个艺术家来说，陈述自己的艺术作品的创作经历和想法是很不容易的一件事，我们平时画画经常会有很多想法，带有思考性的画家会更加快速地积累自己的艺术思想，他不是完全凭着自己的感觉和冲动就可以成为艺术家的，不可能，艺术家永远是属于善于思考并敏锐捕捉的人。所以那种特别疯狂的、没有思想的冲动通常是会很快消失的，所以今天我看着非常感动。有 40 多张画是最近两个月画的，而且每个都做得很到位。你们会不会想到虞华是靠什么生活？怎么每天都在画画，老公也不工作，会不会想？

虞华：我不怎么卖画，也没跟画廊签约。我觉得自己的创作还不稳定，对于我来说这是很重要的。我接受不了我就框在这个框里面变不了。那种情况我会觉得我生活就到了这里，我永远活在这个环境里面。我选择云南的一个原因，生活成本不是太高。生活中经济来源方面，老公也会做画材，明年也会代理一些颜料。生活过得清贫一点可能会体会到更真实一点的东西。我对于金钱的要求不多，如果有更多的钱可能又会不一样。欲望越多，可能烦恼就会越多。

陈群杰：有机会和画廊签约但是你放弃了，为什么放弃？其实和画廊签约是所有艺术家都愿意的，但是如果画廊去限制你很多艺术创作，可能很少一批艺术家会选择走开，这点很难能可贵。

虞华：最早那位同学问过我："画面上为什么有红线？"我可以解释红线对于我童年的记忆是唯一的，对于我来说是很重要的，也是延续了我对我父亲

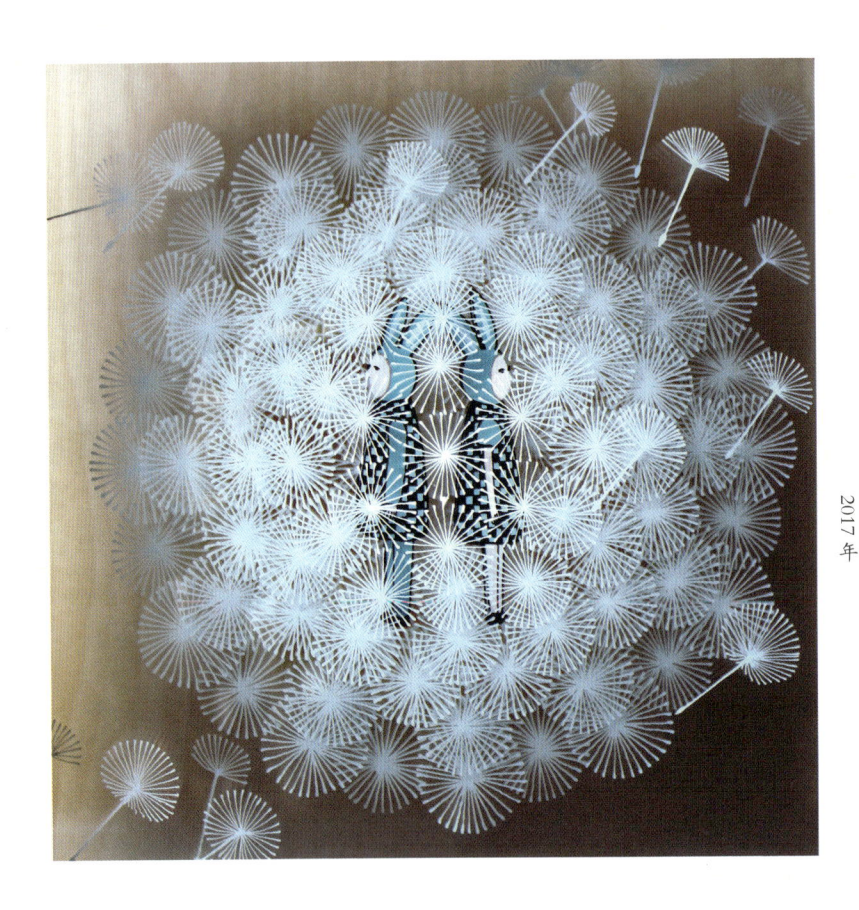

虞华《透过时光系列二 22》玻璃重叠 丙烯 玻璃颜料 25cm×25cm 2017年

的情感在里头。但是第一次有画廊跟我谈合作的时候，他们跟我提出让我画面上不要有红线，因为当时张晓刚也画，他也喜欢卡洛。当时我都不知道我模仿了谁，我只知道我从自己的情感出发需要这条线在里面，他们就给了我这么多的限制，我接受不了。这些有利也有弊，但艺术一定要来源于生活。刚才陈老师说，80后艺术家没有政治思想和社会公德性，80后可能都非常自我，表达的都是自己的东西，只关注自己。这个问题我也反思过，每一个人都是生活在这个年代的，我是80后的个体，每一个80后的个体组合起来才能够代表这一代人的特点,不是一个人就能代表的。所以我尽量把我想表达的表达出来了,我们童年有很多相似之处,我们的作品肯定有很多共性,不存在冲突。

陈群杰:没有冲突,是一种变化。80后像一种创作状态。50、60是向外看,看社会看历史。

学生:社会情况也不一样了,才导致这种状况出现。兔子的符号还会一直延续下去么?

虞华:那是我创作里的元素,也不能说是符号。要根据我画面上的需要。

陈群杰:王昊提的这个问题很有意思,我觉得在虞华的画里面,小兔子都是以第一人称出现,好像就是一个特定的东西,让我们联想有没有象征意义。画面很温馨,但是有时候也很孤寂。有没有对你影响很大的艺术家?会和那个艺术家有很多共同的地方,你有没有呢?

虞华:我最喜欢的艺术家就是卡洛。从他的作品中得到很多信息,他的作品源自他的生活,除了画面,我更追求艺术家精神上对我的影响。我从一开始画画坚持下来,也是陈老师和毛老师对我的影响,因为我最开始基础还是停留在石膏像上,我觉得要画得像。陈老师狠狠批评了我,说我要从应试的阶段脱离出来。要有创作的概念在里面。要从自己对物体的感受出发,我想了一个学期。我开始觉得很不理解,但是对我创作影响很大。创作具有很多突然性,不是纯粹为了画像,具有自己的观察和思想在里面。后来就从自己的真实感受出发、认识自己的内心,所以才有了后来这些作品。更多的不是画

面的影响，而是精神上的影响。

陈群杰：刚才虞华讲的是针对人来说的。对于绘画专业的人来说，形要画准。对于理论研究的人来说没有必要停留在"画准"这层，直接过渡到对艺术的表达上去。其实是根据不同的人给出不同的方向。在学习艺术这一点上，有很多条路可以走，没有哪条是唯一的。我们没有必要做太多一般性的判断，一定要关注自己的生活，画自己的感受。课堂里面可能觉得很抽象，但是在艺术家工作室里看就可以看到一点一滴。坚持很重要，生活里诱惑太多了。一件作品可以卖掉是件很兴奋的事情，只有很少的艺术家在想我能不能卖，能不能这样卖？

虞华：陈老师说的坚持真的很重要。可能别人不经意的鼓励在你的内心就得到了肯定，他需要的只是一点点的肯定，就有了很大的自信。我当时非常想画画，就跟绘画班蹭课上，老师也不会撵我。只要我精神上坚持这个东西，我就一定要去学。一个人只要想干一件事情，就一定有办法。我的画面上都没有太多绘画技术，我的基础还停留在静物写生和石膏像写生上。我从不知道怎么做油画框、不知道颜料的性质、不知道怎么运用，一步步慢慢地学习、琢磨，一步步地学习尝试来达到画面上想要的效果。对于创作来说不要怕，只要你想表达，你会用尽一切办法达到，不要考虑太多，要不然没办法下笔。

陈群杰：两种不同的学习方法。一种是知识的学习方法，知识是讲究前后关联的，从画静物到画人物。还有一种是带着问题去学习，虞华就是带着问题学习，碰到问题就解决它。如果从知识学习的角度你觉得自己基础差，那么从问题来学习会不会有改变。凡·高就是一个例子，比如凡·高早期的作品。但是也不是说要去否定知识的学习，没有必要。

学生：你早期是用比较写实的方式来画的，那么你怎么会想到在画面中用平面化、图案化的方式来处理这些东西？为什么突然转变这么大？是什么因素在起作用？

虞华：可能跟我画这些楼房有关系。最初我的空间还是有明暗对比的，后来画楼房就都是两个色、两个面，受光这面就亮一点，另外一面就暗一点，就拿着调的颜色平涂，涂着涂着慢慢就变成平面化的了。本来也没想平面化，画着画着就成这样了。慢慢地，绘画中素描等技术已经不太重要了，你更想把那种感觉表达出来，所以后来就不断在简化，从思想和技法上达到简化之后，就成为这样的面貌。我基本上都不怎么写生。我出去就看、就拍照片，然后回来就开始根据这种感受进行创作。一开始想去补补技术，后来在创作中发现，技术是服务于思想的。如果我发现我的技术没有办法来实现我的思想时，就会去试验，进行新的学习，总会有办法把我想要的感觉表现出来。

　　你们看到的这些画，全部都是根据照片来创作的，很多东西都直接用在画面中了，像灯、路标、电线……自行车走过的地方，就像生命的前进。而后面的树开始落叶，前面的又是新的，呈现的是生命不停前进并且会凋零的状态。

学生：我很感兴趣的是，为什么你把那些小兔子放在那些横线上呢？

虞华：其实也就是我刚才说的，自己经常幻想去冒险，把自己置于非常危险的境地里。但是在现实生活中，我又是非常恐惧死亡的。于是在画面里去尝试冒险的幻想。你看这幅画的名字叫《蹦极》嘛，然后就想着自己去蹦极，其实也就是幻想一下。

学生：2009 年前后，这段时期的创作基本就是将自己想的这些东西和图片结合到一起去进行的吗？

虞华：是的。那一批画都是这个样子的。画里铁塔等这些物象都是我生活中看到的。当时我住的那个小区就有一个像这样的电线杆，然后我就画了它，就想象着天空上都是一些洞，也有很多电话线，很多网一样的形状。我基本上觉得那种建筑就像是空城，从来没有想象过里面会有人住，对那种很高的楼房有一种危险感和恐惧感。另外一些画面有很神秘的、像蛇一样的东西，很喜欢这种感觉。虽然坐着很多人，但是没有交流，画中有很多电话线和空洞，里面伸出有手的梯子，就感觉有一种求生欲和向上去探寻一种东西的状态，达成未知和已知的两种空间之间的交流，反正都是自己想象出来画的。有很多电话线是想说明，生活本来是很有人情味的面对面交流，结果后来就慢慢变成了网络通信，现在又习惯用微信。

学生：画中那些蚂蚁象征着什么呢？

虞华：我从小就非常喜欢蚂蚁。我觉得蚂蚁处在一个比人类社会都还要完整的体系中，它们分工非常明确，包括蚁巢的建筑、蚂蚁本身的等级，都很有规则，觉得它就是一个小型的社会。所以，我如果想对现实社会和现实生活的人群进行表达的话，就会用蚁群代替，还专门研究了蚂蚁自身的社会形态。

学生：这个时期材质用的什么呢？你画中树的灵感来自哪里呢？

虞华：2009 年以前，我的作品都还是油画，当时用丙烯很少，对它的了解也比较少。油画干得慢，我需要等它干，所以产量低，不过那种状态也挺好的。2010 年的画中有很多树的形态，因为我是 2009 年搬到这个小区，之前从来就没有好好观察过这些树的形态。2010 年的冬天，我有一天出门，突然对那种会落叶的树一下子着了迷。这些树的形态本来不是这个样子，但是画着画着就成了这个样子，就像人的血管，是流动的、有生命的。我就感觉它落叶以后到第二年发芽，经过了涅槃、重生。也画树的根，因为我觉得每个人的生活都是有因果的。自从发现树的美妙后，就从之前画"楼房"的阶段跳到对"树"的自然生命的观察。2011 年的画，也对那种有钻石切面的闪闪发光的东西非常感兴趣，也在画面中有所表现。当我内在的思想达到某个临界点时，就会把所有的想法付之于画面。现在，我的画基本上没有什么半成品或失败的作品，因为我画画的过程非常理性，思想上更加稳定，不会像以前转变那么大。这可能跟我的环境改变有关，当时这个小区人很少，很安静，感觉来到了一个世外桃源。

学生：你现在这些画，感觉比前期宁静了很多。

虞华：其实是和我自己的生活状态、自己的思想有关。2010 年的时候我外婆去世了。然后我小时候一个特别好的玩伴，失联了很长时间最后又联系上了，可没过几个月他去世了。我特别不能接受这种状况，自己明明还很年轻，身边却有很多生命离你而去，不管是亲人还是朋友。那一年的状态很不好，对死亡恐惧，就画了很多相应状态的作品。蛇和斑马的造型，就是想表达对死亡的理解，但又是很委婉地表达，为了舒缓自己恐惧死亡的情绪，不能赤裸裸地表达。

学生：你这个阶段作画速度好像快了些？

虞华：对，因为丙烯干得快，又加上自己对这种线条很着迷，所以速度可能更快些了。2012 年画了一些小画。当时自己也是处在集中思考人生问题的时候，想自己到底要怎么样，要做些什么。当你达到一个平台之后，你可能会有一种安全感，但是要怎样去前进便成了一个问题。其实你在一个安逸的生活里才是最危险的，你会面临各种诱惑、各种陷阱。我试图思考怎样去平衡生活和工作，以及怎样再去发现自己、发展自己。人在任何时候都是不自由的，所以自己要去找到自由的出口。我平时思考问题的时候是在家里，所以画面又回到了一种对空间的表达，这也许是一个迷宫，会产生怎么出去、出口在哪里等等一系列问题，关键是自己能否走出困境。

另外这些是一组的，2013 年画的。这张我也蛮喜欢，隔出了两个空间。这张要稍微写实一些，构图也挺简单，但是感觉因为有两个空间的出现，你就在期待着什么。不知道你们看画有没有那种想法，其实有未知的东西更吸引人。可能你看到的就只是这样，更多的想象在画面背后，每个人的想象都不一样吧。比如说，这张画上出现了一只手，却有一种偷窥的感觉。因为以前我的屋子一直没窗帘，每天晚上就觉得对面肯定有人在看你。我也看得到对面，以前正对面也住着几个画画的。还有几个同学住在旁边，经常过一会儿他们就打个电话说你在干吗干吗，我就觉得每天都在被人偷窥。当时有个朋友住对面，我妹妹住我这里，他就特别喜欢我妹妹，每天都知道我妹妹在家里干什么，什么时候浇花、什么时候做什么。那个时候我就觉得整个人的生活都被别人偷窥，就画了一张这样的画。一开始我也想着挂窗帘，我也挂了，但是没有拉上过，觉得都是正常的生活。如果他真的想看你，他总会想办法看到的。

后面这些画就是今年画的，主要是一些小的画。你们可以看一下图片。我抱着的东西可能就是那些放不下的东西；我也很喜欢把自己置在高处。这

张的构图我也很喜欢，很大的桌子，感觉整个世界就只有你一个人坐在那里。

学生：这个扣子的造型应该推敲了很长一段时间吧？

虞华：也没有，以前那个画得挺复杂的，你也看到了。那张画上的兔子我也做了简化，这个就直接平涂色块了，更加简化。以前还有一些明暗关系，现在直接就没有了。

学生："兔子"在画中是一种符号吗？

虞华：也不算符号，现在我的大画面如果这样处理肯定不行了，必须要很精致地去处理那些兔子。这些都要根据具体作品的需要去定。这个本来就很小，如果还要画得很细，肯定画不了，所以还不如直接平涂。

学生：你最开始画的在上海的那个系列，是从下往上看，现在是从上往下看。我想知道这种变化和你的生活状态、画画的经历有关系吗？

虞华：我觉得应该是个人对世界的感受发生了某些变化吧。刚毕业的时候什么都是未知的，整个的人生都不可掌控，感觉自己特别微小，对很多事物都会仰视。经过不断地攀登，会拥有一些东西，视角也就会随之改变，慢慢转变成对这个世界的一种俯瞰，并且学会低头。以前我也没考虑过这个问题，

虞华《透过时光系列三——漩》
玻璃重叠 丙烯 玻璃颜料 55cm×55cm
2018年

但是你提出来，我觉得非常好。

学生：你的画中总是记录自己真实感受。

庞华：对，以前仰望的时候，应该理解成一种探寻；而现在俯瞰，可能更多的是去发现，因为总会注意到一些细节，而以前会比较宏观。每个人都应该会有这样的经历，初来乍到，面对社会有想法又实施不了，各种抑郁。现在可能更多的是去记录自己的生活，就像日记一样。但是很多隐喻我无法用文字写出来，我的那些伤心、悲观的东西如果写出来，我的家人肯定难以承受。他们如果看到文字，肯定会觉得接受不了，包括我面对死亡的那些思考。所以我只能在画面上把它们表达出来。

学生：你说你是一个悲观主义者，但我更觉得你是一个乐观主义者。就像你本来画的那些人骨，通过变形把它们变成斑马的形象表现出来，大多人去看可能就觉得那是一匹斑马，是很美好的事物。

庞华：我从来不喜欢看悲剧，我喜欢看喜剧。因为我觉得人生本来就特别悲惨，还要去看一些纠结、痛苦的东西，再去哭一场，我就会感觉非常累。

学生：喜剧演员往往都有抑郁症，悲剧演员反而没有。有人说过，喜欢看喜剧的人是因为真的太悲观了，而喜欢看悲剧的人，反而是没有经历过太多悲观的事情。

庞华：这也是有道理的。下面这一张就是一个往前看、一个往后看，我特别喜欢。你们现在看到的这个课件，是 2008 年在上海美术馆做讲座的时候准

备的，我觉得可以梳理一下之前的创作历程。后来陈老师说可以跟你们讲一下，我就自己做了准备，现在看来非常好，因为平时根本没有时间梳理以前的画，或者想一下是怎样走过来的。这样疏通一遍，我整个人就会清晰一些，就像看一部电视剧一样清楚，我觉得挺好的。这张《前瞻和回首》就是这样。接下来就是我的这几张大画。我觉得自我调节非常重要。

学生：你现在和商业方面有过多合作吗？

虞华：没有，我没有和画廊合作。你也看到了，我的画基本上都在画我自己的生活。以前有很多画廊来和我谈，但是画廊毕竟是要卖画，所以还是会受到限制，就不能够去画自己想画的东西，这点我很不能接受。这个我思考过很长的一段时间，和商业方面合作，自己的生活可能会更好一些。但是如果一个人的真实思想得不到表达的话，我觉得会出问题的，所以我会用日记的形式和绘画的表达来记录自己的思想。

学生：你是否已经办过个展，还是正在筹划办？

虞华：我每次都在筹划办个展，但至今也没有办成。后来我慢慢觉得，这已经不重要了。现在我对个展的期待不那么强烈了，以前都是非常迫切地想要把自己的成绩展现给更多人看。以后肯定会办，但是不会那么急，画出来之后有展览就去参加，什么时候觉得应该办个展览就会去办。

学生：就是说，现在艺术在你的生活里已经是必需品了，不是非要去展示给别人，是吗？

虞华：我还是比较幸运的。因为每年参加的基本上是很多大的展览，比如之前的上海双年展，还有一些固定展览。这个展览是中国美术馆做的，又在台北美术馆展览。我一般不会告诉别人我做了什么展览，就像你参加工作一样，人家接受了你，就有机会多参加了。这个画展，陈老师和李院长他们去台北逛美术馆，突然就看到了我，想了一下，这是云南昆明的，好像是我们的学生（笑）。他们就非常激动。

陈群杰：我当时看到也是很激动的，这是我们的学生嘛。到虞华家里来已经是第三次了，每一次她都是最认真的，她把她的创作经验以及她的生活经验都跟我们分享。在她整个下午的谈话里，我们很少听到她提哪个大师或者某个流派，这是与其他画家交流中很少见的。她到底受到什么影响或者是她将要怎么走下去，这种问题可能提到的比较少，而更多的是展现出她日常的视觉经验。其实我们能了解的这些很多也是构成她绘画的基本元素。当然我想，也许有同学在私底下会担忧，这样画你怎么走出去，有没有去画廊的机会、有没有展览的机会、有没有机会靠到哪一个系统里。在这样的情况下恰巧她会显得比较独立，这个独立还来于她对自身的要求。当然，我想这与她受到的绘画教育分不开。有同学提到平面化问题，其实每个艺术家都会非常巧妙地、有意无意地把自己的一些长处和短处结合在一起，形成自己的风貌。

艺术家所整理的艺术创作思路，我希望还可以从另一个方面进行解读。艺术家所有描述的东西是单向的，如果她经过深思熟虑再表达的话，所呈现的又是另外一个形态，和她真正的原始的创作动力会非常不一样，经过理性的筛选太多。我讲这一点是想说，你们在听任何一个艺术家或者阅读每一本书的时候，首先要具备一种反省和批判的精神。如果没有这种精神，你很快就会坠入一种形式的圈套中。所以要在深入进去的前提下，对任何东西保持质疑的态度。如果你做到了，对很多事情的筛选和判断会特别有意思，虞华的这种可贵之处就来自于这一点。

我们已经听到她不同阶段的心理感受和生活遭遇与她艺术创作之间的关系，我觉得特别好。艺术毕竟要和人的生活联系在一起，它不是一个冷漠的东西，所以它随时都有可能和你的生活发生关联。如果你有这种意识的话，每一个人都会去关注，也会把平凡的生活变得有趣，变得深刻或者让人着迷。生活中，我们都在共享一个太阳，但是阳光照在你身上，跟照在别人身上的感受和体会是不一样的。在虞华的画中，我们可以看到很多痛苦的或者危险的情绪，但都被她化解得非常和谐。实际上，这也是艺术家对待生活经验的一种方式。

当然，我们看完虞华的这些作品以后，还可以看到另外的一种类型存在，这一点也是特别有意思的。我们接触的几个艺术家中，虞华可能整理得最清晰，包括她的整个艺术思路和来龙去脉。画家有很多类型，就我个人而言，我特别喜欢那种思考型的画家，尤其是大学教育。如果没有思考，那大学就一点意义也没有，所以我们想通过这个课程，让大家慢慢地导入对个人问题的思考，不是对其他艺术家的思考，而是转换到对你自己个人的思考。

虞华：我们与老一辈的艺术家相比，可能关注社会要少一些，从我们的画面中也能感觉出来，并没有反映出这个社会的问题。这个问题我也思考过，毕竟艺术应该以某种方式介入社会。有时候我也考虑要不要去关注一些社会问题、生活问题、环境问题。但是后来，我觉得自己就生活在活生生的现实社会中，对社会的感受就直接折射在我身上，我把自身的东西理解透了，并且很真实地呈现出来，这也是一种对社会的呈现吧！可能我对生活是这样的感受，而你又是另外的感受，那么我们同龄人所有的创作集合在一起，就能将真正的社会问题反映出来。等我真正想通这个问题以后，就觉得它已经不重要了。比如说我们是"80后"，现在可能不觉得，但是多年以后，把所有

"80 后"艺术家的作品集中在一起，才能看出折射的是那个时代，因为在大家身上必然有共性。所以我觉得这个问题不用担心，因为要一批人才能反映出一段历史。

陈群杰：虞华所讲的这个问题，在 20 世纪 70 年代末的时候，中国很多人也在思考。在过去的中国，艺术创作就是为工农兵、为大众服务的，这是在延安文艺座谈会上毛泽东提出来的概念。之后也有人提出，中国的艺术家一定要去体验并反映工人和农民的生活。70 年代末，很多批评家和艺术家就在思考艺术能不能表达个体自己的生活，人的个人生活能不能以艺术的方式呈现。后来，大家认为我就是社会的一分子，我的生活已经被这个社会所包含，所以表达自己也是在表达社会。这样一来，中国的艺术创作显得非常多元，这也是受一些艺术思考和观念的影响而产生的变化。

我觉得这一点很有意思，艺术家开始自觉地用艺术表达自己的生活状态。比如过去的一些艺术家要画历史题材的作品很不容易，你要站在个人的角度去思考，而这种角度却来于集体意识的指导。而现在的艺术家认为，日常生活本身就是在展现着微观的历史，越是个体的就越是历史的。虞华的想法与此类似。这种经验对绘画专业的学习和借鉴也是很有价值的，而对于那些非绘画专业的学生后来又进入到这种专业学习中，她的价值会更加突出。这些非专业的学生不要有太多的自卑感，觉得基础太差，画得不好；其实你有一个基础，就是文化的基础，我觉得应该还是会有路径可以走。在我们云南大学的研究生里会有这种特别的情况，而在云南艺术学院是没有的。比如本科是另外一个专业，研究生会读绘画专业，中央美术学院可能也没有。但是在云南大学可能会有这种情况，我们有做文学的人进到绘画中，这也是对人的可能性的一种认同。这样的情况下，两种同学或者三种同学交织在一起，他们其实是各有优势的。所以，我还认为其实生活就是这样，各有各的路径，不要去追求唯一化或者唯一化指导下的一种路径。

　　虞华刚刚讲了一句很精彩的话，树很茂盛的时候，其实冬天马上就要来了，它的树叶可能马上就要掉落，这是一个周而复始的过程。我觉得如果联系在一起特别有意思。她给出了一个"80后"或者"90后"这一拨人应该具有的品质，确实没有哪个历史阶段里有这样的特征。像我这种或者像毛旭辉老师这种年龄，在20世纪五六十年代出生，经历了剧烈的社会变化，经常习惯于在高处去俯视社会和生活。而80、90后，生活在科技和网络技术迅速发展的时代，被一个个切割开来，会觉得整个社会非常平淡，没有什么激动人心的事情，对自我的关注、关爱更多一些。

虞华：不是一直都说"80后"很自私吗？其实也不能非得怪我们或者家长的教育有问题，这是一个社会现实问题。可能现在我们看自己觉得还好，去看"00后"会觉得更接受不了。这真的是一个很现实的问题，他们不需要去思考自己的人生，也不需要像我们一样要非常痛苦地去面对一些问题。其实他们应该也有自己的痛苦。

陈群杰：其实这种归纳法是史学家惯用的一种方式，但实际上你还得再反过来逆向地去思考。在"80后"里，也会有那种站在高处俯视的人；或者在1940—1960年出生的这一代人中也有匍匐前进的，这个很微妙。想在哪一个层面上做事情，需要艺术家有一个明确的定位，不要没有思考地随意画画，仅仅凭着感觉走。你知不知道不重要，但是思不思考就非常不一样了。不要把画画变成那种太感性的冲动，画画后面还有很强大的文化思考在支持着。你的作品出来以后，一定会受到那种文化系统的解剖，全部打开来看，不可能只是你的世界。世界上没有完全独立的小世界。

虞华：可能你们现在听我返回头来讲这些的时候，会觉得我每个阶段都有清晰的思路。其实，当时创作时也挺迷茫的。我也思考过这些问题，就是我要画什么、想表达什么、要怎么样来画，这样画了会不会有被发现的机会，或者会不会有展览的机会。从 2007 的"果冻时代"展览到 2008 年去台北参加展览这段时间，突然一下子去了那么多的地方，看了那么多的展览，接触到了同龄的那么多艺术家的作品，触动了我的思考。在云南，我更多的是在看画册，或者是百度一下看看图片，身边也很少接触那些很知名的当代艺术家，没有交流的机会。那一整年，我就只画了一张画，那时非常混乱，主要在思考该怎么样来定位自己。对我来说，当时一直在思考的问题对我以后非常重要，也让我明确了自己要干什么。2007 年时当代艺术非常火，那些年轻艺术家的画价钱卖得非常非常高，像陈可他们的画标价都是特别高；但 2008 年，突然因金融危机一下子滑落下来，艺术市场产生非常大的波动，当时去到大城市跟那些艺术家聊天，发现他们根本就不聊艺术，也不聊生活，聊的是这个画好不好卖的问题。我当时也在想，我为什么要坚持留在昆明？我为什么要追求这样一种艺术？后来反过来想，才想明白。之所以坚持艺术，是因为我喜欢艺术，我喜欢是因为找到一种能够表达自己思想的形式。正因为如此，作家就去写书，喜欢唱歌的就天天去唱歌，也是表达自己的一种方式。我就选择了画画的方式，它可以承载我的思想，也可以承载我的生活。想通了这一点，我的画就是我个人生活的反映。自己突然一下就平静下来了，也不着急我要画什么、我的画好不好卖、有没有画廊跟我签约这些问题。我突然就想明白了，因为我的生活还在继续，那我的画就永远不可能停止，我就可能有新的创作和新的发展。我觉得这是非常珍贵的，因为艺术就像我的生活、我的生命一样，是不可能终止的，也就不受太多外界的干扰。你们看到我后来的画会觉得，我对画面的表现很自信，因为我在画我自己和我的生活，我不会再那么犹豫地说：陈老师，你来帮我看一下我的画，这个地方是

不是处理得不好、这个地方应该怎么样等等这些问题，我全部抛开了。以前我有一种习惯，就是我画的时候会有一些朋友或者一些老师来，先看我的画，突然就会有老师跟我说你这个地方处理得不好，那个朋友又说你这个地方应该这样画。当他们走了之后，我一个人面对那张画了一半的作品时，一下子就不知道该怎么办了。不同的思想聚集到一起，我到底是要这样呢还是要那样呢。最开始想应该是这样去画的，后来我觉得如果按照他们的想法去画，那就不是我的画。后来我就形成了一个习惯，画好后再请他们来看，因为我已经定型了，不管怎样，已经把我想要表达的思想表达出来了。这才使我非常肯定，也画得非常从容、非常自信。当然，参考你们喜欢的那些艺术大师，包括去看很多很多的书，这些都是很有必要的。我为什么后来很直接地在第一次创作中就将自己想要表达的思想融入其中，是因为之前有很多的阅读。我看了非常多的书、画册，了解了很多艺术家，才可能使我对自己的思想进行解剖，很真实地去认识自己，就像一开始我不知道自己原来非常怕死。我的外表和我的内心传达给别人的信息是，我是很坚强的人；但其实我是非常脆弱的，一点点伤害都会使我承受很长时间才能缓和过来。我觉得我应该慢慢地去认识自己、剖析自己，这是非常重要的。可能你们一开始面对创作时，想的问题也跟我一样，就是画什么、怎么去画。不过，不管你喜欢什么样的艺术家，在哪里得到了什么信息，或者关注了这段时间的一个新闻事件、你的生活状态，都可以。但是至少你自己要非常清楚你是在干吗，不然，会变成在这里画了一点，突然发现那里不对，再去补一下。其实你看一个人的画，就会看出他在画的时候想过些什么，是否从容。这个就是陈老师之前说的思考跟准备的问题，完全可以从画面上感受到。这点非常重要。

学生：我觉得，当需要表达时，就去找到一种适合自己的最便捷的方式把它呈现出来，不需要在绘画的技法上去纠缠不清。

虞华：就是！我觉得绘画不只是用笔来画，可能会用到很多方式，比如说综合材料、装置等等，尤其是电影艺术，其实它包含了所有的艺术形式在其中。当你的思想不能用平面的画面来表达时，可以去寻找更多的方法把你的思想表达出来，这个才是最重要的，可能需要加入一些动画或者其他元素。

学生：那平时你阅读的都是哪些内容？

虞华：现在流行微信，看到感兴趣的，就点开链接看一下，今天的阅读都是这样。现在有了小孩，根本没有太多的时间来看喜欢的书。这是一个过程，睡觉之前或者醒来的时候，自己可以看一些东西。但是现在信息量很大，一打开链接什么都出来了。

虞华

1984年出生于云南楚雄。2006年毕业于云南大学艺术学院美术学专业，现居昆明。主要群展：2017年，《意象·叙述——第三届云南油画学会作品展》，艾维美术馆，昆明；2016年，《中国写意——来自中国美术馆的艺术》之《中西融合——中国写意在中国当代艺术中的转换》，圣伊德方索学院博物馆，墨西哥；2016年，《国际动漫艺术展·非常上瘾——日常生活美学再延伸》，银川当代美术馆，银川；2016年，《2016中国美术馆贺岁大展——中华民族大团结》，中国美术馆，北京；2014年，《丹青中国梦——庆祝中华人民共和国成立65周年美术作品展》，中国美术馆，北京；2014年，《韩国釜山双年展》，韩国釜山市立美术馆、釜山文化会馆、高丽制钢水营，釜山；2014年，《第十二届全国美术作品展览——综合材料绘画作品展》，河北省博物馆，河北；2014年，《现代性3.0》，纽约大学美术馆，纽约；2014年，《偏绿——一种与自然相关的态度》，云南省博物馆，昆明；2012年，《现代之路—云南现当代油画艺术》，中国美术馆，北京；2012年，《首届CAFAM未来展·亚现象·中国青年艺术生态报告》，中央美术学院美术馆，北京；2012年，《在当代——中国油画双年展》，中国美术馆，北京；2011年，《复观·动感——2011海峡两岸当代艺术展》，中国美术馆，北京；2011年，《复观·动感——2011海峡两岸当代艺术展》，台湾美术馆，中国台湾；2010年，《果冻时代》，里昂当代艺术馆，法国里昂；2010年，《EINLADUNG DURCHZUG 2010》，NAIRS NAIRS，瑞士；2010年，《果冻时代》，瑞士文化风景线艺术节，瑞士巴塞尔；2009年，《第一接触·台北昆明香港当代艺术联展》，九九艺术空间，昆明；2009年，《果冻时代》，比利时安特卫普摄影美术馆，比利时安特卫普；2008年，《果冻时代》，台北当代美术馆，中国台湾；2008年，《第七届上海双年展》，上海美术馆，上海；2007年，《果冻时代》，上海美术馆，上海。作品收藏：上海美术馆、中国美术馆、银川当代美术馆及美国纽约大学美术馆等馆收藏。

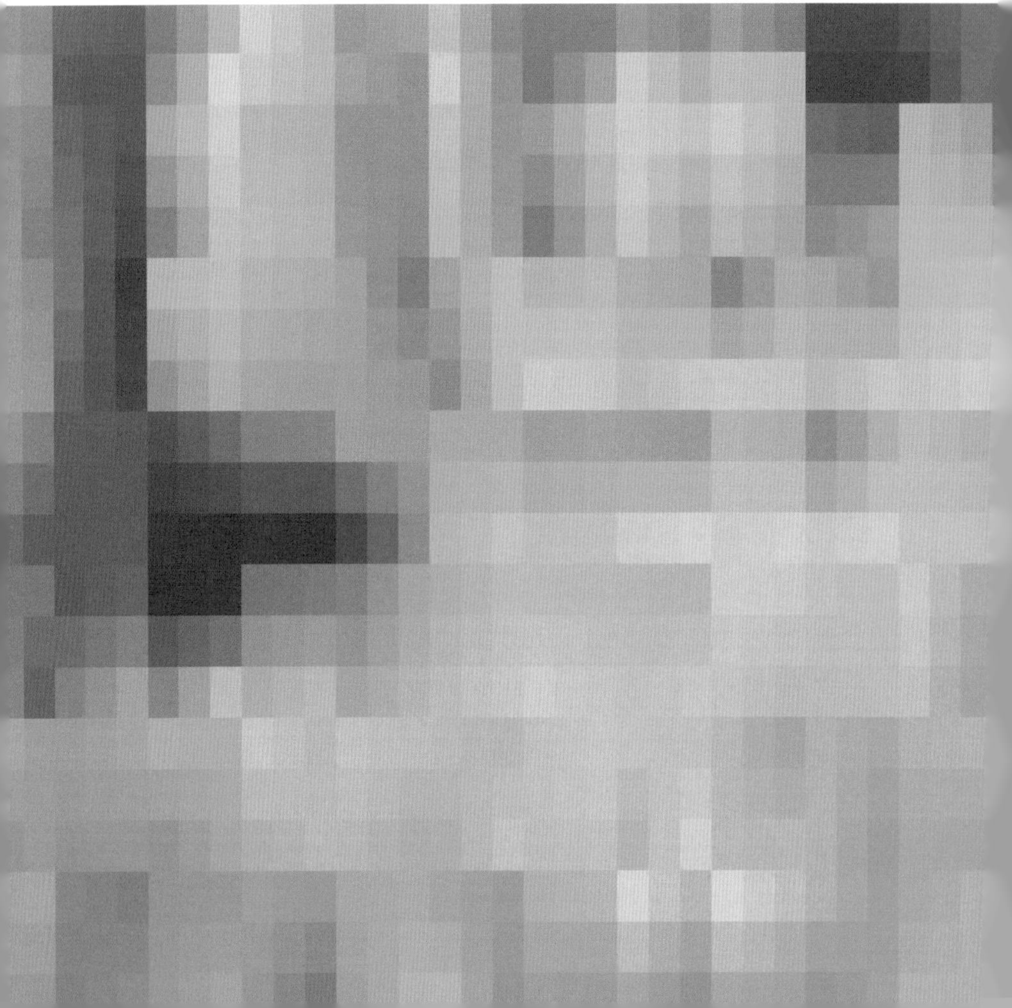

管赛梅

游走在现实与虚幻之间的造梦者

——管赛梅访谈录

受访谈艺术家：管赛梅

访 谈 者：陈群杰教授及云南大学 2015 级 MFA
　　　　　油画专业全体同学

访谈记录：王欢欢　宋也　刘雨佳　易彩云　万励

访谈时间：2016 年 10 月 28 日

访谈地点：西苑茶城 管赛梅工作室

文字整理：谭毅

解题之魅
作为油画教学现场的艺术家访谈

1
2
3

1. 云南大学美术系师生与青年画家管赛梅（右二）合影

2. 青年画家管赛梅谈创作

3. 陈群杰教授（左）与青年画家管赛梅（右）讨论创作问题

陈群杰：前两天打电话给管老师说希望能做一个访谈时，管老师非常热情地答应了。她非常欢迎年轻的艺术家来工作室。同学们要珍惜这次交流的机会，大家踊跃提出自己的问题，相信大家会有新的体会。

管赛梅：现在的很多艺术家都不太愿意去写生或者画一些基础性的东西，但是我认为打好基础是很有必要的。我现在有时间还是会去写生。基础性的东西任何时候都需要再巩固。我的创作中色彩、素描关系还是不够，黑白灰的把握能力仍然弱了一点。所以反过头来，我又开始做一些基础性的训练。

学生：你的作品里经常出现的形象（动物、树木等）与你自身的经历有什么关联？

管赛梅：我的创作和我的生活是有关系的。我小时候生活在农村里，从小就对自然非常感兴趣，大自然里的那些生灵都带给了我触动，这也是我后来为什么创作了那么多自然题材的作品的原因。我在大自然里找到了自己，其实画画就是一个不断寻找自己的过程。

学生：哪些大师的作品对你有影响？你如何看待大师作品对自己作品的影响？你现在固定地研究某一个大师的画作吗？

管赛梅：比如凡·高、高更、塞尚、克利姆特都对我的绘画有影响。我认为，学习大师是很有必要的，每个人都会有学习大师的过程，它就像是一根拐杖帮助你在艺术的道路上更好地前行，找到自己的方向。刚开始学画画的时候，我也会刻意去模仿大师，但现在这些影响对我是不明显的，因为我现在的绘画更加注重的是关注自身。我现在不会再专门盯着一个大师看了，现在研究

的画家比较杂，比如一些国画家的画作我也很喜欢。

学生：在你的风景画中，仔细一看是有人物的。你以后的创作，是会将人物画得更直观，还是将风景画得更直观？

管赛梅：我的很多画里都有人物和动物，这些东西其实都是我自己，是我的一个很享受的状态。我想表达的是：万事万物都是有灵性的，比如树木，它们都是有生命的。我绘画的时候就是在和这些生灵对话，也是和我自己对话。

学生：在你的绘画作品中有很多神秘的生灵，如一些精灵鬼怪。云南也有一些艺术家的画面中有这些题材。这些题材的激发，是云南这片土地上的神话故事带给你的吗？

管赛梅：我的画面偏向神秘主义，这和我从小的经历有关。我外婆是信佛的，她经常会跟我讲佛教，佛教里会有一些神灵鬼怪，直到现在，我都还认为鬼怪是真实存在的。我现在有时候会和大树讲话，一些两三百年的树，我会觉得它是老树精，还会通灵（笑）。总而言之，我的生活经历影响了我的绘画。

学生：云南是非常具有地域特色的，而这种地域性是否对你的绘画造成影响？个性和地域性有高下之分吗？你是如何取舍的？

管赛梅：我觉得每个画家都会受到地域性的影响。云南特有的地域性给我带来了养分，让我走得更远。个体性和地域性之间，我认为没有高下之分，两个是结合在一起的。个性和地域性同样重要，画家不能舍弃其中的任何一项。

管赛梅《相爱树》
布面油画 70cm×70cm
2009年

管赛梅《梅子的世界4：幸福》
布面油画 170cm×150cm
2010年

学生：你是如何与现实对话的？

管赛梅：我的作品大多是源于我的写生，这就是我与现实的对话。这些现实的物体都是来自我对大自然的写生，然后再回画室加上我自己的想象，丰富自己的创作。很多时候我的创作都是无意识的，不会特定有一个具体的规划，我都是局部地处理画作。

学生：可以具体谈谈，地域性对你的创作有哪些影响吗？

苏斌：这个我帮她来回答。云南的画家，包括陈群杰老师，还有我，不容易受到中心城市的风潮影响，不会轻易被卷走。潮流总是在变，艺术潮流顶多三年就换了。2009年前后的潮流会把一些艺术家推向一个很高的高度，现在人们又把另外的一群人捧得很高。相对北京来说，因为云南的地理位置太远，云南的艺术家不会受到外界的过多干预。大家也会觉得，反正我就画风景了，那些问题与我无关。

陈群杰：但是我觉得恰恰相反。在云南有所成就的艺术家，几乎都受到了所谓中国主流艺术的影响。我们看到的张晓刚、毛旭辉、叶永青、唐志冈，这些成

功的艺术家全是要跟着北京走。只要你不跟着北京走，你是不可能成功的。所以和你说的这个恰恰相反。

反过来说，"地域性"在管赛梅的画面上得到了比较充分的体现。我觉得"地域性"包含了这块土地的文化和地理特征。比如，在中国美术里面用这种大红大绿的、很纯的颜色的女性艺术家不是很多，北京有很多女性艺术家，画的是很鲜灰的颜色。这跟个人经历有关。这一次同学们选择了你，他们也在研究你，觉得你有一些现实的东西，也有一些魔幻的东西。这种魔幻的东西不是从石头缝里蹦出来的，而是此前的艺术经验（这个经验包括写生和阅读）引发的产物。阅读艺术史时每个人都会进行筛选，在这个过程中，你就会留下一些画家——克里姆特，高更……我们在创作的过程中需要一根拐杖，把我们带到一种创作里面。今天的绘画太多太丰富了，我们要找一个大师来靠着，很容易，似乎显得理直气壮。但是当你走了一段时间，我们就需要寻找自己。大师找谁依靠？大师可不会找另外一个大师！

管赛梅《为什么受伤的总是我》
布面油画 200cm×150cm
2011年

学生：你也去过北京一段时间，是什么时候去的？你对北京那边的艺术圈的感觉如何？

管赛梅：我是2012年去了一趟北京宋庄，在那里待了三个月。其实我待了一个半月就走了，我觉得那个状态不适合我。当时我觉得北京有点浮躁、激进。去的时候也太年轻了，北京的那些潮流会影响自己，使自己画得也很装

饰，回来以后又重新调整了自己，之后会好很多。

学生：有那个时候的作品吗？

管赛梅：后来被我全部拆掉了，我觉得那些都没有意义。有过这种状态也很好，会让自己更清楚自己。

苏斌：如果你只是旅游，去个七八天反而会很惬意，不会有压力。但是你要是真的待在北京创作，你要和别人过招，这种气氛就完全不同了。

管赛梅：可能就是当时看了很多不同的东西，给我自己的创作带来了不同的碰撞。一下子就缓不过来了。其实，我第一次去北京也是相当激动的。大三的时候第一次去北京，去看了中华人民共和国成立六十周年的展览，看了以后激动兴奋，回来赶紧画画。

陈群杰：你去北京三个月，你对哪个展览或者哪个艺术家有兴趣，你还记得吗？

管赛梅：国博的那个展览，吴昌硕、李苦禅他们的画，收集得比较全的那个展览。还有国博的文物对我的影响也比较大。看了那一批文物，我就赶快回来做了一批陶瓷。我太喜欢那些陶瓷了，觉得中国的东西不亚于西方大师的。尤其是古代的。

苏斌：国博是把全国各个省市的博物馆里的精品汇集过去的。其他地方以前根本看不到，在省博只能看到一些复制品。到了国博你能看到原作。

陈群杰：带他们第一次去北京的时候，我的建议就是去看西方最好的东西和中国最好的，像故宫的绘画馆里那些比较耐看的。

苏斌：去北京其实画廊没有必要去看，798这些去感受一下就可以了。在六十周年的展览上终于看到了徐悲鸿的作品，真的很好，（徐悲鸿）不像外界传的那样不会画画，这些只有在看到原作才能感觉到，真的一定要去看原作。

陈群杰：对，听别人讲都不可靠，还是要看到作品。

管赛梅：什么都不要想，努力画画就行了。我当时毕业创作也是这样，只想弄出一个个展。如果想多了就画不了画。

苏斌：单纯一点就很轻松。别想太多，不然生活也累。学画画其实没有那么难，就是找个拐杖。她用六年的时间，把克里姆特研究了一遍。慢慢地才从克里姆特的东西里走出来。这个时间是要花的，别想着走快，走捷径。

陈群杰：她也走的是这样一条道，把克里姆特作为一个切入点。所以一定要找一个你感兴趣的西方的大师或本土的大师学习。真正聪明的人，学完了还要把自己搞清楚。有很多画家都在说："不要看，自己搞。不要学，画画就是画。"谈何容易！讲这种话的人，一般背后都在使劲地学。苏老师也是这样。

苏斌：我从本科到现在，都是把高更和米勒作为学习目标。高更在塔希提岛的时候，做了很多事情。他的书信集，和巴黎的经纪人的书信集我都看了。要做到完全隔离是做不到的。

管赛梅《江雪》 布面油画
120cm×80cm 2015 年

管赛梅《朦胧絮语》 布面油画 75cm×90cm
2016 年

学生：在您绘画创作中所运用的绘画语言，是刻意在画面中强调吗？还是按自己的想法画？

管赛梅：我是后者，按自己的想法画。我在 2012 年前的作品，色彩倾向于绿色，在之后的绘画过程中，慢慢发觉自己的作品缺少点色彩感，为了解决这个问题，决定迈开步子走向自然，去写生。在这过程中，不断研究色彩，提高了色彩能力。比如画作上的树叶，其实它并不是很红，我会加强主观感受，故意画得很红，用写生训练色彩关系和色彩能力。

学生：您在画油画色彩小稿的时候，会特意加些让观者理解的东西吗？

管赛梅：不会，很多东西都是我自己的意思。

学生：当时在画夜景的时候受到大师的影响吗？

管赛梅：会有的。当时画夜景，其实也不是为了夜景，我是喜欢那个蓝绿色。当时看到一个大师画夜景，他也是用这种蓝绿色，我觉得这个颜色太漂亮了，很喜欢。从那个颜色为切入点，就以夜景为主题画了一张创作。

陈群杰：她的画其实是一个综合的产物，不是像苏老师刚才讲的那种倒过来看、重新整理的结果。其实很多东西都是综合的，也许你是看某个画家的色彩，对那种色彩感兴趣让你画进去，也许这个色彩又会和你现实生活碰在一起，各种各样的原因。可能不会那么单一、那么纯粹。所以有时候我们会讲逻辑，但是你又会发现逻辑是一件可怕的事情。但你没有逻辑也是危险的。

学生：请问你现在和画廊有固定的合作或签约关系吗？你如何理解画家和画廊或艺术机构的关系？

管赛梅：我跟画廊有一些固定的合作。除了展览和卖画之外，我觉得艺术家应该尽量保持自己的独立性。虽然我并不反对商业化的操作，但如果一个艺术家把过多的时间精力投入这种商业运作中，没有时间和心力专注于画画，那么他肯定会退步甚至失去画画的能力和敏感。所以我觉得，我们一方面要与艺术机构合作，争取更好的平台和资源，但最重要的事情仍然是专注于绘画和艺术本身。

陈群杰：最近这段时间，你的画卖得如何？

管赛梅：还是可以的。其实我觉得画画，艺术家还是自由点好，按照自己的

想法来做。

苏斌：像现在以送展的方式卖画反而卖得更好，对方也没有压力，画家也没有压力。这种方式还会卖得更多一点，画廊也不会干预你。

学生：你对接下来的艺术发展有什么规划？近期打算画什么系列的作品？

管赛梅：我接下来想做展览。现在我基本围绕着狼、夜景的主题来创作。所以，我想在最近做一个有关夜景的个展。

陈群杰：从管老师的画作中，可以看到其中有着对云南的强烈感情。这种感情她是通过一种精灵式的、童话式的方式呈现出来的，这种方式包含着这个时代缺失的某些天真的要素。她对色彩的处理，与梦幻和夜晚的关系更紧密。一位艺术家一定要找准自己的切入点，建立起在艺术主题、艺术色调和自己生命特质之间的独特关系。这些对同学们的创作都会很有帮助。我们今天的采访就到这里，谢谢管老师！

管赛梅

1986年生于云南大理。2010年毕业于云南大学。现生活于昆明。个展：2017年，《精灵絮语》，108智库，匠庐，昆明；2014年，《陌上梅开》，108智库美术馆，昆明；2014年，《梅子的世界》，加州风情园，昆明；2012年，《滇水苍峰》，斯民国际艺苑，新加坡；2010年，《梅子的世界》，云南大学美术馆，昆明。

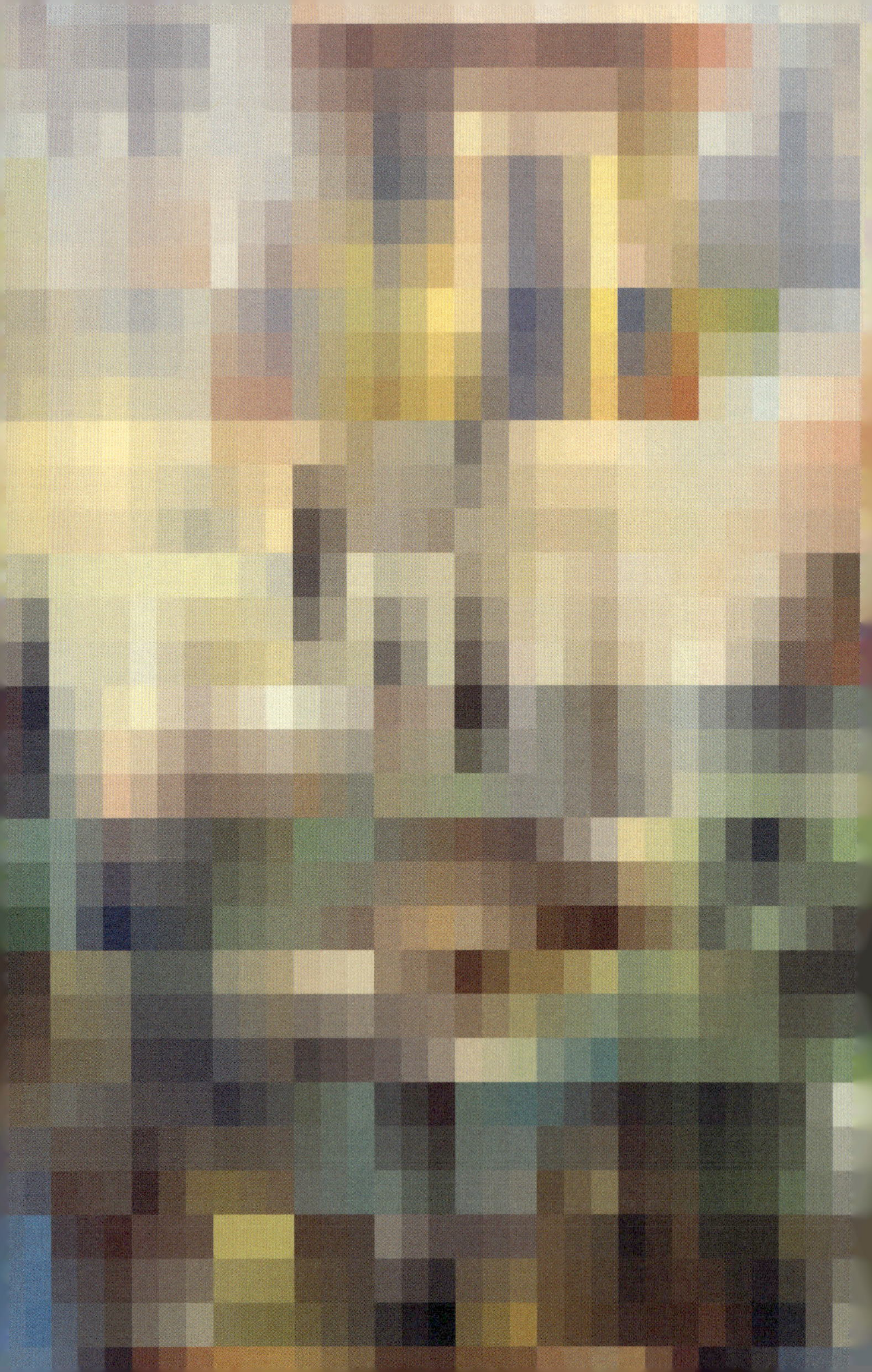

教学足迹

374　解题之魅
　　　作为油画教学现场的艺术家访谈

中国昆明

教学足迹 375

中国弥勒

376 解题之魅
作为油画教学现场的艺术家访谈

中国成都

中国杭州

378　解题之魅
　　　作为油画教学现场的艺术家访谈

中国上海

教学足迹

中国北京

解题之魅
作为油画教学现场的艺术家访谈

英国伦敦

后记

《解题之魅：作为油画教学现场的艺术家访谈》是我和谭毅老师在2012—2016年为云南大学艺术硕士（MFA）生开设的"油画创作专题"课程的记录选辑，其中包含了被采访人、学生和老师的工作与智慧。

对我而言，这是一门无范本的教学实践。

这次教学放弃了对艺术史宏大叙事的专述和对经典案例的一般性讨论，转向培养学生直面身边不断变化的艺术家创作和艺术现象，深入其中，寻找问题、提出解题方法的能力。

教学有三个考虑：一、质疑艺术史建立的宏大叙事；二、倡导艺术田野调查；三、激励学生养成独立思考的品格。

希望得到同行的批评指正！

今天，在这份"教学记录"顺利付梓之际，首先，感谢参与这门课程教学的老师、学生和被采访者所付出的辛勤劳动！感谢著名艺术家姚钟华教授在整个过程中给予的支持与鼓励！感谢云南大学艺术与设计学院副院长王新教授的支持与理解！

特别感谢教育部美术学教学指导委员会专家对该课程教学理念的支持与鼓励！

陈群杰

2019年2月26日写于景秀山庄

作者简介

陈群杰

1960年生于昆明,祖籍福建,云南大学教授、硕士生导师。1983年毕业于西南师范大学美术系。1996年结业于中央美术学院第八届油画研修班。教育部高等学校艺术类、美术类专业教学指导委员会委员,中国美术家协会会员,云南油画学会秘书长,云南省美术家协会油画艺术委员会副主任,昆明风景画学会副主席。绘画作品参展(发表)近千件(次),作品被国内外博物馆及个人收藏,出版专著五部。

谭 毅

四川成都人,现居昆明。曾就读于海南大学中文系和云南大学美术系,获文学硕士学位和MFA(油画创作专业硕士)学位,现任教于云南大学美术系。已出版诗集《家与城》(2017)和戏剧集《戏剧三种》(2011),并在《扬子江诗刊》《诗林》《草堂》《飞地》《中西诗歌》等刊物发表诗歌和译诗若干。